W0393432

Das beste DR. OETKER BACKBUCH

Das beste
DR. OETKER BACKBUCH

CERES-VERLAG · RUDOLF-AUGUST OETKER KG · BIELEFELD

AUS DEM BESTEN ETWAS SCHÖNES MACHEN ...

DAS BESTE DR. OETKER BACKBUCH
widmen wir all jenen netten Menschen,
die Vergnügen daran haben, sich und andere
mit gebackenen Genüssen zu verwöhnen.

KUCHEN IN VERSCHIEDENEN FORMEN

Seite 106 bis Seite 137

BLECHKUCHEN MIT BELAG UND FÜLLUNG

Seite 138 bis Seite 167

KLEINGEBÄCK AUS VERSCHIEDENEN TEIGEN

Seite 168 bis Seite 207

ZARTE PLÄTZCHEN

Seite 208 bis Seite 239

PETITS FOURS UND KONFEKT

Seite 240 bis Seite 257

VOLLWERT-GEBÄCK

Seite 258 bis Seite 283

(BACK)-KUNST KOMMT VOM KÖNNEN.

Jene heißgeliebten Omis, von deren spätsommerlichen, wespenumsurrten Zwetschenkuchen ganze Generationen vollmundig schwärmten, sind dünn gesät.

Dabei braucht man für solche Meisterschaft weniger Naturtalent als solides Können und etwas Übung. Das „Können" können Sie lernen: Im folgenden Kapitel steht alles, was man übers Backen wissen muß. Sie müssen dann nur noch für die nötige Übung sorgen …

RATGEBER

ZWECKMÄSSIGE BACKGERÄTE

Richtige, zweckmäßige Geräte sind sowohl für den Profi als auch für den Anfänger unentbehrliche Küchenhelfer. Die gute Qualität der Geräte und Hilfsmittel beeinflußt nicht unwesentlich die Backergebnisse.

SCHÜSSELN (1) benötigt man in verschiedenen Größen.
- Zur Teigzubereitung, zum Schlagen von Sahne oder Eierschnee benutzt man am besten Schüsseln aus stabilem Kunststoff, die an der Unterseite einen Gummiring eingearbeitet haben. Sie sind standfest und können nicht wegrutschen. Ansonsten empfiehlt es sich, ein feuchtes Tuch unter die Schüssel zu legen.
- Chromarganschüsseln haben eine gute Wärmeleitung. Sie bieten sich besonders für Arbeitsabläufe über dem Wasserbad an, z. B. zum Auflösen oder Temperieren von Kuvertüre.

MESS- UND WIEGEGERÄTE sind von großer Wichtigkeit, damit die Rezepturen genau nachvollzogen werden können, z.B. eine genaue Küchenwaage (2) evtl. zum Zuwiegen und ein übersichtlich eingeteilter Meßbecher (3). Es steht eine große Auswahl an Geräten im Handel zur Verfügung.

RÜHRLÖFFEL (4) (günstig mit durchlochtem Blatt). Zum Rühren verschiedener Zutaten.

TEIGRÄDCHEN (5) zum Ausschneiden ausgerollter Teige, die damit einen dekorativ gezackten Rand erhalten.

KÜCHENSCHERE z. B. zum Einschneiden von Teigen.

PALETTE, (6) Metallspachtel; einem breiten, großen aber stumpfen Messer ähnlich. U.a. zum Lösen evtl. angeklebter Teige beim Ausrollen. Eignet sich auch zum Bestreichen von Teigen mit Creme usw. oder Umsetzen von Kleingebäck oder Kuchen.

SCHNEEBESEN (7) in unterschiedlichen Größen, z. B. zum Schlagen von Sahne, Eiern oder Creme bzw. zum Unterheben lockerer, empfindlicher Massen.

BACKPINSEL (8) zum Ausfetten von Backformen, Bestreichen von Gebäck, Auftragen von Glasuren usw.

KURZZEITWECKER zum Einhalten der genauen Backzeiten.

TEIGSCHABER zum Umfüllen von Teigen aus der Rührschüssel oder zum Verstreichen von Kuchenteig in Backformen.

MANDEL-/NUSSMÜHLE mit verschiedenen Einsätzen.

KUCHENGITTER zum fachgerechten Auskühlen von Gebäck (kühlt Gebäck auf Kuchenplatten aus, beginnt die Bodenunterseite zu schwitzen und wird feucht).

REIBEN, z. B. für Zitronenschale oder Schokolade.

SPRITZBEUTEL (9) mit verschiedenen Tüllen, z. B. zum Verzieren von Gebäck oder zum Spritzen von Teigen.

AUSSTECHFÖRMCHEN (10) für Kekse oder Weihnachtsgebäck.

TORTENSCHEIBE aus Chromargan oder stabilem Kunststoff, z. B. zum Umsetzen von Torten oder Abheben durchgeschnittener (halbierter) Tortenböden.

SIEBE für Mehl, Speisestärke, Kakao oder Backpulver. Für kleine Mengen ist das Einhand-Mehlsieb (11) besonders zu empfehlen.

TEIGROLLE (Wellholz). Aus Holz oder Kunststoff. Zum gleichmäßigen Ausrollen von Teigen oder Zerkleinern fester Zutaten (z. B. Krokant).

TORTENTEILER. Er verhilft zur problemlosen Einteilung gleichgroßer Stücke.

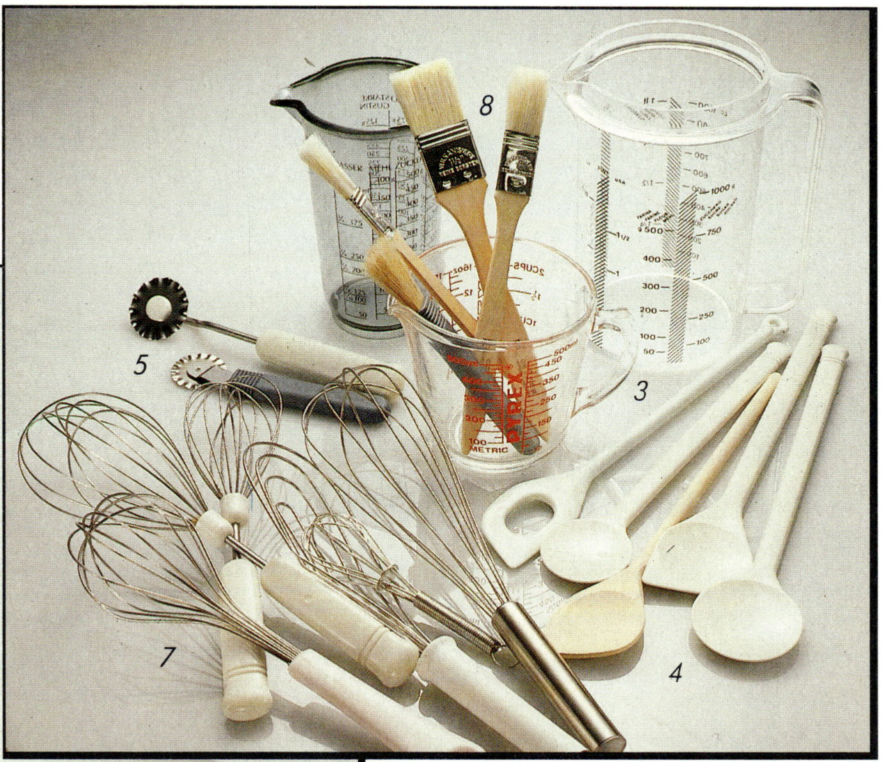

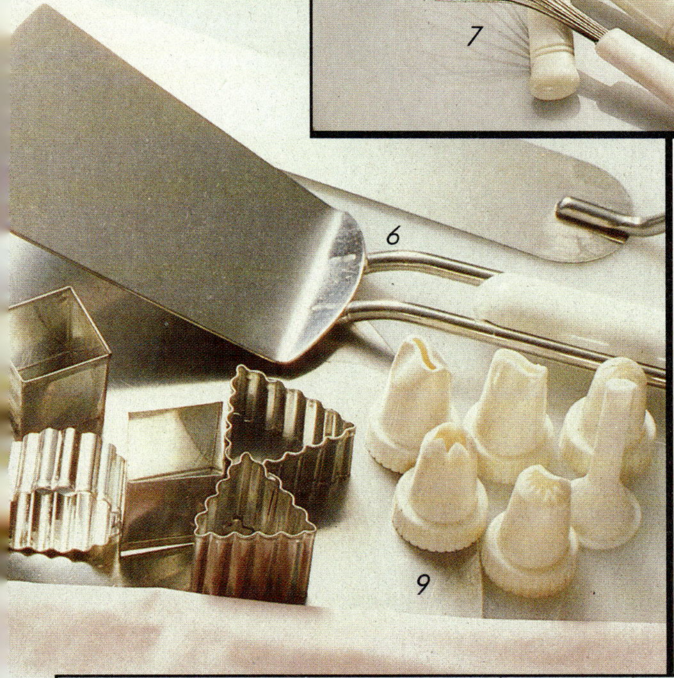

BACKHITZEN

STROM, GAS, HEISSLUFT
Die richtig eingestellte Backtemperatur ist genauso wichtig wie der genaue Zubereitungsablauf der einzelnen Gebäcksorten.
Leider weichen die Backöfen der einzelnen Hersteller in der Skaleneinteilung doch voneinander ab. Deshalb sollte Gebäck besonders gegen Ende der Backzeit genau beobachtet werden. Mit der Holzstäbchen-Probe kann geprüft werden, ob es fertig gebacken ist.

GAS UND ELEKTRO-BACKÖFEN
Bevor das Gebäck in den Backofen eingeschoben wird, sollte dieser auf die vorgeschriebene Temperatur eingestellt und vorgeheizt werden (etwa 10-15 Minuten).
Das gilt besonders für Elektrobacköfen. Gas- und Heißluftherde werden sehr schnell heiß und benötigen keine bzw. nur eine sehr kurze Vorheizzeit.
Erreicht der Backofen die eingestellte Temperatur, so erlischt die Kontrollampe und das Gerät ist betriebsfertig.
Dann kann der Backvorgang beginnen.
Hohe Gebäckstücke wie z. B. Sandkuchen oder Gugelhupf werden mit einer niedrigeren Backtemperatur (175-200 Grad / Gas: Stufe 2-3) gebacken als flache Gebäcke, wie z. B. Kleingebäck (200-225 Grad /Gas Stufe 3-4). Teigbeschaffenheit und Teigzusammensetzung sind für die Backtemperatur und Backzeit ausschlaggebend.

Hohe Gebäckstücke werden im allgemeinen auf dem Rost auf die untere Einschubleiste und flache auf dem Rost auf die mittlere Einschubleiste geschoben.

BACKÖFEN MIT HEISSLUFT-SYSTEM
Ein Ventilator wälzt die Luft im Inneren des Backofens ständig um. Dadurch wird er sehr schnell erhitzt. Das Gebäck wird durch den gleichmäßigen Hitzestrom gebacken. Dieses System ermöglicht es, gleichzeitig in mehreren Etagen (bis zu 4 Blechen) zu backen.

Die einzelnen Geräte arbeiten in ihren Temperaturbereichen sehr unterschiedlich. Es ist deshalb erforderlich, die vorgegebene Anleitung genau zu beachten. Im Durchschnitt kann man davon ausgehen, daß die Backtemperatur für Gebäcke im Heißluftherd 10 – 15 % niedriger eingestellt werden sollten. Die intensivere Hitze läßt das Gebäck schneller bräunen.

KOMBINIERTE HERDE
Moderne Backöfen können inzwischen sowohl auf Ober- oder Unterhitze als auch auf das Heißluftsystem eingestellt werden. Somit kann man selbst entscheiden, wie die einzelnen Gebäcksorten gebacken werden sollen.

BACKFORMEN

Für das Backen der verschiedenen Teige und optimale Gelingen der Gebäcke ist das Material der verwendeten BACKFORM mitentscheidend. Aber auch das vorhandene Herdsystem sollte beim Kauf von Backformen berücksichtigt werden.

A. DAS MATERIAL

WEISSBLECH-FORMEN

Für die direkte Wärmeabgabe, z. B. in Gasherden, ist Weißblech, rauhverzinnt, besonders gut geeignet. Weniger gut eignen sich Weißblech-Formen für Elektroherde.

Weißblech-Formen sollten vor der ersten Benutzung einmal leer eingebacken werden, d. h. die Form etwa 30 Minuten bei Backtemperatur in den Backofen setzen.

Wichtig ist, daß Teige in Weißblech-Formen auf dem Rost auf die untere Schiene in den Backofen geschoben werden, damit die Unterhitze den Teig zuerst erreicht und ein gleichmäßiges Bräunen gewährleistet.

ALUMINIUM-FORMEN

Aluminium ist ein Metall, das eine gute Wärmefähigkeit und eine Korrosionsbeständigkeit aufweist. Diese Backformen sind für alle Herdarten gleichermaßen geeignet.

SCHWARZLACKIERTE FORMEN

Die dunklen Formen nehmen viel Hitze auf und geben diese Hitze auch sofort an den Teig weiter. Sie sind deshalb ideal für Elektro- und Umluftherde. Beim Backen in Gasherden sollte eine etwas niedrigere Temperatur und zusätzlich eine höher gelegene Einschubleiste gewählt werden.

FORMEN MIT ANTIHAFTBESCHICHTUNG

Die heutige Antihaft-Beschichtung bei Weiß- und Stahlblech-Formen hat sich bei allen Herdsystemen bestens bewährt. Die dickere Wandstärke einer beschichteten Form speichert die Hitze besser, was zu einer Energieersparnis führt. Bei diesen Formen löst sich der Kuchen leicht, auch wenn die Form mal nicht so sorgfältig eingefettet wurde.
Mit Antihaft-beschichteten Formen lassen sich immer gute Backergebnisse erzielen.

Besonders im Trend liegen „schwere Backformen". Ihr professionelles Bild wird durch zwei wichtige Faktoren geprägt:
a) durch die Antihaftbeschichtung
und
b) durch die gute und schwere Materialqualität bis zu 0,8 mm Stahlblech.
Hierdurch wird nicht nur eine hohe Haltbarkeit/Lebens-

dauer garantiert, sondern auch beste Wärmeleitfähigkeit und hervorragende Backergebnisse.

KERAMIK-FORMEN

Keramik-Formen speichern die Hitze wie ein Kachelofen und geben erst danach die Hitze weiter an das Backgut. Auch hier sind die Formen in allen Herdarten einsetzbar. Es empfiehlt sich, die Formen weit unten im Backofen einzuschieben.
Die attraktiven Keramik-Formen ermöglichen nicht nur kreative, phantasievolle Gebäcke, sondern sind auch als Wandschmuck sehr dekorativ.

B. DIE VERSCHIEDENEN FORMEN:

Die klassischen Kuchenformen sind Guglhupf-, Napfkuchen-, Kasten-, Obst- oder Springform. Letztere wird mit einem auswechselbaren flachen Boden, aber auch mit einem zusätzlichen Rohrbodeneinsatz für Kranzkuchen angeboten. Drei bis vier Formen sollten in jeder Grundausstattung vorhanden sein.

Zur Grundausstattung gehören auch 1 bis 2 Backbleche. Ein Backblech wird meistens bei der Anschaffung des Backofens mitgeliefert.

Backbleche sind für verschiedene Gebäckarten geeignet, wie z. B. für Obstkuchen, Gebäckrollen, figürliche Gebäcke, Kleingebäck oder Plätzchen.

Zusätzlich gibt es weitere traditionalle Formen, wie z. B. Kleeblatt-, Herz-, Rosetten-, Stern- oder Rehrückenformen. Weitere Motive wie Baum-, Schmetterling-, Muschel- oder Tierformen sind vielleicht nicht unbedingt erforderlich, doch geben sie traditionsreichen Gebäcken ein immer wieder neues, interessantes Aussehen.

Sehr erfreulich – besonders für kleine Haushalte – ist, daß ein großer Teil dieser Formen auch als Miniausführung im Handel angeboten wird.

Für Kleingebäck gibt es eine Auswahl von Torteletts-Förmchen, Schiffchen usw. Außerdem gibt es auch Papierförmchen, die nach Gebrauch weggeworfen werden.

Noch einen Satz zum Reinigen der Formen: Hier ist es am besten, die Backformen gleich nach dem Backen, sozusagen noch warm, auszuwaschen. Das geht bei beschichteten Backformen besonders problemlos.

Bei hartnäckigen Backresten sollte man keinesfalls mit scharfkantigem Werkzeug der Form sozusagen zu Leibe rücken, nicht an ihr kratzen oder scheuern. Vielmehr sollte die Form dann besser nochmals kurz in warmes Wasser gestellt, danach ausgespült und sorgfältig abgetrocknet werden.

DIE KÜCHEN-MASCHINE – EIN UNENTBEHRLICHER HELFER

Küchenmaschinen erleichtern der Hausfrau viel mühsame und zeitraubende Arbeit beim Backen und Kochen. Sie stehen fest auf der Arbeitsplatte und man hat beide Hände zum Bedienen frei. Das Rühren von Teigen, Schlagen von Sahne oder Kneten von schweren Brotteigen ist mit solchen Geräten mühelos. In den Rezepten haben wir uns auf den Einsatz von Handrührgeräten und Küchenmaschinen beschränkt und auf die Beschreibung der Zubereitung der Teige von Hand verzichtet.
Moderne Küchenmaschinen sind heute auch für kleine Küchen und Haushalte ideal. Sie sind handlich, vielseitig im Einsatz und sicher in der Bedienung.
Ein reichhaltiges Zubehör-Programm läßt keine Wünsche mehr offen. Sie können damit z. B. Getränke mixen, Fleisch durchdrehen, Gemüse raspeln oder schneiden, Obst und Gemüse auspressen, Getreide mahlen, Nüsse reiben, Zitrusfrüchte auspressen, Kartoffeln reiben und vieles mehr.
Die hier abgebildete Bosch-Küchenmaschine MUM 4400 (s. unten), mit ihrem reichhaltigen Sonderzubehör (s. rechts) bietet besonders viele Einsatzmöglichkeiten.
Durch die verschiedenen Schaltstufen kann die Maschine, z. B. beim Teig rühren, die Zutaten langsam vermischen und dann ganz nach Wunsch weiterverarbeiten.

Ein großer Vorteil ist der Spritzschutzdeckel.

Er verhindert Spritzer während der Arbeit. Und der Einfülltrichter gibt die Möglichkeit, auch während des Rührens nachzufüllen.

Für Gesundheitsbewußte bietet die Bosch-Küchenmaschine auch eine Getreidemühle an. Probieren Sie einmal Gebäck oder Kuchen aus frisch gemahlenem Mehl. Es schmeckt einfach köstlich.

Der Reibevorsatz zu dem Fleischwolf macht das Zerkleinern von Nüssen und Mandeln einfach und schnell. Durch die Streuschutzkaspel entfällt lästiges Putzen.

KÜCHENMASCHINEN – KLEIN IM AUSMASS – GROSS IN DER LEISTUNG

Besonders vielseitig ist die Bosch-Küchenmaschine mit dem Multifunktionsarm. Er ist zum Anbringen der Zubehörteile in 5 Positionen verstellbar. Die zweifache Bewegung erfaßt auch den Teig am Schüsselrand. So wird alles gleichmäßig gut vermischt.
Zur Grundausstattung gehört:
– die Rührschüssel mit dem praktischen Griffrand,
– der Schlagbesen zum Schlagen von Sahne und Eiweiß,
– der Rührbesen für lockere Teige,
– der Knethaken für schwere Teige,
– der Staub- und Spritzschutzdeckel.

Der Fleischwolf mit dem Spritzgebäck-Vorsatz macht auch Ihre Weinachtsbäckerei zu einem wahren Backspaß.

Mit dem Rührbesen wird Sahne und Eiweiß besonders luftig.

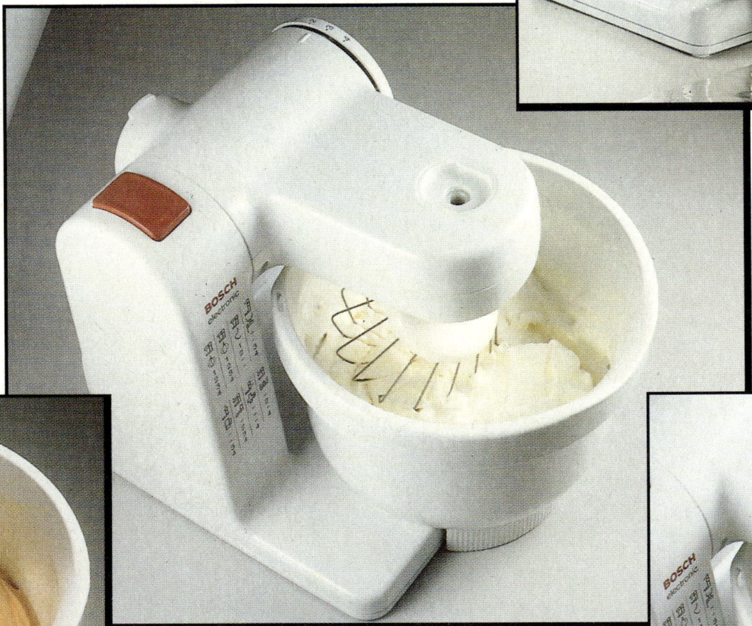

BACKZUTATEN VON A–Z

ANIS
Stark aromatische Samenkörner mit süßlichem Aroma. Gemahlen verflüchtigt sich das Aroma sehr schnell. Erst kurz vor Gebrauch und in geringen Mengen einkaufen.

AHORNSIRUP
Saft des Zuckerahorns; wird vorwiegend in Kanada und US-Staat Vermont gewonnen. Findet Verwendung z. B. für Backwaren (bes. Vollkorngebäck), Konfitüren und Eiszubereitung.

ARRAK
Trinkbranntwein; hergestellt aus Reis, Zuckerrohr-Melasse oder zuckerhaltigen Pflanzensäften. Zum aromatisieren für Glasuren oder Teige.

APRIKOSEN-KONFITÜRE
Backwaren mit Aprikosen-Konfitüre überziehen (aprikotieren). Als Zwischenschicht auf Teige oder als Unterlage für Kuchenglasuren.

BACKPULVER
Teiglockerungsmittel aus Natriumbicarbonat, einem Säureträger und einem Trennmittel. Im Teig entwickelt sich beim Backvorgang Kohlensäure, die aus dem Teig entweicht.

BITTER-MANDELN
Steinfrucht des Bittermandelbaumes. Bitterer Geschmack mit Blausäuregehalt. Nur in kleinsten Mengen als geschmacksgebende Zutate verwenden.

BACKHEFE
Biologische Triebmittel zur Teiglockerung. Als Frisch-Hefe und Trocken-Backhefe im Handel.

BACKOBLATEN
Hauchdünnes Dauergebäck (rund oder viereckig); Unterlage z. B. für Makronen oder Lebkuchen. Hergestellt aus Mehl oder Speisestärke ohne Backtriebmittel.

ERDNUSS-KERNE
Geschälte Kerne der Erdnußpflanze. Wie Nüsse und Mandeln verwenden.

FARIN-ZUCKER
Gelb- bis dunkelbrauner Zucker aus Zuckerablaufsirup; z. B. für Lebkuchen oder Honigteig.

GELATINE
Als Geliermittel beim Backen z. B. für Creme-, Sahne- oder Geleefüllungen.

HAGELZUCKER
Grobkörniger Zucker; z. B. für Garnituren oder zum Bestreuen von Gebäck (z. B. Flachswickel).

HIRSCHHORNSALZ
Chemisches Triebmittel aus Ammoniumcarbonat oder aus kohlensaurem Ammonium. Bei Temperaturen über 60 Grad C zerfällt es in Ammoniak, Wasser und vor allem Kohlensäure, welche den Teig lockert. Besonders geeignet für flache Gebäcke wie Lebkuchen (in hohen Gebäcken kann ein Rest Ammoniak zurückbleiben). Es zersetzt sich an der Luft, deshalb in gut verschlossenen Behältern aufbewahren.

HONIG
Naturprodukt; Von Bienen erzeugt als Blütennektar mit verschiedenen Geschmacksrichtungen. Flüssige bis fest, auskristallisierte Konsistenz. Besonders häufig verwendet bei der Vollkorn- und Weihnachtsbäckerei.

INGWER
Gewürz aus dem Wurzelstock der Ingwerpflanze. Frisch, gemahlen, getrocknet, eingelegt in Sirup oder kandiert im Angebot. Stark würziger, leicht brennender Geschmack.

KAKAOPULVER
Hergestellt aus Kakaopreßkuchen (Preßrückstand nach Abpressen der Kakaobutter aus Kakaobohnen). Angebot von Kakaopulver mit 20% und Kakaopulver mit 8% Fettgehalt in der Trockenmasse. Es ist gezuckert und ungezuckert zu erhalten.

KARDAMOM
Getrocknete Kapselfrucht der einjährigen Korianderpflanze. Ganz oder gemahlen im Angebot. Leicht brennender, würziger Geschmack. Findet besonders bei der Weihnachtsbäckerei Verwendung.

KARTOFFELMEHL
Speisestärke aus Kartoffeln.

KOKOSRASPELN
Geraspeltes Fruchtfleisch der Kokosnüsse. Nur begrenzt lagerfähig, da nur ungeschwefelt im Handel.

KORIANDER
Getrocknete Früchte des Korianderstrauches mit süßlich, aromatischem Duft. Ganz, geschrotet oder gemahlen im Angebot; u.a. sehr beliebt für Gebäck wie z. B. Gewürzkuchen, Spekulatius, Printen, Lebkuchen.

KORINTHEN
Ungeschwefelte, getrocknete, rötlich bis violett-schwarze, kernlose Beeren einer Abart der Weinrebe. Ihr Geschmack und Aroma ist intensiver als das von Rosinen.

KROKANT
Aus karamelisiertem Zucker und mindestens 20% Nüssen und Mandeln hergestellt.

KUVERTÜRE
Schokoladen-Überzugsmasse mit unterschiedlichen Geschmacksnuancen. Hergestellt zum Überziehen von Gebäck; auch als Zusatz für Teige, Füllungen oder Creme geeignet.

MANDELN
Schalenfrucht des Mandelbaumes. Geschält oder ungeschält; unzerkleinert, gehackt, gemahlen, gehobelt oder gestiftelt im Handel.

MARZIPAN-ROHMASSE
Vorwiegend aus süßen Mandeln und Zucker hergestellt. Geeignet für Füllungen, Teige, Konfekt oder Garnituren.

MEHL
Zum Backen wird fast ausschließlich Weizenmehl verwendet. Mehl wird nach seinen Ausmahlungsgrad, bzw. nach Höhe des unverbrennbaren Anteils in deffinierte Typenbezeichnungen eingeteilt. Eine niedrige Typenzahl bedeutet einen wesentlich höheren Ausmahlungsgrad (z. B. normales Haushaltsmehl Type 405) als eine höhere Typenzahl (z. B. Weizen-Vollkornmehl Type 1700). Vollkornmehl enthält außer Ballaststoffen, Vitaminen und Mineralstoffen auch den fetthaltigen Keimling und ist deshalb empfindlich und wird eher ranzig. Es sollte baldmöglichst verarbeitet werden. Mehl kühl, trocken und dunkel aufbewahren.

MOHN
Ölhaltige Samen der Mohnpflanze; Verwendung z. B. für Füllungen oder als Teigzusatz (ganz oder gemahlen).

MUSKAT
Muskatblüte, Macis; roter Samenmantel, welcher die Nuß umhüllt. Mildes Aroma, feiner, zarter Geschmack. Muskatnuß, Frucht des immergrünen Muskatbaumes. Intensiver, würziger

Geschmack. Sparsam dosieren. Beide Gewürze werden ganz und gemahlen angeboten.

NELKEN
Kurz vor dem Aufblühen geerntete dunkelbraune Blütenknospen des Gewürznelkenbaumes. Getrocknet, ganz oder gemahlen im Handel. Intensives Aroma mit kräftigem, leicht brennend-scharfem Geschmack. Sehr sparsam dosieren.

NELKENPFEFFER PIMENT
Getrocknete Beeren des Nelkenpfefferbaumes. Ganz oder gemahlen im Angebot; z. B. für Weihnachtsgebäck und Gewürzkuchen.

NOUGATMASSE
Konzentrierte, weiche Rohmasse aus Nüssen, Zucker und Kakaoerzeugnisse; z. B. für Kuchen, Torten, Füllungen oder Garnituren.

NÜSSE
Schalenfrüchte mit einem relativ hohen Fettanteil und ausgeprägtem Geschmack je nach Sorte. Z.B. für Teige, Füllungen oder Garnituren. Ganz, gehackt, gemahlen oder gehobelt im Handel.

ORANGEAT
Kandierte Fruchtschalen der Pomeranze (Bitterorange). Teigzusatz oder zum Garnieren. In halben Schalen oder fein geschnitten im Handel.

PINIENKERNE
Ölhaltige Samenkerne der Pinien in den Mittelmeerländern. Im Geschmack Mandeln sehr ähnlich; z. B. für Teige, Füllungen und Garnituren.

PISTAZIEN
Schalenfrucht des Pistazienbaumes mit hellgrüner Farbe. Überwiegend entkernt angeboten, z.B. für Füllungen, Teige oder Garnituren.

POTTASCHE
Chemisches Triebmittel aus Kaliumcarbonat. Weißes, geruchloses, etwas nach Lauge schmeckendes Pulver. Lockert nur in Verbindung mit Säure den Teig. Wird bei Honigteigen verwendet.

ROSENWASSER
Nebenprodukt (Kondensat) bei der Gewinnung von Rosenöl. Beliebt zum Aromatisieren von Teigen und Marzipan.

ROSINEN (SULTANINEN)
Luftgetrocknete, helle oder dunkle, kernlose Beeren verschiedener Weinreben. Geschwefelt und ungeschwefelt im Handel, z.B. für Teige, Füllungen oder Garnituren.

SAFRAN
Getrocknete Blütenstempel einer Krokuspflanze des Mittelmeerraumes. Stark färbend. Aromatischer, leicht bitterer Geschmack; sparsam dosieren.

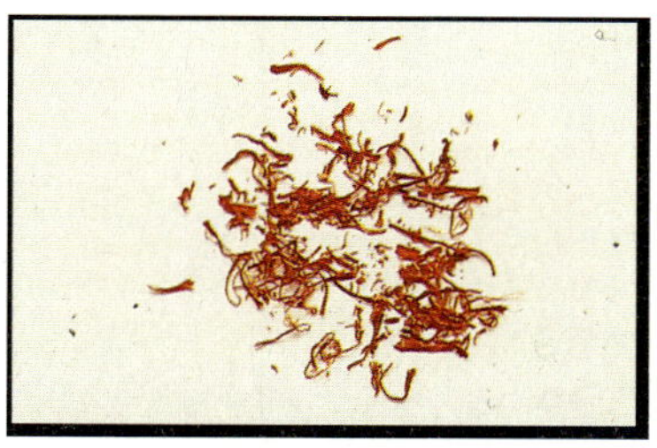

SCHOKOLADE
Aus Kakao, Kakaobutter und Zucker hergestellt mit unterschiedlichen Geschmacksrichtungen. Wird eingesetzt: gerieben, geschmolzen oder geraspelt für Teige, Füllungen oder Garnituren.

SESAMSAAT
Samen aus den Schoten der in tropischen Ländern beheimateten Pflanze. Zum Würzen von Backwaren. Gemüse und Salaten.

SOJA
Aus der hauptsächlich in Ostasien kultivierten Sojabohnepflanze wird das Sojamehl gewonnen, das Gebäcken einen besonderen Geschmack gibt.

SPEISESTÄRKE
Aus Mais oder Kartoffeln hergestelltes Bindemittel für Pudding, Saucen oder Cremes. Mit Mehl vermischt zur Teigbereitung.

STERNANIS
Samenhülse des in Südchina beheimateten Würzbaumes. Im Geschmack ähnlich dem Anis. Beliebt für die Weihnachtsbäckerei, aber auch für Brot, Süßspeisen, Saucen.

SUKKADE s. Zitronat.

TORTENGUSS
Geleepulver wird mit Wasser, Wein oder Fruchtsaft angerührt und über mit Obst belegte Tortenböden gegossen (erstarrt). Zu Gelee klar oder rot im Angebot.

VANILLE
Fermentierte Schotenfrucht einer Kletterorchidee. Verwendet wird das ausgekratzte Mark der Schote oder die ganze kleingeschnittene und vermahlene Schote. Ausgekratzte Schoten in Zucker legen und in einem (verschlossenem) Gefäß durchziehen lassen.

VANILLIN-ZUCKER
Zucker mit Vanillin, einem künstlichen Trockenaroma, vermischt.

ZIMT
Getrocknete Innenrinde des Zimtbaumes. Für die Herstellung von Gebäck ist der würzig, milde Ceylon-Zimt dem stark würzigen Kassia-Zimt (China) vorzuziehen.

ZITRONAT (SUKKADE)
Kandierte Fruchtschale der Zitronatzitrone. In halben Schalen oder klein geschnitten im Angebot.

ZITRONEN
Saft und Schale unbehandelter Früchte zum Würzen z. B. von Teigen, Cremes oder Füllungen.

ZUCKER
Aus Zuckerrüben oder Zuckerrohr gewonnener Rüben- bzw. Rohrzucker. Je nach Teig- oder Gebäckart kommt Zuckerraffinade, Rohr-, Farin-, Hagel- oder Puderzucker zur Verwendung.

FETTE ZUM BACKEN

Zum Backen werden überwiegend Margarine, Butter und Pflanzenöl verwendet.

Mit Ausnahme der meisten Biskuitteige, die Fett durch die Eier erhalten, gibt es keinen Teig, der ohne Zugabe von Fett zubereitet wird. Fett ist für die Teigbeschaffenheit (Konsistenz) sehr wichtig und trägt dazu bei, daß der Teig saftig und mürbe wird.

MARGARINE

Sie besteht aus einer Emulsion mit ca. 80% Fett und ca. 20% Wasser. Margarine enthält etwa 1% weitere Zusätze wie z. B. Vitamine, Lecithin (als Stabilisator für die Emulsion wichtig).

Margarine wird vorwiegend aus pflanzlichen Rohstoffen wie z. B. Mais-, Sonnenblumen- oder Sojaöl hergestellt. Es handelt sich um ein streichfähiges Fettgemisch. Der Schmelzpunkt liegt zwischen 28 und 32 Grad C.

Margarinen haben je nach Verwendungszweck unterschiedliche Rezepturen und Rohstoffe. So enthalten z. B. Pflanzen-Margarinen ausschließlich pflanzliche Fette und Diät-Margarinen einen höheren Anteil an mehrfach ungesättigten Fettsäuren. Je nach Zusammensetzung unterscheiden sich die einzelnen Margarinen auch in ihrer Konsistenz. Würfel- oder Stangen-Margarinen sind weniger streichfähig als im Becher abgepackte Sorten.

Die streichfähige und geschmeidige Konsistenz der Margarine bleibt auch bei der Lagerung im Kühlschrank erhalten, so daß sie bei Bedarf sofort für die Teigzubereitung verarbeitet werden kann.

Besonders gut als Backmargarine geeignet ist Sanella. Sie läßt sich leicht schaumig rühren und verbindet sich gut mit den übrigen Back-Zutaten. Die Teige werden nach dem Backen feinporig und erhalten eine gleichmäßige Konsistenz.

BUTTER

Ebenfalls ein beliebtes Fett für die Gebäck-Zubereitung. Sie besteht aus einer Emulsion mit mindestens 82% Milchfett und höchstens 16% Wasser. Im Gegensatz zur Margarine behält Butter bei der Lagerung im Kühlschrank eine feste Konsistenz. Daher muß sie vor der Verarbeitung zuerst Zimmertemperatur annehmen, um geschmeidig gerührt werden zu können.

PFLANZENÖL

Bei der Zubereitung von Quark-Ölteig oder teilweise auch Hefeteig wird Pflanzenöl eingesetzt. Das Öl wird z. B. aus Mais, Soja, Sonnenblumen oder Oliven hergestellt. Um den Geschmack der einzelnen Gebäcksorten nicht einseitig zu beeinflussen, ist es empfehlenswert, geschmacksneutrale Öle zu verwenden.

FÜLLUNGEN UND GLASUREN

Zum Füllen von Teigen wie z. B. Biskuitrollen, Torten, Kleingebäck usw. bieten sich verschiedene Möglichkeiten mit sehr unterschiedlichen Geschmacksrichtungen (Foto 2) an; z. B.

- *Pudding*
- *Buttercreme (Grundbasis)*
- *Sahnecreme (mit Gelatine)*
- *Schlagsahne (mit Früchten)*
- *Quark-/Joghurtcreme (mit Gelatine)*
- *Marzipan*
- *Schokolade/Kuvertüre (geschmolzen)*
- *Konfitüre/Marmelade (streichfähig)*

1

2

Die Grundbasis kann zusätzlich je nach Belieben oder Rezeptvorgabe abgeschmeckt werden (z. B. mit Mandeln, Nüssen, Rum, Kirschwasser, Kaffeepulver, Schokoladenraspeln, Krokant, Vanille, Zitrone u.v.m.).

Die fertig zubereitete Creme wird auf dem vorbereiteten Teig aufgetragen und gleichmäßig verteilt oder aufgespritzt (Foto 1).

Glasuren tragen dazu bei, daß die Gebäckstücke länger saftig bleiben; d.h. sie verhindern eine schnelle Austrocknung des Gebäckes.

ZUBEREITUNG WICHTIGER GLASUREN

ZUCKERGLASUR

200 g Puderzucker (evtl. mit etwas Kakao oder Kaffeepulver vermischt) mit etwa 3 Eßl. Flüssigkeit (z. B. Wasser, Zitronensaft, Fruchtsaft oder Malventee) verrühren.

EIWEISSGLASUR

200 g Puderzucker (evtl. mit etwas Kakao oder Kaffeepulver vermischt) mit 1 Eiweiß verrühren. Die Glasur kann nach Belieben mit Speisefarbe gefärbt werden.
Eiweißglasuren eignen sich besonders gut zum Spritzen.

KUVERTÜRE UND FERTIGGLASUREN

Im Wasserbad temperieren, bzw. schmelzen lassen.

HINWEISE

Bei der Auftragung von Glasuren muß beachtet werden, daß diese bei größeren Gebäckstücken (z. B. Torten) auf die Mitte gegossen (Foto 3) und von da aus gleichmäßig verstrichen werden. Dann die Glasur an dem Teigrand herunterfließen lassen und mit einem schräg gehaltenen Messer gleichmäßig (Foto 4) verstreichen. Dabei muß schnell gearbeitet werden, damit die Glasur erst fest wird, wenn sie gleichmäßig aufgetragen ist. Glasuren müssen die richtige Konsistenz haben, um gut haften zu bleiben und den Teig gleichmäßig abzudecken.

- *Zu dicke Glasuren lassen sich schlecht auftragen.*
- *Zu dünne Glasuren decken nicht ab und sickern in den Kuchenteig.*

Glasuren gibt es auch in verschiedenen Geschmacksrichtungen fertig zu kaufen.

Damit die Glasur nicht in den Teig einsickern kann, sollte der Kuchen vorher mit einer glatt gerührten Marmelade oder Konfitüre bestrichen oder mit einer sehr dünn ausgerollten Marzipanplatte belegt werden.

Soll Kleingebäck völlig mit Glasur überzogen werden, dieses auf einer Gabel in die Glasur eintauchen und auf einem Kuchengitter abtropfen lassen.

3

4

5

GARNIEREN UND VERZIEREN VON GEBÄCK

Ein wahrer Augenschmaus und Vorgenuß sind farbenfroh garnierte und verzierte große und kleine Gebäcke. Die ganze breite Palette der Möglichkeiten bietet z. B. die Firma Schwartau mit ihren Dekor- und Schokoladen-Produkten, den kandierten Früchten, Mandeln, Nüssen, Kuvertüren und Marzipan. Aber nicht nur als Garnitur und fürs Auge bieten sich die Produkte an. Auch als Backzutat, Belag und Füllung sind sie ein wichtiger, wohlschmekkender Bestandteil der unterschiedlichsten Gebäcke. Als Beispiel dienen die Abbildungen auf diesen Seiten und natürlich die vielen Torten, Kuchen und Plätzchen in den nachfolgenden Kapiteln.

Köstlich schmecken die Schokoladen-Schälchen, gefüllt mit Obst und geschlagener Sahne, garniert mit Schoko-Dekor-Blättern, Schoko-Borke oder Mocca-Bohnen.
Aufgeklebte Schokoladen-Plätzchen, Schoko-Tröpfchen und Baiser-Sterne werten schlichte Plätzchen dekorativ auf. (Foto S. 22 oben).

Unentbehrliche Backzutaten wie Mandeln, Nüsse, Pistazien, Krokant, Mohn, kandierte Früchte, Marzipan, Nuß-Nougat können gleichzeitig originelle Garnierungen für Fest- und Weihnachtsgebäcke sein (Foto links).

Für Kinderfeste werden Plätzchen und Kuchen mit Zuckerblümchen, Regenbogen-Zucker, farbiger Zuckerschrift, Streuseln, Liebesperlen usw. liebevoll verschönt, denn Kinder lieben Buntes. Die vielen farbigen Blümchen und Perlen werden mit Hilfe von aufgelöster Kuvertüre, Eiweiß oder Zuckerguß auf das erkaltete Gebäck geklebt (Foto oben).

TIP:
Eine fröhliche Partygläser-Dekoration sind bunte Zuckerränder. Dafür werden die Gläserränder kurz in ein Schälchen mit Wasser getaucht und dann in Regenbogen-Zucker gedrückt.

TEIG FORMEN

HEFEZOPF
Aus Hefeteig 3 längliche Rollen formen. Die Teigrollen zu einem Zopf umeinanderschlingen.

HOBELSPÄNE
Hefeteig dünn ausrollen und zu Rechtecken schneiden. Die Rechtecke in der Mitte einschneiden und das andere Ende durch die Öffnung ziehen.

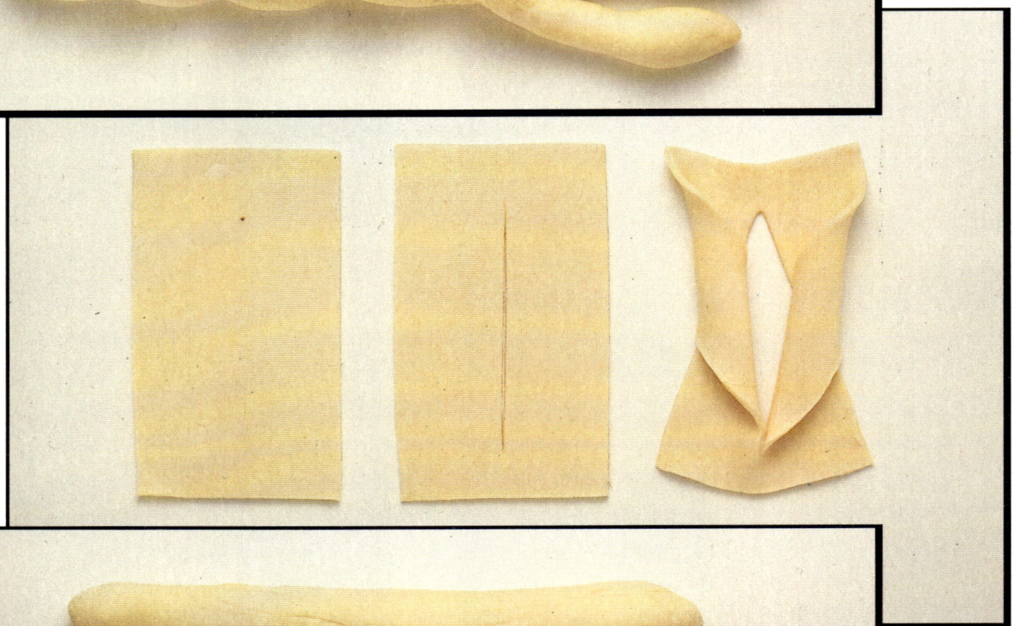

HEFEKRANZ
Aus Hefeteig 2 längliche Rollen formen. Die Teigrollen abwechselnd umeinanderschlingen und zu einem Kranz zusammenlegen.

BLÄTTERTEIG-KUVERTS
Blätterteig dünn ausrollen und Quadrate von 10 × 10 cm ausschneiden. Die Mitte der Teigquadrate mit etwas Füllung belegen. Die Teigecken bis zur Mitte auf die Füllung legen.

HÖRNCHEN
Blätterteig zu einer Platte von 72 × 14 cm ausrollen und Dreiecke ausschneiden (die breite Dreieckseite muß jeweils etwa 12 cm lang sein). Die Ränder der Teigdreiecke mit etwas Kondensmilch bestreichen. Die breite Teigseite mit etwas Füllung belegen und die Teigstücke zu Hörnchen ausrollen.

WINDMÜHLEN
Blätterteig dünn ausrollen und Vierecke von 10 × 10 cm ausrädern. die Ecken etwa 5 cm bis zur Mitte einschneiden. In der Mitte eines jeden Teigvierecks eine gedünstete Aprikosenhälfte legen. Jeweils 2 Teigspitzen über die Aprikosenhälfte legen.

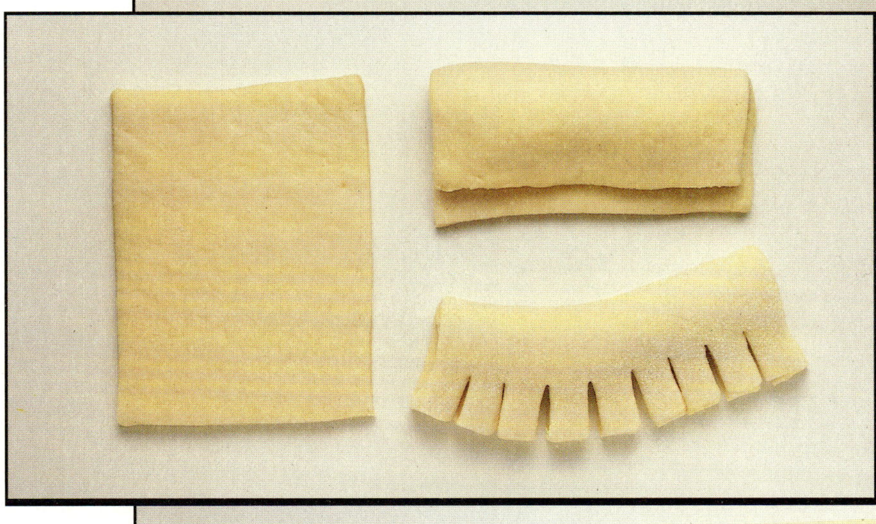

HAHNENKÄMME
Hefeteig ausrollen und Rechtecke von 10 × 12 cm ausschneiden. Auf die Mitte jedes Teigdreiecks etwas Füllung geben und die Teighälften übereinanderklappen. Den Teig in Abständen von etwa 2 cm einschneiden.

HEFETASCHEN
Hefeteig ausrollen und runde Platten von etwa 10 cm Durchmesser ausschneiden. Die Teigmitte mit etwas Füllung belegen und die Teigränder mit etwas verschlagenem Eiweiß bestreichen. Die eine Teighälfte über die Füllung klappen. Die Teigränder mit einem Löffelstielende zusammendrücken.

ALLGEMEINE BACKTIPS

Bei Verwendung von Mandeln werden diese zunächst mit Wasser aufgekocht. Danach in ein Sieb geschüttet und die Schale abgezogen. Verarbeiten laut Anweisung.

Blätterteig nicht auf gefettetes, sondern mit Wasser benetztes Backblech legen. Es entsteht Dampf und der Teig wird in die Höhe getrieben.

Beim Rühren der Teige ein feuchtes Tuch unter die Schüssel legen, um ein Rutschen der Schüssel zu vermeiden.

Neue Weißblech- und Aluminium-Backformen vor dem Benutzen einmal leer bei Backtemperatur backen. Das Gebäck läßt sich dann leichter herauslösen.

Gebäckformen mit weicher Butter oder Margarine gleichmäßig einfetten. Guglhupf- oder Kastenformen evtl. mit Semmelmehl, Kokosflocken, gemahlenen Nüssen oder Mandeln ausstreuen.

Bei Verwendung von Back-Trennpapier die beschriftete Seite nach unten legen: Das Einfetten entfällt.

Kuvertüre im heißen Wasserbad schmelzen lassen.

Buttercreme gerinnt nicht, wenn Butter und Pudding dieselbe Temperatur haben; d.h. die Butter darf nicht aus dem Kühlschrank heraus verarbeitet werden und der Pudding muß abgekühlt sein.

Gehackte oder gemahlene Nüsse/Mandeln unter ständigem Rühren ohne Fettzugabe rösten. Sie bekommen dadurch ein intensiveres Aroma. Abgekühlt weiter verarbeiten.

Teige in Kasten- oder Springformen gebacken etwas abkühlen lassen und danach mit einem Messer vorsichtig vom Backformrand lösen. Den Springformrand entfernen oder die Kastenform abheben.

Plätzchen nach Sorten getrennt in gut schließenden Dosen aufbewahren. Sie halten etwa 6-8 Wochen frisch.

Ist nur 1 Backblech vorhanden, soll jedoch eine größere Anzahl von Plätzchen gebacken werden, mehrere Back-Papierstücke auf die Größe des Backbleches zuschneiden. Die Bögen mit dem ausgestochenen Teig belegen. Belegte Papierbogen an der flachen Stelle auf das Backblech ziehen: Das Gebäck kann nicht verrutschen und nacheinander gebacken werden. (Foto rechts)

Vanillezucker selbst gemacht: Vanilleschote aufschlitzen und in Zucker gelegt in einem verschlossenen Behälter (z. B. Schraubglas) durchziehen lassen.

Lösen sich Rührkuchen nicht aus der Form, diese mit dem Kuchen nach unten zeigend auf ein Kuchengitter setzen. Ein feuchtes Tuch über die Form legen. Sie läßt sich nach kurzer Zeit abheben.

Teige für Tortenböden blind (ohne Belag) vorbacken, damit der Teigboden knusprig bleibt und bei einem saftigen Belag nicht durchweicht. Dafür den Teig in die Form geben. Mit einer Gabel mehrmals einstechen; die evtl. eingearbeitete Luft kann entweichen und der Boden bleibt flach.

Die Form evtl. auch mit rohen Hülsenfrüchten auslegen; der Boden bleibt flach und der Rand kann nicht herunterrutschen.

Fette Gebäckstücke nur auf kalte Backbleche legen, damit sie ihre Form behalten und nicht auseinanderlaufen.

Ein Tortenboden zum Füllen mit Hilfe eines Zwirnfadens teilen. Dafür den Tortenboden zuerst an der durchzutrennenden Stelle mit einem Messer einschneiden. Zwirnfaden in den Einschnitt legen, die beiden vorderen Enden über Kreuz legen und kräftig anziehen. Dadurch wird der Tortenboden sauber geteilt.

Soll Schokolade geraspelt werden, diese vorher in den Kühlschrank legen. Gekühlt läßt sie sich besser reiben und verschmiert nicht so schnell.

Krokant oder Zwieback zum Zerkleinern in einen Gefrierbeutel einfüllen und mit einer Teigrolle darüber rollen.

Gebäck immer in der Mitte des Teiges mit Hilfe eines Holz-Stäbchens prüfen, ob es fertig gebacken ist. An dem Stäbchen darf kein Teig mehr haften bleiben.

Kleine Tortelettförmchen zum Teigauslegen eingefettet eng aneinander stellen. Teigplatte locker darüber legen. Teig leicht in die Förmchen drücken. Mit der Teigrolle über die Förmchen rollen und die Ränder andrücken. Die Teigplatte mit dem Messer herausschneiden.

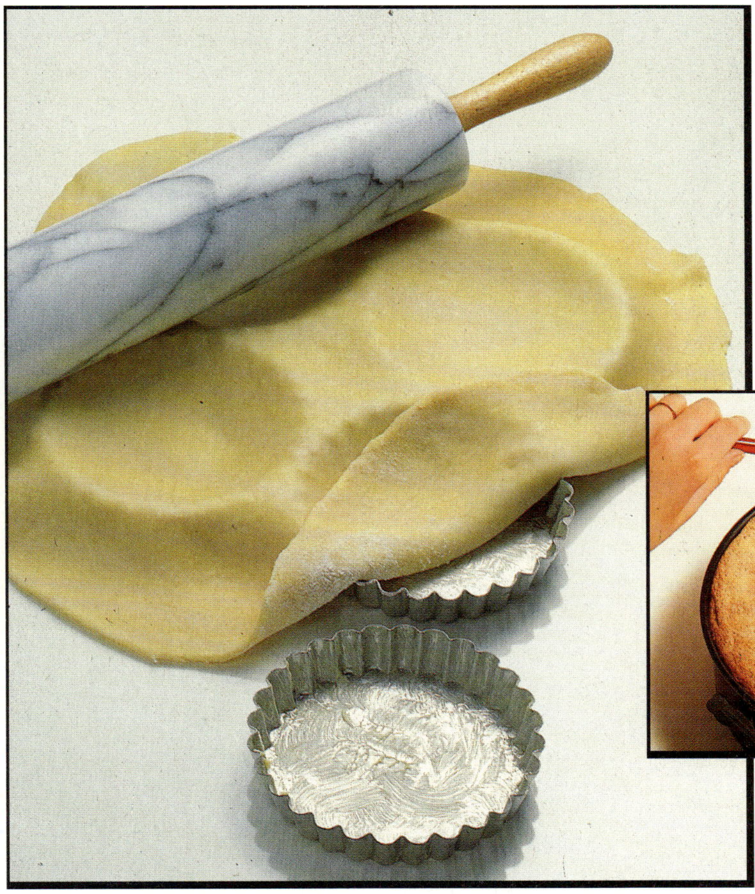

Gefüllte Backformen zum Backen immer auf den Rost und keinesfalls auf den Backofenboden oder auf ein Backblech stellen. Das Gebäck würde an der Unterseite zu dunkel werden.

Pergament- oder Back-Trennpapier nach dem Backen flach abziehen, damit das Gebäck so schneller auskühlen kann.

2 kleine Kuchen aus einem Grundrezept backen. Unterschiedlich abschmecken. Einen Kuchen evtl. tiefgefrieren.

Beim Ausrollen des Teiges Arbeitsplatte und Teigrolle nur leicht bemehlen. Wird zu viel Mehl in den Teig eingearbeitet, wird er bröselig und das Gebäck trocken.

Gebackenes Gebäck zuerst auf einem Kuchengitter auskühlen lassen, damit der

Boden nicht feucht wird. Danach auf die Kuchenplatte setzen.

Zerbrechliche Teigplatten bringt man schnell auf das Backblech, wenn sie über den leicht bemehlten Teigroller gewickelt und über dem Backblech wieder abgerollt werden.

BACKTIPS MIT VOLLKORN

Bei vielen Teigarten kann Mehl Type 405 nicht im selben Mengenverhältnis gegen Vollkornmehl ausgewechselt werden. Durch den Kleieanteil quillt der Teig; die Konsistenz wird fest.

Knetteige vor der Ruhepause weiter verarbeiten, z. B. eine Form auslegen, die Teige formen oder ausstechen. Sie lassen sich leichter verarbeiten, bevor die in ihnen enthaltene Kleie gequollen ist.

Bei der Verwendung von Voll kornmehl ist es günstiger, etwas mehr Backpulver bzw. Triebmittel zu verwenden. Wegen des Kleieanteiles ist der Teig schwerer und geht nicht so leicht auf.

Backzeiten genau einhalten. Das Gebäck wird schnell trocken und bröselig.

Beim Einsatz von Vollkornmehl sollte Honig oder Ahornsirup anstelle von Zucker verwendet werden.

Zuckerangaben können nicht gegen Honig oder Ahornsirup ausgewechselt werden. Die Teige werden weich, d.h. die Konsistenz stimmt nicht mehr.

RÜHRTEIG

GRUNDREZEPT

250 – 300 g weiche Butter
oder Margarine,
150 – 250 g Zucker,
1 Päckchen Vanillin-Zucker,
Aromen,
Gewürze, Salz,
4 – 6 Eier,
250 – 500 g Weizenmehl
(evtl. ⅓ davon Speisestärke),
1 Teel. – 1 Päckchen Backpulver,
bis 125 ml (⅛ l) Milch.

HINWEISE FÜR VOLLKORNTEIG:

Zutaten für Rührteig mit Vollkornmehl s. Rezepte Kapitel: Vollwertgebäck, S. 258

VORBEREITUNG
Die Kuchenform auswählen. Mit weicher Butter oder Margarine gleichmäßig ausfetten. Öl ist weniger gut geeignet (Foto 1).

1

Die Form evtl. mit Semmelmehl, Kokosflocken, gehackten Nüssen oder Mandeln ausstreuen.

Handrührgerät oder Küchenmaschine mit den Quirlen bereit stellen.

Die Zutaten abwiegen.

Kastenformen, aus denen sich der Kuchen schwer lösen läßt, vorher mit Pergament- oder Back-Trennpapier auslegen.

Dafür den Boden der Kastenform auf dem Papier aufzeichnen (Foto 2), die Form kippen und die Seitenlinien aufzeichnen. Den Vorgang auf allen 4 Seiten wiederholen. Die Ecken ausschneiden, Bodenlinien knicken.

2

Feinkörnigen Zucker dem grobkörnigen vorziehen; er löst sich beim Rühren schneller auf. Das Fett soll weich, aber nicht flüssig sein; zu weiches Fett läßt sich nicht schaumig schlagen.

Mehl, Speisestärke und Backpulver mischen und sieben (Foto 3). Der Teig wird durch das Sieben lockerer. Speisestärke, Kokosflocken oder

3

gemahlene Nüsse / Mandeln laut Rezeptangabe unter den Teig rühren.

VERARBEITUNG

Das vollkommen streichfähige Fett auf höchster Stufe in etwa ½ Minute geschmeidig rühren.

Den mit Vanillin-Zucker gemischten Zucker nach und nach zu dem geschmeidig gerührten Fett geben.

Eier oder Eigelb NACHEINANDER unterrühren. Jedes Ei etwa ½ Minute unterrühren, bevor das nächste dazugegeben wird (Foto 4). Die Cremasse so lange rühren, bis sich der Zucker vollkommen aufgelöst hat.

Das Mehl eßlöffelweise auf kleinster Schaltstufe langsam unterrühren.

Ist der Teig zu fest, etwas Milch beifügen.

Sobald das Mehl untergerührt ist, den Teig nur noch kurze Zeit rühren, da sonst Blasen entstehen, die eine unregelmäßige Lockerung des Teiges zur Folge hat.

Die Konsistenz des Teiges ist richtig, wenn der Teig schwer reißend vom Löffel oder den Quirlen fällt (Foto 5).

Die benötigte Menge Milch ist von der Größe der Eier und von der Flüssigkeitsaufnahme des Mehles abhängig.

Jetzt evtl. vorbereitete Früchte schnell unter den Teig arbeiten.

Den Teig mit dem Teigschaber in die Kuchenform einfüllen, (Foto 6) glattstreichen und laut Anweisung backen.

HINWEISE

Die einzelnen Zutaten verbinden sich am besten, wenn sie möglichst alle Zimmertemperatur haben.

Trockenfrüchte bei Vollkornteigen in Flüssigkeit einweichen, damit der Kuchen nicht trocken wird.

Zu dünner Rührteig (durch Milch) kann Wasserstreifen bekommen.

Der Teig wird besonders locker, wenn der Eierschnee untergehoben wird (besonders empfehlenswert bei Vollkornteig).

Rosinen oder Früchte mit 2-3 Eßl. Mehl (aus der angegebenen Gesamtmenge) mischen. Die Früchte bleiben nach dem Unterheben gleichmäßig in dem Teig verteilt und sacken nicht ab.

Werden Früchte zu lange untergerührt, können sie zerquetschen und den Teig mit ihrem Saft verfärben.

Rührteig hält in Alufolie eingewickelt bis zu 1 Woche frisch. Er eignet sich auch gut zum Tiefgefrieren.

BISKUITTEIG

GRUNDREZEPT

3 – 4 Eier,
2-6 Eßl. heißes Wasser,
125 – 150 g Zucker,
1 Päckchen Vanillin-Zucker,
75 – 100 g Weizenmehl,
50 – 100 g Speisestärke,
1 Messerspitze – 2 gestrichene Teel. Backpulver.

ZUTATEN MIT VOLLKORNMEHL:

Zutaten für Biskuitteig mit Vollkornmehl s. Rezepte Kapitel: VOLLWERT-GEBÄCK, S. 258

VORBEREITUNG

Es ist empfehlenswert, Backform oder Backblech mit Pergament- oder Back-Trennpapier auszulegen (Foto).

Das Papier für eine Springform so herstellen: Die Form umdrehen (Boden nach oben), das Papier darauf legen. Mit einem Messerrücken das am Rand überstehende Papier abstreifen (Foto 2).

Das Ausfetten der Form.

Den Boden an etwa 4 Stellen mit streichfähiger Butter oder Margarine einfetten am besten mit einem Pinsel. DEN RAND NICHT FETTEN.

Geräte und Zutaten bereit stellen bzw. abwiegen.

Die Eier einzeln in eine Tasse aufschlagen. Zuerst jedes Ei überprüfen, ob es frisch ist, danach mit den anderen Eiern in eine Rührschüssel geben (Foto 3).

Mehl, Backpulver, evtl. Kakao und Speisestärke vermischen und sieben. Der Teig wird dadurch lockerer (Foto 3).

VERARBEITUNG „SCHNELLER BISKUITTEIG"

Eier und heißes Wasser mit den Quirlen des Handrührgerätes oder mit der Küchenmaschine etwa 1 Minute schaumig schlagen.

Zucker in 1 Minute einstreuen und weitere etwa 2 Minuten auf höchster Schaltstufe schlagen. (Foto 4)

Zuerst die Hälfte der gesiebten Mehl-Mischung auf niedrigster Schaltstufe unterrühren. Danach den Rest unterrühren.

Den Teig in die vorbereitete Form (Backblech) einfüllen und gleichmäßig verstreichen. (Foto 5)
Laut Rezeptanweisung backen.

6

7

5

HINWEISE

Nur sauber gespülte Gefäße und Geräte verwenden, da sie nicht fetthaltig sein dürfen.

Eier bzw. Eigelb mit heißem, aber nicht kochendem Wasser aufschlagen; die Eier würden sonst ausflocken (gerinnen).
Zubereiteten Teig sofort backen; bei längerem Stehen fällt der Teig zusammen, da die eingeschlagene Luft wieder entweicht.

Auf dem Backblech gebackener Biskuitteig kann durch leichtes Auflegen der Handfläche geprüft werden (Foto 6), ob er fertig gebacken ist. Der Teig fühlt sich watteähnlich an und darf nicht mehr feucht sein. Biskuitteig ist gut geeignet zum Tiefgefrieren.

BISKUITTEIG MIT VOLLKORNMEHL

Eier und heißes Wasser mit den Quirlen des elektrischen Handrührgerätes oder mit der Küchenmaschine in etwa 1 Minute schaumig schlagen. Honig in etwa 1 Minute hinzufügen und weitere etwa 2 Minuten auf höchster Schaltstufe schaumig-cremig rühren (Foto 7).

Vollkornmehl, Backpulver, evtl. Kakao, fein gemahlene Vanillestange und gehackte Nüsse vermischen, vorsichtig unter den Teig heben.

8

HINWEISE ZUR VERARBEITUNG MIT VOLLKORNMEHL

Bei der Verwendung von Vollkornmehl wird der Teig sehr viel lockerer, wenn Eigelb und Eierschnee getrennt aufgeschlagen werden.

Eierschnee und Mehl-Mischung sowie Nüsse oder Mandeln mit dem Schneebesen vorsichtig unterheben (Foto 8).

Eierschnee nicht unterrühren, sondern UNTERHEBEN, damit die eingeschlagene Luft nicht entweichen kann. Der Teig wird sonst zäh und fest.

Stark entölten Kakao bevorzugen. Fetthaltiger Kakao macht den Teig zäh und schwer.

Nüsse / Mandeln nur grob gemahlen im Biskuitteig verarbeiten. Sie sind sehr fetthaltig und machen fein gemahlen den Teig zäh und fest.

KNETTEIG

GRUNDREZEPT

150 – 200 g Weizenmehl,
½ – 1 gestr. Teel. Backpulver,
75 – 125 g Zucker,
1 Päckchen Vanillin-Zucker,
Salz, 1 Ei,
75 – 125 g weiche Butter oder Pflanzenmargarine.

GRUNDREZEPT MIT VOLLKORNMEHL

Zutaten für Knetteig mit Vollkornmehl s. Rezepte Kapitel: VOLLWERT-GEBÄCK, S. 258.

VORBEREITUNG

Sämtliche Zutaten bereit stellen und abwiegen.

Kuchenform, Backblech oder Ausstechförmchen bereit stellen. Auf das Einfetten der Backformen kann bei Teigen mit hohem Fettgehalt verzichtet werden.

Ausnahme dabei sind:
- *Tortelettformen*
- *Stollenformen*
- *Spezial-Tortenformen*

Das Handrührgerät oder die Küchenmaschine mit den Knethaken bereit stellen.

Mehl und Backpulver sieben. Das Backpulver verteilt sich besser und der Teig wird lockerer.

Wird Kakao in dem Teig mitverarbeitet, diesen zum Mehl sieben und untermischen.

Das Fett muß weich sein, damit sich die Zutaten besser miteinander verbinden. AUSNAHME: Bei der Teigzubereitung mit der Hand wird kaltes Fett in kleine Flöckchen geschnitten unter die Teigzutaten gearbeitet.

Das Ei in eine Tasse aufschlagen. So kann geprüft werden, ob es gut ist.

Gemahlene Nüsse oder Mandeln usw. unter das mit Backpulver vermischte Mehl geben.

VERARBEITUNG

Sämtliche Zutaten auf das gesiebte Mehl in der Rührschüssel geben.

Zutaten erst auf niedrigster, danach auf höchster Schaltstufe verkneten (Foto 1).

Anschließend auf eine bemehlte Arbeitsfläche geben und mit bemehlten Händen zu einem glatten Teig verarbeiten (Foto 2).

Dabei beachten, daß nicht zu viel Mehl eingearbeitet wird. Sonst wird der Teig bröselig und trocken.

Den Teig zu einer Rolle formen. Er läßt sich so besser auswellen (Foto 3).

Falls der Teig klebt, ihn in Folie gewickelt etwa 20-30 Minuten kühl stellen.

Den Teig auf einer von Teigresten befreiten, bemehlten Arbeitsplatte mit einem bemehlten Teigroller ausrollen.
Ab und zu mit einer Palette oder einem großen Messer vorsichtig von der Unterfläche lösen, um ein Ankleben oder Reißen zu verhindern (Foto 4).

Laut Rezeptanweisung weiterverarbeiten und backen.

1

2

3

4

HINWEISE

Bei der Verarbeitung von Früchten diese nach Fertigstellung des Teiges unterkneten.

Knetteige mit Vollkornmehl möglichst vor dem Ruhen in die Form geben, da sie sich leichter verarbeiten lassen, bevor die Kleie gequollen ist.

Wird der Teig in einer Springform gebacken, ⅔ des Teiges für den Boden ausrollen und ⅓ des Teiges für den Rand zu einer Rolle formen.

Den Teigboden in die Springform legen. Den Teigrand so an den Springformring andrücken, daß er gleichmäßig etwa 3 cm hoch wird (Foto 5).
Den Teigboden mit einer Gabel mehrmals einstechen, damit die evtl. eingearbeitete Luft entweichen kann und keine Blasen entstehen.

Kuchenböden mit saftigem Belag evtl. etwa 5 Minuten blind (ohne Belag) vorbacken; der Teig bleibt knusprig und kann nicht durchweichen.

Bei der Zubereitung von Kleingebäck jeweils nur kleine Teigstücke ausrollen, damit die Teigbeschaffenheit erhalten bleibt (Foto 6).

Den Teig so ausstechen, daß möglichst wenig Teigreste entstehen. Durch öfteres Ausrollen wird jedesmal erneut Mehl eingearbeitet; das Gebäck kann dadurch hart und fest werden.

Gebackene Teige sofort von der Form lösen und auf einem Kuchengitter erkalten lassen (Foto 7).

Kleingebäcke mit der Palette vorsichtig vom Backblech heben, damit es nicht bricht. Zum Auskühlen einzeln nebeneinander legen.

Knetteig ist roh und gebacken zum Tiefgefrieren geeignet.

HEFETEIG

GRUNDREZEPT

500 g Weizenmehl,
1 Päckchen Trocken-Backhefe oder 1 Würfel Frisch-Hefe (42 g),
75 g Zucker,
1 Päckchen Vanillin-Zucker,
Salz,
250 ml (¼ l) lauwarme Milch,
75-100 g zerlassene Butter/Margarine oder
6-7 Eßl. Speiseöl.

HINWEISE FÜR VOLLKORNTEIG:

Zutaten für Hefeteig mit Vollkornmehl s. Kapitel: VOLLWERT-GEBÄCK, S. 258

VORBEREITUNG

Die Zutaten abwiegen.

Backform oder -blech auswählen und sorgfältig einfetten.

Das Handrührgerät mit Knethaken oder die Küchenmaschine bereit stellen.

Das Mehl sieben.

Die Flüssigkeit zur Teigzubereitung muß warm (ca. 37 Grad C) sein. Zu heiße Flüssigkeit tötet die Hefebakterien ab und die Triebkraft geht verloren. Kalte Flüssigkeit verlängert die Zeit bis zum Gehen des Teiges, die Triebkraft entwickelt sich sehr langsam.

Es gibt FRISCH-HEFE und TROCKEN-BACKHEFE.

FRISCH-HEFE mit Zucker oder 2-3 Eßl. Flüssigkeit verrühren, bis sie sich vollkommen aufgelöst hat.

TROCKEN-BACKHEFE und gesiebtes Mehl sorgfältig vermischen.

Hefe nie direkt mit Fett oder Salz in Verbindung bringen. Die Triebkraft geht dabei verloren.

VERARBEITUNG

Zubereitungsablauf mit Trocken-Backhefe

Gesiebtes Mehl und Trocken-Backhefe in einer Rührschüssel sorgfältig vermischen (Foto 1).

Sämtliche weiteren Zutaten hinzufügen.

Mit dem Handrührgerät mit Knethaken auf niedrigster Schaltstufe beginnen. Dann so lange auf höchster Schaltstufe rühren, bis der Teig glatt ist (etwa 5 Minuten).

Den Teig zugedeckt an einem warmen Ort gehen lassen, bis sich sein Volumen etwa verdoppelt hat (etwa 20 Minuten) (Foto 2).

Zugluft vermeiden; der Teig fällt sonst zusammen.

Den Teig in eine Gugelhupfform eingefüllt oder geformt auf ein Backblech gelegt noch einmal gehen lassen (Foto 3).

Laut Anweisung backen.

1

2

3

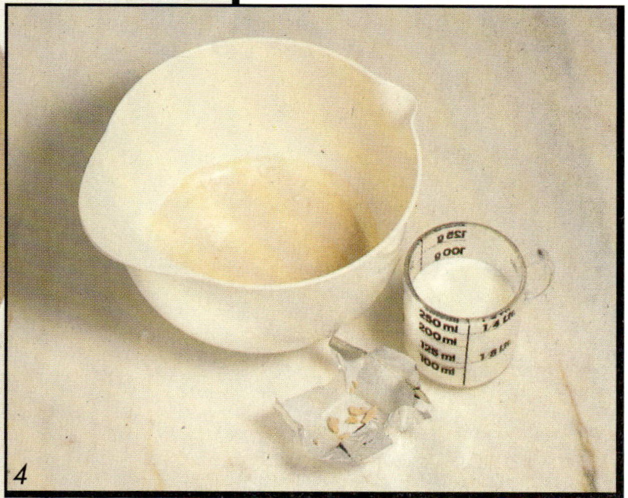

4

HINWEISE

Wir haben uns auf die Zubereitung des schnellen Hefeteiges konzentriert. Die Teigbeschaffenheit ist so gut, daß sich die aufwendigere Bereitung eines Vorteiges erübrigt.

Es gibt eine Anzahl von Hefeteigen mit unterschiedlicher Konsistenz und Teig-Zusammensetzung (z. B. Stollen, Brioches, Savarinteig).

Hefeteigen können ein oder mehrere Eier zugefügt werden (s. Rezepte), dann allerdings reduziert sich die Flüssigkeit (Milch).

Für saftige Obstkuchen den Teigboden vorher mit Semmelmehl, gemahlenen Nüssen/Mandeln oder Sahnesteif bestreuen. Der Teigboden weicht so nicht durch.

Mit Vollkornmehl zubereitete Teige werden in ihrer Beschaffenheit noch elastischer und schöner, wenn der Teig vor dem Gehen noch kurz mit der Hand durchgearbeitet wird.

Kleingebäck nicht zu eng aneinandersetzen, es vergrößert beim Backen sein Volumen.

Ist zum Gehen des Teiges nicht genügend Zeit vorhanden, Teig ohne Geh-Zeit verarbeiten und in den KALTEN Backofen schieben. 10 Minuten bei 50 Grad C gehen lassen. Danach die vorgeschriebene Temperatur einstellen. Erst jetzt beginnt die vorgeschriebene Backzeit laut Rezept.

Hefe, roher Hefeteig und fertig gebackenes Hefegebäck sind zum Tiefgefrieren geeignet.

Zubereitungsablauf mit Frisch-Hefe

Hefe in der Rührschüssel mit 2-3 Eßl. lauwarmer Milch so lange verrühren, bis sie sich vollkommen aufgelöst hat (Foto 4).
Restliche Milch hinzugießen.

Alle übrigen Zutaten mit Ausnahme von Früchten in eine Rührschüssel geben. Die verrührte Frischhefe hinzufügen; mit dem Handrührgerät zuerst auf niedrigster, danach auf höchster Schaltstufe so lange schlagen, bis ein glatter Teig entstanden ist (Foto 5).
Zum Schluß evtl. Früchte oder Nüsse unterkneten.
Weiterverarbeitung genauso wie mit Trocken-Backhefe.

5

PLUNDERTEIG

GRUNDREZEPT

375 g Weizenmehl,
1 Päckchen Trocken-Backhefe oder 1 Würfel (42 g) Frischhefe,
50 g Zucker,
1 Päckchen Vanillin-Zucker,
Salz,
1 Ei,
50 g in Stücke geschnittene Butter,
200 ml (⅕ l) kalte Milch,
15 g kalte Butter zum Einarbeiten.

VORBEREITUNG

Die Zutaten abwiegen. Formen und Geräte bereit stellen.

Kuchenform oder Backblech gleichmäßig einfetten.

VERARBEITUNG

Das Mehl in eine Rührschüssel sieben und mit der Trocken-Backhefe sorgfältig vermischen. (Verarbeitung mit Frischhefe s. Hefeteigzubereitung S. 35).

Alle übrigen Zutaten zu dem Mehl geben. Für die Zubereitung von Plunderteig brauchen die Zutaten Fett und Milch nicht lauwarm zu sein (Foto 1). Sie werden kalt verarbeitet.

Alle Zutaten zunächst kurz auf niedrigster, dann auf höchster Stufe etwa 5 Minuten verarbeiten. Der Teig muß glatt sein.

Den Teig etwa 5 Minuten bei Zimmertemperatur ruhen lassen.

Den Teig auf einer bemehlten Arbeitsplatte zu einem Rechteck ausrollen.

1

2

Die Hälfte des Teiges mit in dünne Scheiben geschnittener Butter belegen (Foto 2). Die nicht belegte Teighälfte darüber klappen und leicht mit dem Teigroller andrücken.

Den Teig wieder zu einem Rechteck ausrollen. Von den schmalen Seiten so falten, daß die Teigkanten in der Mitte auseinanderstoßen (Foto 3). Den Teig etwa 15 Minuten kalt stellen. Den Vorgang drei- bis viermal wiederholen. Dann laut Rezept weiter verarbeiten (Foto 4).

HINWEISE

Plunderteig ist eine Mischung aus Hefe- und Blätterteig.

Die Zutaten wie Milch und Fett werden nicht lauwarm, sondern kalt zugefügt und verarbeitet.

3

4

QUARK-ÖLTEIG

GRUNDREZEPT

300-400 g Weizenmehl,
1 – 1 Päckchen und 2 gestr. Teel. Backpulver,
150 – 200 g Speisequark (Magerstufe),
6 Eßl. Milch,
6 – 8 Eßl. Speiseöl,
75 – 100 g Zucker,
1 Päckchen Vanilin-Zucker,
evtl. 1 Ei (je nach Rezeptur),
Salz, Gewürze.

HINWEISE FÜR VOLLKORNTEIG

Zutaten für Quark-Ölteig mit Vollkornmehl s. Rezepte Kapitel: VOLLWERT-GEBÄCK, S. 258.

VORBEREITUNG

Die Zutaten abwiegen. Formen und Geräte bereit stellen.

Kuchenform oder Backblech gleichmäßig einfetten.

Mehl und Backpulver vermischen und in eine Rührschüssel geben. Der Teig wird durch das Sieben lockerer.

Wird ein Ei mitverarbeitet, dieses zuerst über einer Tasse aufschlagen und überprüfen ob es frisch ist.

Sehr feuchten Magerquark zuerst in einem Küchentuch ausdrücken (Foto 1, S. 37) und danach abwiegen.

Magerquark macht den Teig luftig und locker.

- Der Quark muß frisch sein, damit kein säuerlicher Geschmack entsteht. Krümeligen Quark vor dem Verarbeiten durch ein Sieb streichen.
- Das Öl bestimmt zu einem erheblichen Teil die Konsistenz des Teiges. Öl kann nicht durch eine andere (feste) Fettsorte ausgewechselt werden. Geschmacksneutrale Öle wählen.

1

VERARBEITUNG

Zu dem gesiebten Mehl und Backpulver sämtliche anderen abgewogenen Zutaten geben (Foto 2).

2

3

Mit den Knethaken des Handrührgerätes die Zutaten auf höchster Schaltstufe etwa 1 Minute zu einem Teig verarbeiten.

Den Teig auf eine bemehlte Arbeitsplatte legen und mit bemehlten Händen zu einer Rolle formen (Foto 3).

HINWEISE

Die Konsistenz des Teiges ist ähnlich der des Hefeteiges, weich und elastisch.

Falls der Teig noch an den Händen klebt, ist er zu weich. Dann vorsichtig noch etwas Mehl unterkneten.

Beim Ausrollen des Teiges ist zu beachten, daß nicht zu viel Mehl eingearbeitet wird, damit das Gebäck nicht zu trocken wird.

Das Gebäck schmeckt frisch gebacken am besten.

Es eignet sich roh und gebacken zum Tiefgefrieren.

BRANDTEIG

GRUNDREZEPT

250 ml (¼ l) Wasser,
50 g Margarine oder Butter,
150 g Weizenmehl,
30 g Speisestärke,
4-6 Eier,
1 gestrichener Teel. Backpulver (3 g).

HINWEISE FÜR VOLLKORNTEIG

Zutaten für Brandteig mit Vollkornmehl s. Rezepte Kapitel: VOLLWERT-GEBÄCK, S. 258

VORBEREITUNG

Das Backblech einfetten und die Hälfte leicht bemehlen. Damit sich das Mehl gleichmäßig verteilt, die nicht bemehlte Seite des Backbleches auf den Tisch aufschlagen. Dabei verteilt sich das restliche Mehl gleichmäßig über das ganze Blech (Foto 1). Restliches Mehl entfernen. Oder Back-Trennpapier verwenden.

Sämtliche Zutaten und Geräte bereit stellen.

Mehl und Speisestärke (je nach Rezept) abwiegen und sieben.

Wasser abmessen und in einen kleinen Stieltopf gießen.

Fett abwiegen und zu dem Wasser geben.

VERARBEITUNG

Wasser und Fett aufkochen.

Den Topf von der Kochstelle nehmen. Mehl-Speisestärke-Gemisch auf einmal hineinschütten (Foto 2). So wird die Bildung von Klümpchen verhindert.

Die Zutaten kräftig verrühren, bis sie sich zu einem glatten Kloß verbinden.

1

2

3

4

Den Topf wieder auf die Kochstelle geben und den Teig unter Rühren etwa 1 Minute erhitzen (abbrennen) (Foto 3). Dabei wird der Teig fester und am Topfboden entsteht eine dünne Haut.

Den Teigkloß in eine Rührschüssel umfüllen. Er kühlt schneller ab und läßt sich besser rühren (Foto 4).

6

7

5

Außerdem könnten die Eier auf dem heißen Topfboden gerinnen, so daß der Teig seine Bindefähigkeit verlieren würde.

Die Eier NACHEINANDER unter den Teig rühren (Foto 5). Werden die Eier auf einmal untergerührt, so verbinden sie sich NICHT mit dem Teig.

Ist der Teig zu fest, die Zugabe von einem weiteren Ei jedoch zu viel, 1 Ei in einer Tasse verschlagen und die Hälfte der Masse unter den Teig rühren.

Die Konsistenz des Teiges ist richtig, wenn er glänzt und so vom Löffel abreißt, daß lange Teigspitzen hängen bleiben.

Das gesiebte Backpulver unter den abgekühlten Teig rühren. Das Backpulver darf vor dem Backen nie mit heißen oder warmen Zutaten vermischt werden. Die Triebkraft würde zu früh ausgelöst werden und ginge für das Gebäck verloren.

Den Teig in einen Spritzbeutel einfüllen, auf das vorbereitete Backblech spritzen (Foto 6) und backen.

Teigabstände auf dem Backblech einhalten. Beim Backvorgang verdoppelt sich das Volumen.

HINWEISE

Das Backblech erst in den Backofen einschieben, wenn die gewünschte Temperatur erreicht ist.

Die Backofentür erst kurz vor Beendigung der Backzeit öffnen; das Gebäck ist sehr empfindlich und fällt sonst leicht zusammen.

Soll der Teig im Fettbad ausgebacken werden, ihn auf ein gefettetes Pergamentpapier spritzen oder mit 2 Teelöffeln abstechen und vorsichtig in (Foto 7) das heiße Fett gleiten lassen. Das Fett muß genügend heiß sein (beim Eintauchen mit einem Holzlöffelstiel bilden sich kleine Bläschen), damit das Gebäck nicht zu viel Fett aufsaugt.

Das fertige Gebäck ist luftig und locker. Der innere Hohlraum darf dabei nicht mehr feucht sein.

Die Gebäckstücke aufschneiden, so lange sie noch heiß sind. Die Gefahr des Zerbrechens an ungewünschten Stellen wird dadurch verhindert.

Zum Aufschneiden von Windbeuteln (Eclairs) empfiehlt sich die Verwendung einer Küchenschere.

Das Gebäck nur ausgekühlt, am besten erst kurz vor dem Verzehren füllen.

Brandteig eignet sich roh und gebacken zum Tiefgefrieren.

KLAR ZUR TORTEN-SCHLACHT: OBST- UND SAHNETORTEN.

Torte ist beileibe nicht gleich Torte: An der Frage, ob Sahne- oder Cremetorten besser schmecken, haben sich schon ganze Kaffee-Kränzchen ereifert.

Entscheiden sie selbst: Wir beginnen auf den folgenden Seiten mit den sahnigen und fruchtigen Varianten und widmen uns dann im nächsten Kapitel den klassischen und den Cremetorten.

TORTEN, FRUCHTIG UND SAHNIG

TORTE CARACAS

(Foto S. 40)

FÜR DEN TEIG

4 Eier	mit
100 g Marzipan-Rohmasse	mit einem Handrührgerät mit Rührbesen auf höchster Stufe in etwa 1 Minute cremig schlagen, nach und nach
125 g Zucker, 1 Päckchen Vanillin-Zucker, Salz, 1 Messerspitze gemahlenen Zimt	mischen, in 1 Minute einstreuen, dann noch etwa 2 Minuten schlagen
100 g Weizenmehl	mit
2 gestrichenen Teel. Backpulver	mischen, ⅓ davon auf die Eiercreme sieben, kurz auf niedrigster Stufe unterrühren, den Rest des Mehl-Gemisches auf dieselbe Weise unterarbeiten, zum Schluß
80 g Krokant, z. B. von Schwartau, 50 g zerlassene abgekühlte Butter	unterrühren, den Teig in eine gefettete, mit Pergamentpapier ausgelegte Springform (Durchmesser etwa 28 cm) füllen, glattstreichen, die Form auf dem Rost in den vorgeheizten Backofen schieben
Strom:	175–200
Gas:	3–4
Backzeit:	25–35 Minuten den erkalteten Tortenboden einmal durchschneiden

FÜR DIE FÜLLUNG

100 g Zartbitter-Schokolade	in kleine Stücke brechen, in einem kleinen Topf im heißen Wasserbad zu einer geschmeidigen Masse verrühren
500 ml (½ l) Schlagsahne	½ Minute schlagen
2 Päckchen Sahnesteif	hinzufügen, die Sahne steif schlagen, die etwas abgekühlte Schokolade unterrühren, 4–5 Eßl. von der Schokoladensahne bestreichen, mit dem oberen Boden bedecken, Rand und obere Seite der Torte gleichmäßig mit der restlichen Schokoladensahne bestreichen, die Torte mit der Sahne aus dem Spritzbeutel verzieren, mit
Schokoladentäfelchen	garnieren.

HIMMELSTORTE

(Foto S. 41)

FÜR DEN TEIG

250 g Butter	mit einem Handrührgerät mit Rührbesen auf höchster Stufe in etwa ½ Minute geschmeidig rühren, nach und nach
200 g Zucker, 1 Päckchen Vanillin-Zucker	unterrühren, so lange rühren, bis eine gebundene Masse entstanden ist
Salz, 4 Eigelb	nach und nach unterrühren (jedes Eigelb etwa ½ Minute)
250 g Weizenmehl	mit
2 gestrichenen Teel. Backpulver	mischen, sieben, eßlöffelweise auf mittlerer Stufe unterrühren

FÜR DEN BELAG

4 Eiweiß	steif schlagen für 4 Böden jeweils 2 Eßl. des Teiges auf einen gefetteten Springformboden (Durchmesser etwa 28 cm) streichen (darauf achten, daß die Teiglage am Rand nicht zu dünn ist, damit der Boden dort nicht zu dunkel wird), ¼ von dem steifgeschlagenen Eierschnee gleichmäßig auf jedem Boden verteilen
50 g Zucker	mit
1 Päckchen Vanillin-Zucker, 1 gestrichenen Teel. gemahlenem Zimt	mischen, ¼ davon und ¼ von
100 g abgezogenen, gehobelten Mandeln	auf jeden Teigboden streuen, jeden Boden ohne Springformrand im vorgeheizten Backofen backen, bis er hellbraun ist
Strom:	175–200, Gas: 3–4
Backzeit:	15–20 Minuten die Böden sofort nach dem Backen vom Springformboden lösen

FÜR DIE FÜLLUNG

500 g Johannisbeertrauben	waschen, gut abtropfen lassen, von den Stielen streifen, mit
125 g gesiebtem Puderzucker	bestreuen
500 ml (½ l) Schlagsahne	½ Minute schlagen
3 Päckchen Sahnesteif	einstreuen, die Sahne steif schlagen, die Johannisbeeren unter die Sahne heben, die einzelnen Böden mit der Füllung bestreichen, zu einer Torte zusammensetzen, die oberste Schicht muß aus einem Boden bestehen.

KIRSCH-SCHOKOLADEN-TORTE

(Foto S. 43)

FÜR DEN TEIG

100 g Butter	mit einem Handrührgerät mit Rührbesen auf höchster Stufe in etwa ½ Minute

	geschmeidig rühren
100 g Zucker 1 Päckchen Vanillin-Zucker 4 Eier, Salz 100 g gemahlene Haselnußkerne 100 g geriebene Zartbitter- Schokolade	unterrühren, so lange rühren, bis eine gebundene Masse entstanden ist
125 g Weizenmehl	mit
1 Teel. Backpulver	mischen, sieben, eßlöffelweise auf mittlerer Stufe unterrühren, den Teig in eine gefettete Springform (Durchmesser etwa 28 cm füllen, glattstreichen
etwa 450 g Sauerkirschen (aus dem Glas)	abtropfen lassen, den Saft auffangen, die Sauerkirschen auf dem Teig verteilen, leicht eindrücken, die Form auf dem Rost in den vorgeheizten Backofen schieben
Strom:	175 – 200
Gas:	3 – 4
Backzeit:	Etwa 30 Minuten den Kuchen aus der Form lösen, erkalten lassen
	FÜR DEN GUSS aus
1 Päckchen Tortenguß, klar 1 Eßl. Zucker 250 ml (¼ l) Sauerkirschsaft	nach der Vorschrift auf dem Beutel einen Guß zubereiten, über den Kuchen verteilen, erkalten lassen
250 ml (¼ l) Schlag- sahne	etwa ½ Minute schlagen
1 Päckchen Sahnesteif 1 Teel. Zucker etwas Vanillin-Zucker	einstreuen, die Sahne steif schlagen, den Kuchen damit bestreichen oder die Sahne in einem Spritzbeutel mit Sterntülle geben und den Kuchen damit verzieren.

1

2

3

FEINE JOHANNISBEER-TORTE

(Foto oben)

FÜR DEN KNETTEIG

150 g Weizenmehl	in eine Rührschüssel sieben
40 g Zucker 1 Päckchen Vanillin-Zucker 2 Eigelb 75 g weiche Butter oder Margarine	hinzufügen
	die Zutaten mit einem Handrührgerät mit Knethaken zunächst kurz auf niedrigster, dann auf höchster Stufe gut durcharbeiten, anschließend auf der Tischplatte zu einem glatten Teig verkneten, sollte er kleben, ihn eine Zeitlang kalt stellen den Teig auf dem umgedrehten Boden einer Springform (Durchmesser etwa 28 cm) ausrollen, mehrmals mit einer Gabel einstechen, auf dem Rost in den vorgeheizten Backofen schieben
Strom:	200 – 225
Gas:	3 – 4
Backzeit:	Etwa 15 Minuten
	den Tortenboden sofort nach dem Backen vom Springformboden lösen, auf dem Springformboden erkalten lassen

FÜR DEN MANDEL-BISKUITTEIG

2 Eiweiß	mit einem Handrührgerät mit Rührbesen steif schlagen
2 gehäufte Eßl. Zucker Salz	unterschlagen
3 Eigelb	hinzufügen
2 gehäufte Eßl. Weizenmehl	sieben, mit
2 Eßl. abgezogenen, gemahlenen	

Mandeln	unterheben
	den Teig in eine gefettete, mit Pergamentpapier ausgelegte Springform (Durchmesser etwa 28 cm) füllen, glattstreichen
	die Form auf dem Rost in den vorgeheizten Backofen schieben
Strom:	175–200
Gas:	3–4
Backzeit:	Etwa 15 Minuten
	sofort nach dem Backen den Tortenboden aus der Form lösen, auf einen Kuchenrost stürzen, erkalten lassen

FÜR DEN BELAG

1 kg Johannisbeeren	waschen, abtropfen lassen, mit einer Gabel von den Stielen streifen, mit
175 g Zucker	bestreuen, etwas Saft ziehen lassen, in einen Topf geben, zum Kochen bringen
50–60 g Speisestärke	mit
5 Eßl. kaltem Wasser	anrühren, die Johannisbeeren damit binden, etwas abkühlen lassen, ab und zu durchrühren
	den Knetteigboden mit
Johannisbeer-Gelee	bestreichen, den Biskuitboden darauflegen, die Johannisbeermasse (Foto 1) darauf verstreichen
3 Eiweiß	steif schlagen, nach und nach
150 g Zucker	unterschlagen
	die Tortenoberfläche mit etwa der Hälfte der Eiweißmasse bestreichen (Foto 2), restliche Eiweißmasse in einen Spritzbeutel mit Sterntülle füllen und die Torte damit verzieren (Foto 3)
	die Torte auf dem Rost in den vorgeheizten Backofen schieben, die Baisermasse hell bräunen lassen
Strom:	225–250
Gas:	4–5
Backzeit:	Etwa 5 Minuten.
Beigabe:	Geschlagene Sahne.

APFEL- ODER KIRSCH-TORTE, GEDECKT

FÜR DEN TEIG

300 g Weizenmehl	mit
2 gestrichenen Teel. Backpulver	mischen, in eine Rührschüssel sieben
100 g Zucker	
1 Päckchen Vanillin-Zucker	
Salz	
½ Eigelb, 1 Eiweiß	
1 Eßl. Milch	
150 g weiche Margarine, z. B. Sanella oder Butter	hinzufügen
	die Zutaten mit einem Handrührgerät mit Knethaken zunächst kurz auf niedrigster, dann auf höchster Stufe gut durcharbeiten, anschließend auf der Tischplatte zu einem glatten Teig verkneten, sollte er kleben, ihn eine Zeitlang kalt stellen, knapp die Hälfte des Teiges auf dem gefetteten Boden einer Springform (Durchmesser etwa 28 cm) ausrollen, mehrmals mit einer Gabel einstechen, den Springformring darum geben, die Form auf dem Rost in den vorgeheizten Backofen schieben
Strom:	200–225
Gas:	3–4
Backzeit:	15–20 Minuten

FÜR DIE APFEL-FÜLLUNG

50 g Rosinen	verlesen
etwa 2 kg Äpfel	schälen, vierteln, entkernen, in kleine Stücke schneiden, mit
1 Eßl. Wasser	
50 g Zucker	
½ Teel. gemahlenem Zimt	und den Rosinen unter Rühren dünsten, etwas abkühlen lassen, mit
etwa 50 g Zucker	
einigen Tropfen Rum-Aroma oder Backöl Zitrone	abschmecken

oder	FÜR DIE KIRSCH-FÜLLUNG
1 kg Sauerkirschen	waschen, abtropfen lassen, entstielen, entsteinen, mit
100 g Zucker	mischen, kurze Zeit zum Saftziehen stehenlassen, nur eben zum Kochen bringen, abtropfen lassen, wenn Saft und Kirschen kalt sind, 250 ml (¼ l) Saft abmessen (evtl. mit Wasser ergänzen)
20 g Speisestärke	mit 4 Eßl. von dem Saft anrühren, den übrigen Saft zum Kochen bringen, die Speisestärke unter Rühren in den von der Kochstelle genommenen Saft geben, kurz aufkochen lassen, die Kirschen unterrühren, kalt stellen, mit
etwa 1 Eßl. Zucker	abschmecken
	den übrigen Teig zu einer Platte in der Größe der Springform ausrollen, den Rest zu einer Rolle formen, sie als Rand auf den vorgebackenen Boden legen, so an die Form drücken, daß ein etwa 3 cm hoher Rand entsteht
	die Füllung auf den Boden streichen, die Teigplatte darauf legen
½ Eigelb	mit
1 Eßl. Milch	verschlagen, die Teigplatte damit bestreichen, mit einer Gabel mehrmals einstechen oder mit einem Teigrädchen ein Gittermuster rädern, in den vorgeheizten Backofen schieben
Strom:	200–225
Gas:	3–4
Backzeit:	20–30 Minuten.

APRIKOSEN-SAHNETORTE

(Foto S. 47 unten)

FÜR DEN KNETTEIG

150 g Weizenmehl	in eine Rührschüssel sieben
40 g Zucker 1 Päckchen Vanillin-Zucker 100 g weiche Butter	hinzufügen die Zutaten mit einem Handrührgerät mit Knethaken zunächst kurz auf niedrigster, dann auf höchster Stufe durcharbeiten, anschließend auf der Tischplatte zu einem glatten Teig verkneten, sollte er kleben, ihn eine Zeitlang kalt stellen den Teig auf dem gefetteten Boden einer Springform (Durchmesser etwa 28 cm) ausrollen, mehrmals mit einer Gabel einstechen, mit Springformring im vorgeheizten Backofen backen
Strom:	200–225
Gas:	3–4
Backzeit:	Etwa 15 Minuten sofort nach dem Backen den Boden vom Springformboden lösen, erkalten lassen, auf eine Tortenplatte legen

FÜR DEN BISKUITTEIG

3 Eier 3–4 Eßl. heißes Wasser	mit einem Handrührgerät mit Rührbesen auf höchster Stufe in 1 Minute schaumig schlagen
125 g Zucker	mit
1 Päckchen Vanillin-Zucker	mischen, in 1 Minute einstreuen, dann noch etwa 2 Minuten schlagen den Schnee auf die Eigelbcreme geben mit
75 g Weizenmehl	mit
75 g Speisestärke 15 g Back-Kakao 2 gestrichenen Teel. Backpulver	mischen, die Hälfte davon auf die Eiercreme sieben, kurz auf niedrigster Stufe unterrühren den Rest des Mehl-Gemisches auf dieselbe Weise unterarbeiten, dabei
75 g Butter	zerlassen, abkühlen lassen, vorsichtig hinzufügen den Teig in eine Springform (Durchmesser etwa 28 cm, Boden gefettet, mit Pergamentpapier belegt) füllen, die Form auf dem Rost in den vorgeheizten Backofen schieben
Strom:	175–200
Gas:	3–4
Backzeit:	20–30 Minuten den Tortenboden gut auskühlen lassen, einmal durchschneiden

FÜR DIE FÜLLUNG

1 kg Aprikosen (gedünstet oder aus der Dose)	abtropfen lassen, sie bis auf 12 Aprikosenhälften in kleine Stücke schneiden den Saft auf 250 ml (¼ l) auffüllen (evtl. mit Wasser ergänzen) mit 4 Eßl. von dem Saft
30 g Speisestärke 25 g Zucker	anrühren, den übrigen Saft erhitzen, die angerührte Speisestärke unter Rühren in den kochenden, von der Kochstelle genommenen Saft geben, kurz aufkochen lassen, die Aprikosenstückchen unterheben, kalt stellen
2 Eßl. Zitronensaft	unterrühren
500 ml (½ l) Schlagsahne	½ Minute schlagen
50 g Puderzucker	sieben, mit
2 Päckchen Sahnesteif	mischen, einstreuen, die Sahne steif schlagen gut die Hälft der Schlagsahne unter die erkaltete Aprikosencreme heben den Knetteigboden mit
3 Eßl. Aprikosen-Konfitüre	bestreichen, den unteren Biskuitboden darauf legen, mit der Aprikosensahne bestreichen, den oberen Boden darauf legen, gut andrücken Rand und obere Seite der Torte gleichmäßig mit etwas von der zurückgelassenen Schlagsahne bestreichen, die obere Seite der Torte in 12 Stücke einteilen, die Torte mit der restlichen Schlagsahne verzieren
½ Teel. Gelatine gemahlen, weiß	mit
1 Eßl. Aprikosensaft (evtl. Wasser)	in einem kleinen Topf anrühren, 10 Minuten zum Quellen stehenlassen, unter Rühren erwärmen, bis sie gelöst ist, die Aprikosenhälften damit bestreichen, die Torte damit garnieren, den Rand der Torte mit
etwa 60 abgezogenen, gehackten, gebräunten Mandeln	bestreuen.

PFLAUMENTORTE MIT MANDELN

(Foto S. 47 oben)

FÜR DEN TEIG

300 g Weizenmehl	in eine Rührschüssel sieben
100 g Zucker ½ Teel. Vanillin-Zucker 1 Ei 200 g weiche Butter oder Margarine	hinzufügen, die Zutaten mit einem Handrührgerät mit Knethaken zunächst kurz auf niedrigster, dann auf höchster Stufe gut durcharbeiten, anschließend auf der Tischplatte zu einem glatten Teig

verkneten, 2–3 Stunden kalt stellen, den Teig dünn ausrollen, eine gefettete Springform (Durchmesser etwa 26 cm) damit auslegen, den Teigboden mehrmals mit einer Gabel einstechen, getrocknete Erbsen darauf geben, die Form auf dem Rost in den vorgeheizten Backofen schieben

Strom:	*175–200, Gas: 2–3*
Backzeit:	*Etwa 20 Minuten*

nach dem Backen die Erbsen entfernen

FÜR DIE FÜLLUNG

1 kg Pflaumen	*waschen, entstielen, halbieren, entsteinen, mit*
3 Eßl. Wasser	
3 Eßl. Zwetschgenwasser	
100 g Zucker	*etwa 4 Minuten kochen lassen*
3 Eßl. Speisestärke	*mit*
1 Eßl. Zwetschenwasser	*anrühren, in die Pflaumenflüssigkeit rühren, kurz aufkochen lassen*
1 Messerspitze gemahlenen Zimt	*unterrühren*
7 Blatt weiße Gelatine	*etwa 10 Minuten in kaltem Wasser einweichen, unter Rühren in der heißen Flüssigkeit auflösen*
3 Eßl. abgezogene, gemahlene Mandeln	*unterheben* *die Pflaumenmasse auf den gebackenen Boden geben, im Kühlschrank auskühlen, fest werden lassen*

ZUM GARNIEREN

125 ml (⅛ l) Schlagsahne	*½ Minute schlagen*
1 Teel. Sahnesteif	*einstreuen, die Sahne steif schlagen, in einem Spritzbeutel füllen die Torte mit der Schlagsahne verzieren, mit*
Mandeln	*garnieren.*

SCHWARZE JOHANNISBEER-TORTE

FÜR DEN TEIG

5 Eier 3–4 Eßl. heißes Wasser	mit einem Handrührgerät mit Rührbesen auf höchster Stufe in 1 Minute schaumig schlagen
100 g Zucker	mit
Salz gemahlenem Zimt 1 Teel. abgeriebener Zitronenschale	in 1 Minute einstreuen, dann noch etwa 2 Minuten schlagen
50 g Weizenmehl	mit
50 g Speisestärke 25 g Kakao	mischen, die Hälfte davon auf die Eiercreme sieben, kurz auf niedrigster Stufe unterrühren, den Rest des Mehl-Gemisches auf dieselbe Weise unterarbeiten
100 g Halbbitter-Kuvertüre, z. B. von Schwartau	in einem kleinen Topf im heißen Wasserbad geschmeidig rühren, unter den Teig ziehen den Teig in eine Springform (Durchmesser etwa 28 cm, Boden gefettet, mit Pergamentpapier ausgelegt) füllen, glattstreichen, die Form auf dem Rost in den vorgeheizten Backofen schieben
Strom:	Etwa 175
Gas:	2–3
Backzeit:	30–35 Minuten sofort nach dem Backen den Tortenboden aus der Form lösen, auf einen Kuchenrost stürzen, das Pergamentpapier abziehen den Tortenboden erkalten lassen, einmal durchschneiden

FÜR DIE FÜLLUNG

600 g schwarze Johannisbeeren	waschen, abtropfen lassen, mit einer Gabel von den Stielen zupfen ⅔ der Johannisbeeren mit
100 g Zucker	zum Kochen bringen, 2–3 Minuten kochen, erkalten lassen
1 Päckchen Gelatine gemahlen, weiß	mit
3 Eßl. kaltem Wasser	anrühren, 10 Minuten zum Quellen stehenlassen die restlichen Johannisbeeren in das kalte Johannisbeer-Kompott geben, ⅔ der Früchte auf dem unteren Tortenboden verteilen die gequollene Gelatine unter Rühren erwärmen, bis sie gelöst ist unter das restliche Johannisbeer-Kompott rühren die Hälfte von
125 ml (⅛ l) Cassis-Likör (schwarzer Johannisbeer-Likör)	unterrühren, kalt stellen sobald die Fruchtmasse beginnt dicklich zu werden,
500 ml (½ l) Schlagsahne	steif schlagen, unterheben die Johannisbeer-Sahne kuppelförmig auf den Tortenboden streichen, einige Zeit kalt stellen, mit dem oberen Tortenboden bedecken, etwas andrücken, mit dem restlichen Cassis-Likör bestreichen
125 ml (⅛ l) Schlagsahne	steif schlagen, die Torte ganz damit bestreichen
150 g Vollmilch-Kuvertüre	mit einem Sparschäler auf die Torte raspeln die Schokoladen-Späne mit einem breiten Messer an den Tortenrand drücken, die Torte etwa 2 Stunden in den Kühlschrank stellen.

FRIESISCHE WEIHNACHTS-TORTE

(Foto S. 49)

FÜR DEN TEIG

250 g Weizenmehl	mit
1 Messerspitze Backpulver	mischen, in eine Rührschüssel sieben
2 Päckchen Vanillin-Zucker 1 Becher (150 g) Crème fraîche 175 g weiche Butter	hinzufügen die Zutaten mit einem Handrührgerät mit Knethaken zunächst kurz auf niedrigster, dann auf höchster Stufe gut durcharbeiten, anschließend auf der Tischplatte zu einem glatten Teig verkneten, sollte er kleben, ihn eine Zeitlang kalt stellen den Teig in 4 gleich große Stücke teilen, jeweils ein Teigstück auf dem gefetteten Boden einer Springform (Durchmesser etwa 28 cm) ausrollen (darauf achten, daß der Teigboden am Rand nicht zu dünn ist), mehrmals mit einer Gabel einstechen, (Foto 1) den Springformring darum legen, schließen

FÜR DIE STREUSEL

150 g Weizenmehl	in eine Schüssel sieben, mit
75 g Zucker 1 Päckchen Vanillin-Zucker 1 Messerspitze gemahlenem Zimt	mischen
100 g kalte Butter	in Flöckchen dazugeben, die Zutaten mit den Händen oder 2 Gabeln zu Streuseln vermengen, die Teigböden gleichmäßig damit bedecken die Formen nacheinander

auf dem Rost in den vorgeheizten Backofen schieben

Strom:	200–225
Gas:	3–4
Backzeit:	Etwa 15 Minuten

die Böden sofort nach dem Backen vom Springformboden lösen und einen der Böden in 12 Tortenstücke schneiden (Foto 2)
die Böden auf einem Kuchenrost erkalten lassen

FÜR DIE FÜLLUNG

500 ml (½ l) Schlagsahne	½ Minute schlagen,
25 g Zucker 2 Päckchen Sahnesteif 1 Päckchen Vanillin-Zucker	einstreuen, die Sahne steif schlagen, in einen Spritzbeutel mit gezackter Tülle füllen die 3 unzerteilten Böden zunächst jeweils mit ⅓ von
450 g Pflaumenmus	bestreichen, die Schlagsahne darauf spritzen (Foto 3), mit dem geschnittenen Boden zu einer Torte zusammensetzen die Torte mit
gesiebtem Puderzucker	bestäuben, kalt stellen, vor dem Verzehr mit einem Sägemesser schneiden.

1

2

3

ERDBEER-SAHNETORTE

(Foto S. 51 oben)

FÜR DEN TEIG

2 Eier	mit einem Handrührgerät mit Rührbesen auf höchster Stufe in 1 Minute schaumig rühren
2 gehäufte Eßl. Zucker Salz	in 1 Minute einstreuen, dann noch etwa 2 Minuten schlagen
2 gehäufte Eßl. Weizenmehl	mit
2 gehäuften Eßl. abgezogenen, gemahlenen Mandeln	mischen, die Hälfte davon auf die Eiercreme geben, kurz auf niedrigster Stufe unterrühren, den Rest des Mehl-Mandel-Gemisches auf dieselbe Weise unterarbeiten, den Teig in eine gefettete, mit Pergamentpapier ausgelegte Springform (Durchmesser etwa 28 cm) füllen, glattstreichen, die Form auf dem Rost in den vorgeheizten Backofen schieben
Strom:	175–200
Gas:	3–4
Backzeit:	Etwa 14 Minuten den gebackenen Tortenboden sofort aus der Form lösen, auf einen Kuchenrost stürzen, das Pergamentpapier abziehen, den Boden erkalten lassen

FÜR DEN BELAG

1 Päckchen Gelatine gemahlen, weiß	mit
3 Eßl. kaltem Wasser	in einem kleinen Topf anrühren, 10 Minuten zum Quellen stehenlassen
300 g Erdbeeren	vorsichtig waschen, abtropfen lassen, entstielen, pürieren
75 g Zucker 1 Päckchen Vanillin-Zucker 1 Eßl. Zitronensaft	unterrühren, die Gelatine unter Rühren erwärmen, bis sie gelöst ist, unter das Erdbeerpüree rühren, wenn die Masse beginnt dicklich zu werden,
375 ml (3/8 l) Schlagsahne	steif schlagen, unterheben, den erkalteten Tortenboden auf eine Tortenplatte legen, den mit Papier ausgelegten Springformrand darum stellen, die Erdbeersahne auf den Tortenboden geben, glattstreichen, kalt stellen
700 g Erdbeeren	waschen, abtropfen lassen, entstielen, halbieren, mit
Zucker	bestreuen, einige Zeit durchziehen lassen, auf ein Sieb geben, den Saft auffangen, die Erdbeeren schuppenförmig auf der Erdbeersahne anrichten den Erdbeersaft mit Wasser auf 250 ml (1/4 l) Flüssigkeit auffüllen

FÜR DEN GUSS

aus

1 Päckchen Tortenguß, rot 1 gestrichenen Eßl. Zucker 250 ml (1/4 l) Erdbeer-Flüssigkeit	nach der Vorschrift auf dem Päckchen einen Tortenguß zubereiten, die Erdbeeren mit dem Guß bestreichen
250 ml (1/4 l) Schlagsahne	1/2 Minute schlagen
1 Päckchen Sahnesteif 1 Päckchen Vanillin-Zucker	einstreuen, die Sahne steif schlagen, in eianen Spritzbeutel mit gezackter Tülle füllen und den Tortenrand ringsherum mit senkrechten Linien bespritzen.

SCHNEEFLOCKEN-TORTE

(Foto S. 51 unten)

FÜR DEN TEIG

125 g weiche Butter	mit einem Handrührgerät mit Schneebesen auf höchster Stufe in etwa 1/2 Minute geschmeidig rühren, nach und nach
125 g Zucker 1 Päckchen Vanillin-Zucker Salz	unterrühren, so lange rühren, bis eine gebundene Masse entstanden ist, nach und nach
4 Eier	unterrühren (jedes Ei etwa 1/2 Minute)
100 g Weizenmehl	mit
1 gestrichenen Teel. Backpulver	mischen, sieben, eßlöffelweise auf mittlerer Stufe unterrühren
60 g hellbraun geröstete Kokosraspeln	unterrühren den Teig in eine gefettete Springform (Durchmesser etwa 28 cm) füllen, glattstreichen, die Form auf dem Rost in den vorgeheizten Backofen schieben
Strom:	Etwa 175
Gas:	Etwa 3
Backzeit:	Etwa 30 Minuten den erkalteten Boden einmal durchschneiden

FÜR DIE FÜLLUNG

unteren Boden mit

3 Eßl. Himbeer oder Sauerkirsch-	

Konfitüre	bestreichen
500 ml (½ l) Schlagsahne	½ Minute schlagen
1 Päckchen Vanillin-Zucker 2 Päckchen Sahnesteif	einstreuen, die Sahne steif schlagen, gut die Hälfte der Schlagsahne auf den unteren Tortenboden streichen, mit dem oberen Tortenboden bedecken, die Torte mit der restlichen Schlagsahne bestreichen, mit
40–50 g Kokosraspeln	ganz einstreuen, kurz vor dem Servieren mit
gesiebtem Puderzucker	bestäuben.

NUSS-SCHOKOLADEN-TORTE

FÜR DEN TEIG

4 Eier 4–5 Eßl. heißes Wasser	mit einem Handrührgerät mit Rührbesen auf höchster Stufe in 1 Minute schaumig schlagen
125 g Zucker	mit
1 Päckchen Vanillin-Zucker	mischen, in 1 Minute einstreuen, dann noch etwa 2 Minuten schlagen
150 g Weizenmehl	mit
1 gestrichenen Teel. Backpulver	mischen, die Hälfte davon auf die Eiercreme sieben, kurz auf niedrigster Stufe unterrühren den Rest des Mehl-Gemisches mit
100 g gemahlenen gerösteten Haselnußkernen	auf dieselbe Weise unterarbeiten, den Teig in eine gefettete, mit Back-Trennpapier ausgelegte Springform (Durchmesser etwa 28 cm) füllen, glattstreichen, die Form auf dem Rost in den vorgeheizten Backofen schieben
Strom:	175–200
Gas:	3–4
Backzeit:	30–35 Minuten sofort nach dem Backen den Tortenboden aus der Form lösen, auf einen Kuchenrost stürzen, das Pergamentpapier abziehen den Tortenboden erkalten lassen, zweimal durchschneiden

FÜR DIE FÜLLUNG

750 ml (¾ l) Schlagsahne 3 Päckchen Sahnesteif	steif schlagen, halbieren, unter die eine Hälfte
75–100 g gemahlene, geröstete Haselnußkerne	und
20 g gesiebten Puderzucker	heben, unter die andere Hälfte
100–150 g aufgelöste, abgekühlte Zartbitter-Schokolade	heben den unteren Tortenboden mit knapp der Hälfte der Nußsahne bestreichen, mit den zweiten Tortenboden bedecken, etwas andrücken, mit gut der Hälfte der Schokoladensahne bestreichen, den dritten Boden darauf legen, andrücken, die Torte ganz mit der Nußsahne einstreichen, die restliche Schokoladensahne in einen Spritzbeutel mit Sterntülle geben und die Torte damit verzieren, mit
Haselnußkernen	garnieren.

MANDEL-KIRSCH-TORTE

(Foto S. 53)

FÜR DEN TEIG

150 g kalte Butter oder Margarine	mit
150 g Marzipan-Rohmasse	in einer Rührschüssel mit einem Handrührgerät mit Knethaken gut verkneten
150 g Weizenmehl	mit
½ gestrichenen Teel. Backpulver	mischen, darüber sieben, mit
Salz 1 Teel. abgeriebener Zitronenschale (unbehandelt)	zu einem glatten Teig verkneten, etwa ½ Tag im Kühlschrank ruhen lassen, den Teig auf einer bemehlten Arbeitsfläche etwa 3 mm dick ausrollen, 3 Böden von jeweils 22 cm Durchmesser ausstechen (Foto 1) die Teigböden auf ein mit Backpapier belegtes Backblech legen, in den vorgeheizten Backofen schieben
Strom:	175–200
Gas:	3–4
Backzeit:	10–15 Minuten sofort nach dem Backen die Ränder der Böden glattschneiden (Foto 2), erkalten lassen

FÜR DIE FÜLLUNG

aus

1 Päckchen Pudding-Pulver Vanille-Geschmack 50 g Zucker 500 ml (½ l) Milch	nach Vorschrift auf dem Päckchen einen Pudding zubereiten, abkühlen lassen, dabei ab und zu durchrühren
125 g weiche Butter	geschmeidig rühren
1 gehäuften Eßl. Zucker	unterrühren, den erkalteten Pudding (er sollte die gleiche Temperatur haben wie die Butter) langsam unter Rühren hinzufügen
4 Eßl. Kirschwasser	unterrühren

FÜR DEN BELAG

100 g weiße Schokolade	in kleine Stücke brechen, in einem kleinen Topf im heißen Wasserbad zu einer geschmeidigen Masse verrühren, die Böden damit bestreichen (Foto 3), auf einen Boden die Hälfte der Creme streichen
250 g dunkelrote Kirschen	waschen, halbieren, entsteinen, auf die Creme legen (Foto 4), mit dem zweiten Boden bedecken, darauf ¼ der restlichen Creme streichen, den dritten Boden darauf legen, Rand und obere Seite der Torte mit der restlichen Creme bestreichen zum Garnieren den Rand der Torte mit

1

2

3

4

5

6

30 g abgezogenen, gehobelten Mandeln	*bestreuen*
	die obere Seite gleichmäßig mit
Puderzucker	*bestäuben (Foto 5)*
	eine Papierschablone mit dem gewünschten Motiv auf die Tortenoberfläche legen, mit
Kakao	*bestäuben (Foto 6) Schablone entfernen.*

Schwarzwälder Kirschtorte

FÜR DEN KNETTEIG

125 g Weizenmehl	mit
10 g Kakao 1 Messerspitze Backpulver	mischen, in eine Rührschüssel sieben
50 g Zucker 1 Päckchen Vanillin-Zucker Salz 75 g weiche Margarine, z. B. Sanella oder Butter	hinzufügen die Zutaten mit einem Handrührgerät mit Knethaken zunächst kurz auf niedrigster, dann auf höchster Stufe gut durcharbeiten, anschließend auf der Tischplatte zu einem glatten Teig verkneten, sollte er kleben, ihn eine Zeitlang kalt stellen den Teig auf dem gefetteten Boden einer Springform (Durchmesser etwa 28 cm) ausrollen, mehrmals mit einer Gabel einstechen, mit Springformring darum legen, die Form auf dem Rost in den vorgeheizten Backofen schieben
Strom:	200 – 225
Gas:	3 – 4
Backzeit:	Etwa 15 Minuten sofort nach dem Backen den Boden vom Springformboden lösen, erkalten lassen, auf eine Tortenplatte legen

FÜR DEN BISKUITTEIG

4 Eier 2 Eßl. heißes Wasser	mit einem Handrührgerät mit Rührbesen auf höchster Stufe in 1 Minute schaumig schlagen
100 g Zucker	mit
1 Päckchen Vanillin-Zucker	mischen, in 1 Minute einstreuen, dann noch etwa 2 Minuten schlagen
75 g Weizenmehl	mit
30 g Speisestärke 10 g Kakao gut 1 Messerspitze gemahlenem Zimt ½ gestrichenen Teel. Backpulver	mischen, die Hälfte davon auf die Eiercreme sieben, kurz auf niedrigster Stufe unterrühren, den Rest des Mehl-Gemisches auf dieselbe Weise unterarbeiten, den Teig in eine mit Papier ausgelegte Springform (Durchmesser etwa 28 cm) füllen, die Form auf dem Rost in den vorgeheizten Backofen schieben
Strom:	175 – 200
Gas:	3 – 4
Backzeit:	25 – 30 Minuten den Tortenboden gut auskühlen lassen

FÜR DIE FÜLLUNG

etwa 720 g entsteinte Sauerkirschen (aus dem Glas)	abtropfen lassen
oder 750 g Sauerkirschen	waschen, entsteinen, mit
75 g Zucker	mischen, kurze Zeit zum Saftziehen stehenlassen, eben zum Kochen bringen, abtropfen und erkalten lassen, 250 ml (¼ l) Saft abmessen (evtl. mit Wasser ergänzen)
30 g Speisestärke	mit
4 Eßl. von dem Saft	anrühren, den übrigen Saft zum Kochen bringen, die Speisestärke unter Rühren in den von der Kochstelle genommenen Saft geben, kurz aufkochen lassen, die Kirschen unterrühren, die Masse kalt stellen, mit
etwa 25 g Zucker etwa 3 Eßl. Kirschwasser	abschmecken
750 ml (¾ l) Schlagsahne	½ Minute schlagen
50 g Puderzucker	sieben, mit
1 Päckchen Vanillin-Zucker 3 Päckchen Sahnesteif	mischen, einstreuen, die Sahne steif schlagen zunächst die Hälfte der Kirschmasse, dann ⅓ der Sahne auf den Knetteigboden streichen den Biskuitboden einmal durchschneiden, eine Hälfte auf die Sahne legen, gut andrücken, mit der übrigen Kirschmasse, dann mit der Hälfte der übrigen Sahne bestreichen, mit dem oberen Boden bedecken, den Rand gleichmäßig, die obere Schicht bergartig mit der übrigen Sahne bestreichen die Torte mit
30 g geraspelter Schokolade	bestreuen.
Veränderung:	Die Torte nicht bergartig, sondern glatt bestreichen und mit der restlichen Sahne verzieren.

Passionsfrucht-Torte

(Foto S. 55)

FÜR DEN TEIG

250 g tiefgekühlten Blätterteig	bei Zimmertemperatur auftauen lassen (nicht durchkneten), den Teig dünn ausrollen, eine gefettete Springform (Durchmesser etwa 24 cm) damit auslegen getrocknete Erbsen hineinfüllen, die Form auf dem Rost in den vorgeheizten Backofen schieben

Strom:	Etwa 220
Gas:	Etwa 4
Backzeit:	Etwa 25 Minuten
	nach dem Backen die Erbsen entfernen
	FÜR DEN BELAG
100 g Marzipan-Rohmasse, z. B. von Schwartau	mit
40 ml Schlagsahne	
1 Eigelb	verrühren, die Masse auf dem Boden streichen
50 g verlesene Rosinen	kurz in
45 ml (3 Eßl.) Mandellikör	einweichen, auf der Marzipanmasse verteilen
	FÜR DIE FÜLLUNG
250 ml (¼ l) Schlagsahne	½ Minute schlagen
50 g Zucker	einstreuen, die Sahne steif schlagen
5 Passionsfrüchte	halbieren, das Fruchtfleisch herauslösen, mit
1 Eßl. Honig	verrühren, durch ein Sieb streichen
2 Eiweiß	steif schlagen, nach und nach
50 g Zucker	unterschlagen
3 ½ Blatt Gelatine	etwa 10 Minuten in kaltem Wasser einweichen, tropfnaß in einem Topf geben, bei schwacher Hitze unter Rühren auflösen
	die Gelatine unter den Eierschnee rühren, den Eierschnee und die Passionsfrüchte vorsichtig unter die Sahne heben
	die Masse gleichmäßig auf den Boden streichen, im Kühlschrank fest werden lassen
3 Eiweiß	steif schlagen, nach und nach
75 g Puderzucker	unterschlagen
	die Masse so auf die Torte spritzen, daß nichts mehr von der Füllung zu sehen ist
	die Torte kurz unter den vorgeheizten Grill schieben, damit der Eierschnee fest wird und leicht bräunt, die Torte mit
etwa 100 g Cocktailkirschen (aus dem Glas)	garnieren.

ERDBEER-QUARK-TORTE

(Foto oben)

FÜR DEN TEIG

250 g Weizenmehl	in eine Rührschüssel sieben
4 Eßl. Zucker Salz 2 Eier 100 g weiche Butter	hinzufügen, die Zutaten mit einem Handrührgerät mit Knethaken zunächst kurz auf niedrigster, dann auf höchster Stufe gut durcharbeiten, anschließend auf der Tischplatte zu einem glatten Teig verkneten, sollte er kleben, ihn eine Zeitlang kalt stellen, den Teig ausrollen, eine gefettete Pie-Form (Durchmesser 28 cm) damit auslegen, den Teig mehrmals mit einer Gabel einstechen, die Form auf dem Rost in den vorgeheizten Backofen schieben
Strom:	Etwa 200
Gas:	3 – 4
Backzeit:	Etwa 15 Minuten sofort nach dem Backen den Boden aus der Form lösen, erkalten lassen, auf eine Platte legen

FÜR DEN BELAG

1 Päckchen Gelatine gemahlen, weiß	mit
3 Eßl. kaltem Wasser	anrühren, 10 Minuten zum Quellen stehenlassen
3 Eigelb	mit
150 g Zucker	schaumig schlagen, mit dem
Saft von 4 Orangen	verrühren die gequollene Gelatine unter Rühren erhitzen, bis sie gelöst ist, zunächst 3 Eßl. der Eigelbmasse hinzufügen, verrühren, dann unter die übrige Eigelb-Masse schlagen, kalt stellen
2 Packungen (je 200 g) Speisequark, 40%	verrühren, wenn die Eigelbmasse anfängt dicklich zu werden, den Quark unterheben die Masse bergartig auf den Tortenboden häufen
1 kg Erdbeeren	waschen, abtropfen lassen, entstielen, auf der Quark-Masse verteilen, etwas festdrücken, die Erdbeer-Quark-Torte gut gekühlt servieren.

SCHOKOLADEN-KIRSCH-TORTE

(Foto S. 57)

FÜR DEN KNETTEIG

150 g Weizenmehl	mit
1 Teel. Kakao	mischen, in eine Rührschüssel sieben
40 g Zucker 1 Teel. Zitronensaft 100 g weiche Butter oder Margarine	hinzufügen die Zutaten mit einem Handrührgerät mit Knethaken zunächst kurz auf niedrigster, dann auf höchster Stufe gut durcharbeiten, anschließend auf der Tischplatte zu einem glatten Teig verkneten den Teig auf dem gefetteten Boden einer Springform (Durchmesser etwa 26 cm) ausrollen, die Form auf dem Rost in den vorgeheizten Backofen schieben
Strom:	Etwa 200
Gas:	Etwa 3
Backzeit:	Etwa 15 Minuten sofort nach dem Backen den Tortenboden vom Springformboden lösen, erkalten lassen

FÜR DEN BISKUITTEIG

1 Ei 2 Eßl. heißes Wasser	mit einem Handrührgerät mit Rührbesen auf höchster Stufe in 1 Minuten schaumig schlagen
50 g Zucker	mit
1 Päckchen Vanillin-Zucker	mischen, in 1 Minute einstreuen, dann noch etwa 2 Minuten schlagen
75 g Weizenmehl	mit
1 Messerspitze Backpulver	mischen, auf die Eiercreme sieben, kurz auf niedrigster Stufe unterrühren, den gefetteten Boden einer Springform (Durchmesser etwa 28 cm) mit Pergamentpapier belegen, den Teig in die Form füllen, glattstreichen die Form auf dem Rost in den vorgeheizten Backofen schieben

Strom:	175–200
Gas:	3–4
Backzeit:	Etwa 15 Minuten den gebackenen Boden vorsichtig auf einen Kuchenrost stürzen, das Papier abziehen
3 Blatt weiße Gelatine	in
kaltem Wasser	etwa 10 Minuten einweichen
2 Eßl Zucker	mit
3 Eßl. Kakao 5 Eßl. Wasser	gut anrühren, unter Rühren zum Kochen bringen, bis sich der Zucker gelöst hat die ausgedrückte Gelatine darin auflösen, etwas abkühlen lassen
375 ml (3/8 l) Schlagsahne	nicht zu steif schlagen den Kakao-Gelatine-Sirup gleichmäßig unter die Sahne schlagen (Foto 1)

FÜR DIE KIRSCHCREME

3 Blatt weiße Gelatine	in
kaltem Wasser	etwa 10 Minuten einweichen
4 Eßl. Kirschwasser	erhitzen die ausgedrückte Gelatine unter Rühren darin auflösen
375 ml (3/8 l) Schlagsahne	nicht ganz steif schlagen
1 Teel. Zucker 1/2 Päckchen Vanillin-Zucker	und die Gelatine unterrühren den Knetteigboden mit
3 Eßl. Himbeer-Konfitüre	bestreichen, den Biskuitboden darauf legen, die Schokoladencreme kuppelförmig (Foto 2) darauf streichen einen innen geölten Tortenring um die Torte stellen, die Kirschcreme einfüllen (Foto 3) die Torte für einige Stunden in den Kühlschrank stellen, den Tortenring entfernen

ZUM GARNIEREN

150 ml Schlagsahne	steif schlagen den Rand der Torte mit einem Teil der Schlagsahne bestreichen, mit
4 Eßl. Schokoladenraspeln	bestreuen die Torte mit Sahne-Rosetten verzieren, mit
Kakao	bestäuben.

1

2

3

OBSTTORTE

(Knetteig, Foto rechts)

FÜR DEN TEIG

150 g Weizenmehl	mit
½ gestrichenen Teel. Backpulver	mischen, in eine Rührschüssel sieben
75 g Zucker 1 Päckchen Vanillin-Zucker Salz 1 Ei 75 g weiche Margarine oder Butter	hinzufügen, die Zutaten mit einem Handrührgerät mit Knethaken zunächst kurz auf niedrigster, dann auf höchster Stufe gut durcharbeiten, anschließend auf der Tischplatte zu einem glatten Teig verkneten, sollte er kleben, ihn eine Zeitlang kalt stellen ⅔ des Teiges auf dem Boden einer Springform (Durchmesser etwa 28 cm) ausrollen unter den Rest des Teiges
1 gestrichenen Eßl. Weizenmehl	kneten, zu einer Rolle formen, sie als Rand auf den Teigboden legen, so an die Form drücken, daß ein 2–3 cm hoher Rand entsteht, den Teigboden mehrmals mit einer Gabel einstechen die Form auf dem Rost in den vorgeheizten Backofen schieben
Strom:	200–225
Gas:	3–4
Backzeit:	15–20 Minuten den ausgekühlten Tortenboden gleichmäßig mit
Sahnesteif	bestreuen, damit der mit Obst belegte Boden nicht durchweicht

FÜR DEN BELAG

1 kg rohes Obst (z. B. Erdbeeren, Himbeeren, Johannisbeeren, Heidelbeeren, Weintrauben)	waschen (Himbeeren nur verlesen), gut abtropfen lassen, entstielen oder verlesen für eine Obstform mit gewelltem Rand (Durchmesser etwa 28 cm) ⅔ des Teiges zu einer Platte von 29 cm Durchmesser ausrollen, in die gefettete Form (Formenboden noch mit Semmelmehl bestreuen) legen, den Rest zu einer Rolle formen, sie in die Rille der Form legen, gut andrücken, so daß eine glatte Oberfläche entsteht den Teigboden mehrmals mit einer Gabel einstechen, mit
Zucker	bestreuen, kurze Zeit stehenlassen
oder gedünstetes oder eingemachtes Obst (z. B. Aprikosen, Pfirsiche, Sauerkirschen, Stachelbeeren)	abtropfen lassen, die Früchte auf den Tortenboden legen

FÜR DEN GUSS

1 Päckchen Tortenguß Zucker nach Angabe auf dem Tortenguß-Päckchen 250 ml (¼ l) Wasser oder Fruchtsaft	nach Vorschrift auf dem Päckchen zubereiten, auf das Obst geben, die Torte am Rand mit
abgezogenen, gehobelten Mandeln	garnieren.

OBST-TÖRTCHEN

(12–14 Stück, Foto S. 59)

FÜR DEN TEIG

200 g Weizenmehl	mit
1 gestrichenen Teel. Backpulver	mischen, in eine Rührschüssel sieben
75 g Zucker 1 Päckchen Vanillin-Zucker Salz 4 Tropfen Backöl Zitrone 2 Eßl. Wasser 100 g weiche Margarine oder Butter	hinzufügen, die Zutaten mit einem

	Handrührgerät mit Knethaken zunächst kurz auf niedrigster, dann auf höchster Stufe gut durcharbeiten, anschließend auf der Tischplatte zu einem glatten Teig verkneten, sollte er kleben, ihn eine Zeitlang kalt stellen den Teig dann ausrollen, mit einer runden Form (Durchmesser etwa 10 cm) ausstechen, in gut gefettete Tortelett-Förmchen (Durchmesser etwa 10 cm) geben, mehrmals mit einer Gabel einstechen, die Förmchen auf dem Rost in den vorgeheizten Backofen schieben
Strom:	175 – 200
Gas:	3 – 4
Backzeit:	10 – 15 Minuten
	die erkalteten Plätzchen gleichmäßig mit
Sahnesteif	bestreuen, um zu verhindern, daß die mit Obst belegten Plätzchen durchweichen
	FÜR DEN BELAG
500 – 750 g rohes Obst (z. B. Erdbeeren, Himbeeren, Heidelbeeren, Weintrauben)	waschen (Himbeeren nur verlesen), gut abtropfen lassen, entstielen oder verlesen, mit
Zucker	bestreuen, kurze Zeit stehenlassen
oder	
gedünstetes oder eingemachtes Obst (z. B. Aprikosen, Pfirsiche, Sauerkirschen, Stachelbeeren, Mandarinen)	abtropfen lassen, die Früchte auf die Plätzchen legen (einen etwa 1 cm breiten Rand frei lassen)
	FÜR DEN GUSS
1 Päckchen Tortenguß, klar	mit
Zucker nach Angabe auf dem Tortenguß-Päckchen 250 ml (¼ l) Wasser oder Fruchtsaft	nach Vorschrift auf dem Päckchen zubereiten, über das Obst verteilen
250 ml (¼ l) Schlagsahne	½ Minute schlagen
1 Päckchen Sahnesteif	mit
1 Päckchen Vanillin-Zucker	mischen, einstreuen, die Sahne steif schlagen die Törtchen am Rand damit verzieren.

ERDBEER-KOKOS-BAISERTORTE

FÜR DIE BAISERBÖDEN

6 Eiweiß	so steif schlagen, daß ein Messerschnitt sichtbar bleibt, portionsweise
300 g Zucker	unterschlagen
1 Teel. Zitronensaft	unterschlagen, zuletzt
100 g Kokosraspeln	unterheben 3 Springformböden (Durchmesser etwa 28 cm) mit Back-Trennpapier auslegen die Baisermasse auf die 3 Böden verteilen, gleichmäßig verstreichen, die Springformböden in den vorgeheizten Backofen schieben
Strom:	90 – 100
Gas:	Etwa 1
Backzeit:	2 ½-3 Stunden sofort nach dem Backen das Backpapier mit Wasser bestreichen, abziehen, die Baiserböden erkalten lassen
125 g Halbbitter-Kuvertüre	in einem kleinen Topf im heißen Wasserbad oder in einer Schüssel im Mikrowellengerät auflösen, 2 Baiserböden auf der Unterseite und einen Boden auf der Oberseite damit bestreichen, fest werden lassen

FÜR DIE FÜLLUNG

6 Blatt Gelatine, gemahlen, weiß	in kaltem Wasser einweichen
125 ml (⅛ l) Milch	mit
2 Eigelb	
70 g Butter	
70 g Zucker	
1 gehäuften Teel. Speisestärke	in einen Topf geben, unter ständigem Schlagen mit einem Schneebesen erhitzen, einmal aufkochen lassen, von der Kochstelle nehmen, die ausgedrückte Gelatine hinzufügen, unter Rühren darin auflösen, kalt stellen sobald die Masse beginnt dicklich zu werden,
600 ml Schlagsahne	steif schlagen, mit
3 Eßl. Zitronensaft	unter die Creme heben den auf der Oberseite mit Kuvertüre bestrichenen Baiserboden auf eine Tortenplatte legen, einen Tortenring oder den mit Pergamentpapier ausgelegten Springformring darum stellen, die Hälfte der Füllung darauf verteilen
375 g Erdbeeren	vorsichtig waschen, entstielen, halbieren oder vierteln, gut abtropfen lassen, die Hälfte auf die Creme geben, etwas eindrücken, den zweiten Baiserboden darauf legen, andrücken, mit der restlichen Füllung bestreichen, mit den restlichen Erdbeeren belegen, mit dem dritten Baiserboden bedecken, etwas andrücken, die Torte mehrere Stunden kalt stellen, den umgelegten Ring vorsichtig mit Hilfe eines Küchenmessers lösen, abnehmen
150 ml Schlagsahne	mit
½ Päckchen Sahnesteif	steif schlagen
etwas Vanillin-Zucker	unterschlagen, den Tortenrand mit etwas von der Sahne bestreichen, die restliche Sahne in einen Spritzbeutel mit gezackter Tülle geben, 12 – 16 Tuffs auf die Tortenoberfläche spritzen, auf jeden Sahnetuff eine von
12 – 16 kleinen Erdbeeren	setzen.
Tip:	Die Torte erst am Tisch mit einem Sägemesser schneiden.

KIWI-JOGHURTTORTE

(Foto S. 61)

FÜR DEN TEIG

2 Eiweiß	mit einem Handrührgerät mit Rührbesen steif schlagen
2 gehäufte Eßl. Zucker	
Salz	unterschlagen
2 Eigelb	unterheben
2 gehäufte Eßl. Weizenmehl	sieben, mit
2 gehäuften Eßl. abgezogenen, gemahlenen Mandeln	unterheben, den Teig in eine gefettete, mit Pergamentpapier ausgelegte Springform (Durchmesser etwa 28 cm) füllen, die Form auf dem Rost in den vorgeheizten Backofen schieben
Strom:	175 – 200
Gas:	3 – 4
Backzeit:	Etwa 15 Minuten um den erkalteten Tortenboden einen Tortenring stellen (Foto 1)

FÜR DEN BELAG

8 Blatt weiße Gelatine	in
kaltem Wasser	einweichen
2 Eigelb	mit
3 Eßl. Zitronensaft	
75 g Zucker	mit einem Handrührgerät mit Rührbesen cremig schlagen
2 Becher (je 150 g) Joghurt	unterrühren, die gut ausgedrückte Gelatine in einem kleinen Topf bei schwacher Hitze auflösen, unter die Joghurtmasse rühren sobald die Masse beginnt dicklich zu werden,
375 ml (⅜ l) Schlagsahne	steif schlagen, unterziehen, die Joghurt-Sahne auf den Tortenboden geben (Foto 2), glattstreichen, 1 – 2 Stunden in den Kühlschrank stellen, bis die Masse fest

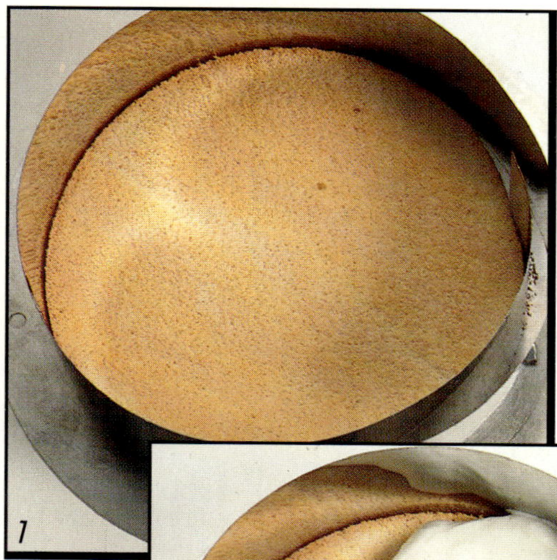

1

2

	geworden ist
7–8 Kiwis	schälen, in Scheiben schneiden, schuppenförmig auf der Torte anrichten (Foto 3)
	FÜR DEN GUSS aus
1 Päckchen Tortenguß, klar 250 ml (¼ l) Weißwein oder hellem Traubensaft 1 gestrichenen Eßl. Zucker	nach der Vorschrift auf dem Päckchen einen Guß zubereiten, gleichmäßig über die Früchte geben, erkalten lassen
125 ml (⅛ l) Schlagsahne	mit
½ Päckchen Sahnesteif ½ Teel. Zucker	steif schlagen, in einen Spritzbeutel mit gezackter Tülle füllen, die Torte damit verzieren.

3

PFLAUMEN-MADEIRA-TORTE

FÜR DEN BISKUITTEIG

4 Eier 2 Eßl. heißes Wasser	mit einem Handrührgerät mit Rührbesen auf höchster Stufe in 1 Minute schaumig schlagen
100 g Zucker 1 Päckchen Vanillin-Zucker	mischen, in 1 Minute einstreuen, dann noch etwa 2 Minuten schlagen
75 g Weizenmehl	mit
30 g Speisestärke ½ gestrichenen Teel. Backpulver 1 Messerspitze gemahlenem Zimt 10 g Back-Kakao	mischen, die Hälfte davon auf die Eiercreme sieben, kurz auf niedrigster Stufe unterrühren den Rest des Mehl-Gemisches auf dieselbe Weise unterarbeiten den Teig in eine gefettete, mit Pergamentpapier ausgelegte Springform (Durchmesser etwa 28 cm) füllen, glattstreichen, die Form auf dem Rost in den vorgeheizten Backofen schieben
Strom:	175–200
Gas:	3–4
Backzeit:	25–30 Minuten sofort nach dem Backen den Tortenboden aus der Form lösen, auf einen Kuchenrost stürzen das Pergamentpapier abziehen, den Tortenboden erkalten lassen, einmal durchschneiden

FÜR DEN KNETTEIG

125 g Weizenmehl	mit
10 g Back-Kakao, z. B. von Schwartau 1 gestrichenen Teel. Backpulver	mischen, in eine Rührschüssel sieben
50 g Zucker 75 g weiche Butter oder Margarine, z. B. Sanella	hinzufügen die Zutaten mit einem Handrührgerät mit Knethaken zunächst kurz auf niedrigster, dann auf höchster Stufe gut durcharbeiten, anschließend auf der Tischplatte zu einem glatten Teig verkneten, sollte er kleben, ihn eine Zeitlang kalt stellen den Teig auf dem umgedrehten gefetteten Boden einer Springform (Durchmesser etwa 28 cm) ausrollen, mehrmals mit einer Gabel einstechen, mit dem Springformring umgeben die Form auf dem Rost in den vorgeheizten Backofen schieben
Strom:	Etwa 200
Gas:	3–4
Backzeit:	Etwa 15 Minuten sofort nach dem Backen den Boden vom Springformboden lösen, auf dem Springformboden erkalten lassen

FÜR DIE FÜLLUNG

750 g Pflaumen	waschen, abtrocknen, 8 Pflaumen beiseite legen, die übrigen Pflaumen halbieren, entsteinen, mit
1–2 Eßl. Zucker 1 Stück Stangenzimt	in
knapp 125 ml (⅛ l) Wasser	gar dünsten, erkalten lassen
1 Päckchen Gelatine gemahlen, weiß	mit
3 Eßl. kaltem Wasser	anrühren, 10 Minuten zum Quellen stehenlassen die Pflaumen zum Abtropfen auf ein Sieb geben, den Saft auffangen, 125 ml (⅛ l) davon abmessen, mit
125 ml (⅛ l) Madeira 2 schwach gehäuften Teel. Speisestärke 2 Eigelb 50 g Zucker	verrühren, unter ständigem Rühren erhitzen, einmal aufkochen lassen, die gequollene Gelatine unter Rühren darin auflösen, kalt stellen, sobald die Masse beginnt dicklich zu werden,
375 ml (⅜ l) Schlagsahne	steif schlagen, unterheben, den mit Pergamentpapier ausgelegten Springformrand um den Knetteigboden stellen, die Hälfte der Madeirasahne darauf geben, glattstreichen, die Hälfte der Pflaumen darauf verteilen, mit einem Biskuitboden bedecken, mit der restlichen Sahne bestreichen und mit den restlichen Pflaumen belegen, den zweiten Biskuitboden darauf legen, etwas andrücken, die Torte kalt stellen, bis die Sahne fest geworden ist, den Springformring entfernen
375 ml (⅜ l) Schlagsahne	mit
1 Päckchen Sahnesteif ½ Päckchen Vanillin-Zucker 1 Teel. Zucker	steif schlagen, die Torte ganz damit einstreichen und verzieren, mit den zurückgelassenen, halbierten, entsteinten Pflaumen garnieren.

KIRSCH-KÄSETORTE

(Foto oben)

	FÜR DEN TEIG
1 Packung (175 g) Löffelbiskuits	in eine Plastiktüte geben, mit einem Teigroller zerdrücken, mit
125 g weicher Butter	verkneten einen Springformring auf eine Tortenplatte setzen, den inneren Rand mit Alufolie oder Pergamentpapierstreifen auslegen, die Biskuitmasse hineingeben, etwas festdrücken
	FÜR DEN BELAG
200 g Doppelrahm-Frischkäse	mit
50–75 g Zucker 1 Päckchen Vanillin-Zucker 3 Eßl. Zitronensaft	verrühren
250 ml (¼ l) Schlagsahne	½ Minute schlagen
1 Päckchen Sahnesteif	einstreuen, die Sahne steif schlagen, unter die Käsemasse heben, die Masse auf den Tortenboden streichen
500–650 g Sauerkirschen (1½–2 Gläser)	abtropfen lassen, den Saft auffangen, 500 ml (½ l) davon abmessen, die Sauerkirschen auf der Käsemasse verteilen, aus
2 Päckchen Tortenguß, klar 1–2 Eßl. Zucker 500 ml (½ l) Kirschsaft	nach der Vorschrift auf dem Päckchen einen Guß zubereiten, den Guß über die Kirschen verteilen, fest werden lassen, die Torte für 2–3 Stunden in den Kühlschrank stellen, vor dem Servieren den Springformrand abnehmen, den Rand der Tortenoberfläche mit
geraspelter, weißer Schokolade	bestreuen.

KARAMEL-SAHNETORTE

FÜR DEN KNETTEIG

150 g Weizenmehl	in eine Rührschüssel sieben
40 g Zucker 1 Päckchen Vanillin-Zucker	hinzufügen
100 g weiche Butter	
	die Zutaten mit einem Handrührgerät mit Knethaken zunächst kurz auf niedrigster, dann auf höchster Stufe gut durcharbeiten, anschließend auf der Tischplatte zu einem glatten Teig verkneten den Teig auf dem umgedrehten, gefetteten Boden einer Springform (Durchmesser etwa 28 cm) ausrollen, mehrmals mit einer Gabel einstechen, den Springformrand darum stellen die Form auf dem Rost in den vorgeheizten Backofen schieben
Strom:	200 – 225
Gas:	3 – 4
Backzeit:	Etwa 15 Minuten den gebackenen Boden sofort nach dem Backen vom Springformboden lösen, aber auf dem Springformboden erkalten lassen

FÜR DEN BISKUITTEIG

4 Eier 2 Eßl. heißes Wasser	mit einem Handrührgerät mit Rührbesen auf höchster Stufe in 1 Minute schaumig schlagen
100 g Zucker 1 Päckchen Vanillin-Zucker	in 1 Minute einstreuen, dann noch etwa 2 Minuten schlagen
75 g Weizenmehl	mit
30 g Speisestärke ½ gestrichenen Teel. Backpulver 10 g Kakao 1 Messerspitze gemahlenem Zimt	mischen, die Hälfte davon auf die Eiercreme sieben, kurz auf niedrigster Stufe unterrühren, den Rest des Mehl-Gemisches auf dieselbe Weise unterarbeiten den Teig in eine gefettete, mit Pergamentpapier ausgelegte Springform (Foto 1) (Durchmesser etwa 28 cm) füllen, glattstreichen die Form auf dem Rost in den vorgeheizten Backofen schieben
Strom:	175 – 200
Gas:	3 – 4
Backzeit:	25 – 30 Minuten den Tortenboden sofort nach dem Backen aus der Form lösen, auf einen Kuchenrost stürzen, das Backpapier mit kaltem Wasser bestreichen, vorsichtig, aber schnell abziehen den erkalteten Tortenboden einmal durchschneiden

FÜR DIE KARAMEL-SAHNE

1 Päckchen Gelatine gemahlen, weiß	mit
3 Eßl. kaltem Wasser	in einem kleinen Topf anrühren, 10 Minuten zum Quellen stehenlassen
125 g Zucker	in einer Pfanne hellbraun karamelisieren lassen (Foto 2) gut 125 ml (⅛ l) von
750 ml (¾ l) Schlagsahne	hinzugießen, den karamelisierten Zucker unter Rühren darin auflösen, von der Kochstelle nehmen, die Gelatine unter

Rühren darin auflösen, die Karamelsahne etwas abkühlen lassen
die restliche Sahne steif schlagen, die lauwarme Karamelsahne unterschlagen (Foto 3), einige Zeit in den Kühlschrank stellen, ab und zu durchrühren

100 g Marzipan-Rohmasse	mit
1 Eßl. Aprikosen-Konfitüre 2–3 Eßl. Rum oder Weinbrand	mit einem Handrührgerät mit Rührbesen geschmeidig rühren, auf den Knetteig-boden streichen, mit dem unteren Biskuitboden bedecken, etwas andrücken, mit gut der Hälfte der Karamelsahne bestreichen, den oberen Biskuitboden darauf legen, etwas andrücken, mit der restlichen Karamelsahne die Torte ganz bestreichen und verzieren, mit
Borkenschokolade, z. B. von Schwartau	garnieren, (Foto 4) die Torte vor dem Verzehr einige Stunden in den Kühlschrank stellen.

1

2

3

4

APRIKOSEN-MANDELTORTE

(Foto rechts)

FÜR DEN TEIG

175 g Weizenmehl 1 Messerspitze Backpulver	mischen, in eine Rührschüssel sieben
25 g Zucker 1 Päckchen Vanillin-Zucker 2 Eßl. Weißwein 125 g weiche Butter	hinzufügen die Zutaten mit einem Handrührgerät mit Knethaken zunächst kurz auf niedrigster, dann auf höchster Stufe gut durcharbeiten, anschließend auf der Tischplatte zu einem glatten Teig verkneten, sollte er kleben, ihn eine Zeitlang kalt stellen knapp ⅔ des Teiges auf dem umgedrehten, gefetteten Boden einer Springform (Durchmesser etwa 28 cm) ausrollen, den Springformrand darum stellen, aus dem restlichen Teig eine Rolle formen, sie als Rand auf den Teigboden legen, so an die Form drücken, daß ein 2 – 3 cm hoher Rand entsteht, den Teigboden mehrmals mit einer Gabel einstechen die Form auf dem Rost in den vorgeheizten Backofen schieben
Strom:	200 – 225
Gas:	3 – 4
Backzeit:	Etwa 15 Minuten

FÜR DIE FÜLLUNG

125 g weiche Butter	geschmeidig rühren, nach und nach
125 g Zucker 1 Päckchen Vanillin-Zucker 4 Eigelb abgeriebene Schale von ½ Zitrone (unbehandelt) 125 g abgezogene, gemahlene Mandeln	unterrühren
4 Eiweiß	steif schlagen, unterheben, die Masse auf dem vorgebackenen Knetteigboden verteilen, glattstreichen die Form auf dem Rost in den vorgeheizten Backofen schieben
Strom:	Etwa 175
Gas:	2 – 3
Backzeit:	30 – 35 Minuten die gebackene Torte erkalten lassen
500 g gedünstete Aprikosenhälften	abtropfen lassen, den Saft auffangen, 250 ml (¼ l) davon abmessen, die Aprikosenhälften mit der Wölbung nach oben auf die Mandelfüllung legen

FÜR DEN GUSS

1 Päckchen Tortenguß, klar 2 gestrichene Eßl. Zucker 250 ml (¼ l) Aprikosensaft	nach der Vorschrift auf dem Päckchen zubereiten, auf die Aprikosen geben die Torte am Rand mit
1-2 Eßl. abgezogenen, gehobelten, gebräunten Mandeln	bestreuen.

APFELSINEN-TORTE

(Foto oben rechts)

FÜR DEN TEIG

3 Eier 2–3 Eßl. heißes Wasser	mit einem Handrührgerät mit Rührbesen auf höchster Stufe in 1 Minute schaumig schlagen
125 g Zucker 1 Päckchen VanillinZucker	mischen, in 1 Minute einstreuen, dann noch etwa 2 Minuten schlagen, bis eine cremeartige Masse entstanden ist
75 g Weizenmehl	mit
75 g Speisestärke 20 g Kakao 2 gestrichenen Teel. Backpulver	mischen, die Hälfte auf die Eiercreme sieben, kurz auf niedrigster Stufe unterrühren, den Rest des Mehl-Gemisches auf dieselbe Weise unterarbeiten den Teig in eine Springform (Durchmesser etwa 28 cm, Boden gefettet, mit Pergamentpapier belegt) füllen, die Form auf dem Rost in den vorgeheizten Backofen schieben
Strom:	175–200
Gas:	3–4
Backzeit:	25–35 Minuten den Tortenboden gut auskühlen lassen

FÜR DIE FÜLLUNG

750 ml (¾ l) Schlagsahne	mit
6 Eßl. Apfelsinensaft	½ Minuten schlagen
50 g Puderzucker	sieben, mit
3 Päckchen Sahnesteif	mischen, unter ständigem Schlagen einstreuen, die Sahne steif schlagen
etwas abgeriebene Schale von 1 Apfelsine (unbehandelt)	darunter geben, den Tortenboden zweimal durchschneiden, den unteren Boden mit
etwa 2 Eßl. Apfelsinen-Marmelade	bestreichen, darauf ⅓ der Schlagsahne streichen, den zweiten Boden darauf legen, mit der Hälfte der übrigen Sahne bestreichen, mit dem dritten bedecken Rand und obere Seite der Torte mit etwas von der restlichen Sahne bestreichen, die Torte mit der restlichen Sahne verzieren, mit
Apfelsinenscheiben	garnieren.

HIMBEERTORTE

	FÜR DEN TEIG
6 Eier	mit einem Handrührgerät mit Rührbesen auf höchster Stufe in 1 Minute schaumig schlagen
125 g Zucker 1 Päckchen Vanillin-Zucker	mischen, in 1 Minute einstreuen, dann noch etwa 2 Minuten schlagen
125 g Weizenmehl	auf die Eiercreme sieben, auf niedrigster Stufe unterrühren, den Teig in eine gefettete, mit Pergamentpapier ausgelegte Springform (Durchmesser etwa 24 cm) füllen, die Form auf dem Rost in den vorgeheizten Backofen schieben
Strom:	175 – 200
Gas:	3 – 4
Backzeit:	Etwa 30 Minuten den Tortenboden gut auskühlen lassen
	FÜR DIE CREME
4 Eigelb	mit
125 g Zucker 1 Teel. Vanillin-Zucker	weißschaumig schlagen (Foto 1)
60 g Weizenmehl	darauf sieben, unterziehen
500 ml (½ l) Milch	zum Kochen bringen, unterrühren, die Creme bei schwacher Hitze etwa 2 – 3 Minuten kochen lassen (Foto 2) die Creme in eine Schüssel umfüllen, auskühlen lassen
	FÜR BELAG UND GARNITUR
600 g Himbeeren	sorgfältig verlesen, den ausgekühlten Tortenboden waagerecht durchschneiden, den unteren Boden mit knapp ⅔ der Creme bestreichen, mit gut der Hälfte der Himbeeren belegen, den oberen Boden dünn mit Creme bestreichen (Foto 3), mit der bestrichenen Seite auf die Himbeeren legen, die restliche Creme auf die Torte streichen
250 g Schlagsahne	steif schlagen, Rand und obere Seite der Torte mit einem Teil der Schlagsahne bestreichen (Foto 4) den Rand mit
60 g gehackten Haselnußkernen oder abgezogenen, gehobelten Mandeln	bestreuen, die restliche Schlagsahne in einen Spritzbeutel mit gezackter Tülle füllen, die obere Seite der Torte mit einem Sahnerand bespritzen, die restlichen Himbeeren auf der Torte verteilen (Foto 5)
	ZUM BESTREICHEN
½ Päckchen Tortenguß, rot 125 ml (⅛ l) Himbeersaft (evtl. ergänzt mit Wasser	nach Vorschrift auf dem Päckchen zubereiten, die Himbeeren damit bestreichen. den Tortenrand mit
Krokant, z. B. v. Schwartau	bestreuen.

1

2

3

4

5

OBSTTORTE

(Rührteig, Foto unten)

FÜR DEN TEIG

75 g weiche Margarine, z. B. Sanella oder Butter	mit einem Handrührgerät mit Rührbesen auf höchster Stufe in etwa ½ Minute geschmeidig rühren, nach und nach
75 g Zucker 1 Päckchen Vanillin-Zucker Salz	unterrühren, so lange rühren, bis eine gebundene Masse entstanden ist
2 Eier	nach und nach unterrühren (jedes Ei etwa ½ Minute)
125 g Weizenmehl	mit
1 gestrichenen Teel. Backpulver	mischen, sieben, nach und nach mit
1 Eßl. Milch	auf mittlerer Stufe unterrühren
	den Teig in eine gefettete Obstform (Durchmesser etwa 28 cm) füllen, oder in gefettete Torteletttförmchen, glattstreichen die Form auf dem Rost in den vorgeheizten Backofen schieben
Strom:	175 – 200
Gas:	3 – 4
Backzeit:	20 – 25 Minuten

FÜR DEN BELAG

1 kg rohes Obst (z. B. Erdbeeren, Brombeeren, Himbeeren, Johannisbeeren, Kiwis, Heidelbeeren, Weintrauben)	waschen (Himbeeren nur verlesen), gut abtropfen lassen, entstielen, verlesen oder schälen, in Scheiben schneiden, mit
Zucker	bestreuen, kurze Zeit stehenlassen

oder beliebiges gedünstetes oder eingemachtes Obst	abtropfen lassen, die Früchte auf den Tortenboden legen
	FÜR DEN TORTENGUSS
1 Päckchen Tortenguß Zucker nach Angabe auf dem Tortenguß-Päckchen 250 ml (¼ l) Wasser oder Fruchtsaft	nach Vorschrift auf dem Päckchen zubereiten, auf das Obst geben.

MOZARTTORTE

	FÜR DEN KNETTEIG
150 g Weizenmehl	in eine Rührschüssel sieben
40 g Zucker 2 Päckchen Vanillin-Zucker 100 g weiche Butter oder Margarine	hinzufügen die Zutaten mit einem Handrührgerät mit Knethaken zunächst kurz auf niedrigster, dann auf höchster Stufe gut durcharbeiten, anschließend auf der Tischplatte zu einem glatten Teig verkneten, sollte er kleben, ihn eine Zeitlang kalt stellen den Teig auf dem Boden einer Springform (Durchmesser etwa 28 cm) ausrollen, mehrmals mit einer Gabel einstechen, den Springformrand darum legen die Form auf dem Rost in den vorgeheizten Backofen schieben
Strom:	200–225
Gas:	4–5
Backzeit:	Etwa 15 Minuten den gebackenen Tortenboden sofort vom Springformboden lösen, aber erst nach dem Erkalten auf eine Tortenplatte legen
	FÜR DEB BISKUITTEIG
4 Eier 2 Eßl. heißes Wasser	mit einem Handrührgerät mit Rührbesen auf höchster Stufe in 1 Minute schaumig schlagen
100 g Zucker 1 Päckchen Vanillin-Zucker	in einer Minute einstreuen, dann noch etwa 2 Minuten schlagen
75 g Weizenmehl	mit
30 g Speisestärke 10 g Kakao ½ gestrichenen Teel. Backpulver	mischen, die Hälfte davon auf die Eiercreme sieben, kurz auf niedrigster Stufe unterrühren, den Rest des Mehl-Gemisches auf dieselbe Weise unterarbeiten den Teig in eine gefettete, mit Pergamentpapier ausgelegte Springform (Durchmesser etwa 28 cm) füllen, glattstreichen die Form auf dem Rost in den vorgeheizten Backofen schieben
Strom:	175–200
Gas:	3–4
Backzeit:	30–35 Minuten sofort nach dem Backen den Tortenboden aus der Form lösen, auf einen Kuchenrost stürzen, das Papier abziehen den erkalteten Tortenboden einmal waagerecht durchschneiden
	FÜR DIE FÜLLUNG
50 g Rosinen	verlesen, in
3 Eßl. Rum	einige Stunden einweichen
1 Päckchen Gelatine gemahlen, weiß	mit
3 Eßl. kaltem Wasser	in einem kleinen Topf anrühren, 10 Minuten zum Quellen stehenlassen die gequollene Gelatine erwärmen, bis sie gelöst ist
750 ml (¾ l) Schlagsahne	fast steif schlagen, die Gelatine mit etwas von der Sahne verrühren, zu der übrigen Sahne geben, die Sahne vollkommen steifschlagen die Sahne in 3 Teile teilen
75 g Nuß-Nougatmasse	in einem kleinen Topf im heißen Wasserbad geschmeidig rühren unter einen Teil der Sahne rühren, die eingeweichten Rosinen abtropfen lassen, die Flüssigkeit mit
20 g gesiebtem Puderzucker	unter den zweiten Teil Sahne rühren die Rosinen,
20 g gesiebten Puderzucker	unter die restliche Sahne rühren den Knetteigboden mit
2–3 Eßl. Preiselbeeren (aus dem Glas)	bestreichen, mit dem unteren Biskuitteigboden bedecken, etwas andrücken, mit der Nougatsahne bestreichen, mit dem oberen Biskuitboden bedecken, mit der Rosinensahne bestreichen von der Rum-Sahne 2–3 Eßl. in einen Spritzbeutel mit Sterntülle füllen, mit der restlichen Rum-Sahne Rand und Tortenoberfläche bestreichen den Tortenrand mit
Schokostreuseln	bestreuen die Tortenoberfläche mit der Sahne aus dem Spritzbeutel verzieren.

FEINE APFELTORTE

(Foto rechts)

FÜR DEN TEIG

150 g weiche Butter	mit einem Handrührgerät mit Rührbesen auf höchster Stufe in etwa ½ Minute geschmeidig rühren, nach und nach
100 g Zucker 1 Päckchen Vanillin-Zucker Salz abgeriebene Schale von ½ Zitrone (unbehandelt)	unterrühren, so lange rühren, bis eine gebundene Masse entstanden ist
3 Eier	nach und nach unterrühren (jedes Ei etwa ½ Minute)
150 g Weizenmehl	mit
50 g Speisestärke 2 gestrichenen Teel. Backpulver	mischen, sieben, eßlöffelweise auf mittlerer Stufe unterrühren den Teig in eine gefettete Springform (Durchmesser etwa 28 cm) füllen, glattstreichen die Form auf dem Rost in den vorgeheizten Backofen schieben
Strom:	175 – 200
Gas:	3 – 4
Backzeit:	Etwa 30 Minuten den erkalteten Tortenboden einmal durchschneiden

FÜR DIE FÜLLUNG

1 kg Äpfel (z. B. Boskop)	schälen, vierteln, entkernen, jedes Viertel in 2 – 3 Spalten schneiden
250 ml (¼ l) Weißwein	mit
50 g Zucker 1 Päckchen Vanillin-Zucker Schale von 1 Zitrone (unbehandelt)	zum Kochen bringen die Apfelspalten portionsweise hineingeben, nicht zu weich dünsten lassen, mit einem Schaumlöffel herausnehmen, erkalten lassen die Apfelflüssigkeit durch ein Sieb gießen, evtl. mit
Weißwein	auf 200 ml (⅕ l) auffüllen
1 Päckchen Gelatine gemahlen, weiß	mit
3 Eßl. kaltem Wasser	in einem kleinen Topf anrühren, 10 Minuten zum Quellen stehenlassen
1 gehäuften Teel. Speisestärke	mit
2 Eßl. Zucker 200 ml abgemessener Flüssigkeit	in einem Topf gut verrühren
3 Eigelb	unterrühren, unter ständigem Schlagen erhitzen, bis eine Kochblase aufsteigt, die gequollene Gelatine unter Rühren darin auflösen
2 Eßl. Zitronensaft	unterrühren, erkalten lassen, ab und zu durchrühren sobald die Masse beginnt dicklich zu werden,
4 Eßl. Calvados	unterrühren
500 ml (½ l) Schlagsahne	steif schlagen, unterheben den unteren Tortenboden mit den Apfelspalten belegen, einen innen mit Pergamentpapier ausgelegten Springformring darum stellen die Creme auf den Apfelspalten verteilen, glattstreichen den oberen Tortenboden mit
Apfelgelee	bestreichen, in 16 Stücke schneiden
2 Eiweiß	steif schlagen, dabei nach und nach
100 g Zucker	unterschlagen die Eiweißmasse in einen Spritzbeutel mit Sterntülle füllen, die 16 Tortenstücke damit bespritzen, nach Belieben mit

abgezogenen, gehobelten Mandeln	bestreuen, unter den vorgeheizten Grill schieben, hell bräunen lassen
Grillzeit:	3–5 Minuten die 16 Baiser-Tortenstücke auf die Creme legen, die Torte einige Stunden kalt stellen.

Preiselbeer-Eierlikör-Torte

(Foto unten links)

FÜR DEN TEIG

3 Eier	mit
2 Eßl. heißem Wasser	mit einem Handrührgerät mit Rührbesen auf höchster Stufe in 1 Minute schaumig schlagen
100 g Zucker	in einer Minute einstreuen, dann noch etwa 2 Minuten schlagen
100 g gemahlene Haselnußkerne	mit
100 g geriebener Blockschokolade	mischen, die Hälfte davon auf die Eiercreme geben, kurz auf niedrigster Stufe unterrühren den Rest des Nuß-Schokoladen-Gemisches auf die gleiche Weise unterarbeiten den Teig in eine gefettete, mit Pergamentpapier ausgelegte Springform (Durchmesser etwa 28 cm) geben die Form auf dem Rost in den vorgeheizten Backofen schieben
Strom:	175–200
Gas:	3–4
Backzeit:	25–30 Minuten sofort nach dem Backen den Boden vom Springformboden lösen, das Backpapier mit kaltem Wasser bestreichen, vorsichtig, aber schnell abziehen, den Tortenboden erkalten lassen

FÜR DEN BELAG
den Tortenboden mit

225 g Preiselbeeren (aus dem Glas)	bestreichen
375 ml (3/8 l) Schlagsahne	½ Minute schlagen
1 ½ Päckchen Sahnesteif 2 Teel. Zucker etwas Vanillin-Zucker	einstreuen, die Sahne steif schlagen ⅓ der Schlagsahne auf die Preiselbeeren streichen, die restliche Sahne in einen Spritzbeutel mit Sterntülle füllen, einen Rand auf die Tortenoberfläche spritzen die Tortenmitte mit
4–5 Eßl. Eier-Likör	ausfüllen nach Belieben noch Eierlikör dazureichen.

SCHNEETORTE

(Foto unten)

FÜR DEN TEIG

150 g Weizenmehl — in eine Rührschüssel sieben

40 g Zucker
1 Päckchen
Vanillin-Zucker — hineingeben

100 g weiche Butter — hinzufügen

die Zutaten mit einem Handrührgerät mit Knethaken zunächst auf niedrigster, dann auf höchster Stufe gut durcharbeiten, anschließend auf der Tischplatte zu einem glatten Teig verkneten, sollte er kleben, ihn eine Zeitlang kaltstellen

den Teig auf dem gefetteten Boden einer Springform (Durchmesser etwa 28 cm) (Foto 1) ausrollen, mehrmals mit einer Gabel einstechen, in den vorgeheizten Backofen schieben

Strom: 200–225
Gas: 3–3
Backzeit: Etwa 15 Minuten

sofort nach dem Backen den Boden vom Springformboden lösen, aber erst, wenn er erkaltet ist, ihn auf eine Tortenplatte legen

FÜR DEN RÜHRTEIG

125 g weiche Butter — mit einem Handrührgerät mit Rührbesen auf höchster Stufe in eta ½ Minute geschmeidig rühren, nach und nach

125 g Zucker
1 Päckchen

3

2

1

Vanillin-Zucker	unterrühren, so lange rühren, bis eine gebundene Masse entstanden ist
1 Ei 2 Eiweiß	nach und nach unterrühren
75 g Weizenmehl	mit
50 g Speisestärke 1 gestrichenen Teel. Backpulver	mischen, sieben, eßlöffelweise auf mittlerer Stufe unterrühren den Teig in eine Springform (Durchmesser etwa 28 cm, Boden gefettetes) füllen, glattstreichen die Form auf dem Rost in den vorgeheizten Backofen schieben
Strom:	175–200
Gas:	3–4
Backzeit:	20–30 Minuten den Tortenboden vom Springformrand lösen, auf einen Kuchenrost legen, gut auskühlen lassen (am besten einen Tag vorher backen), ihn dann einmal durchschneiden
	FÜR DIE FÜLLUNG
1 Päckchen Gelatine gemahlen, weiß	mit
4 Eßl. kaltem Wasser	in einem kleinen Topf anrühren, 10 Minuten zum Quellen stehenlassen
100 ml (1/10 l) Milch	mit
100 g Zucker 50 g Honig 2 Eigelb	unter ständigem Schlagen mit einem Schneebesen zum Kochen bringen, von der Kochstelle nehmen, die gequollene Gelatine hinzufügen, so lange rühren, bis sie gelöst ist, kühl stellen
500 g Speisequark abgeriebene Schale von ½ Zitrone (unbehandelt) 1 Eßl. Zitronensaft	mit der erkalteten Honigmilch verrühren
500 ml (½ l) Schlagsahne	steif schlagen, darunter heben den Knetteigboden mit
etwa 2 Eßl. Ananas- oder Aprikosen-Konfitüre	bestreichen, die untere Hälfte des Rührteigbodens darauf legen, den Springformrand um die Böden legen (evtl. mit einem Pergamentpapierstreifen auslegen), (Foto 2) schließen die Füllung gleichmäßig auf dem Tortenboden verteilen, mit der oberen Tortenbodenhälfte bedecken, kalt stellen, damit die Quarkmasse fest wird den Springformrand mit einem Messer vorsichtig von der Toret lösen den Rand der Torte mit
abgezogenen, gehobelten, gebräunten Mandeln	bestreuen (Foto 3), die obere Seite mit
Puderzucker	bestäuben.

OCEANTORTE

	FÜR DEN TEIG
125 g Butter	mit einem Handrührgerät mit Rührbesen auf höchster Stufe in etwa ½ Minute geschmeidig rühren, nach und nach
50 g Zucker 1 Päckchen Vanillin-Zucker	unterrühren, so lange rühren, bis eine gebundene Masse entstanden ist
4 Eigelb	nach und nach unterrühren (jedes Eigelb etwa ½ Minute)
150 g Weizenmehl	mit
2 Teel. Backpulver	mischen, sieben, eßlöffelweise auf mittlerer Stufe unterrühren die Hälfte des Teiges auf den gefetteten Boden einer Springform (Durchmesser etwa 28 cm) streichen
4 Eiweiß	steif schlagen, dabei eßlöffelweise
200 g Zucker	unterschlagen, die Hälfte der Eiweißmasse auf den Teig streichen, mit der Hälfte von
50 g abgezogenen, gehobelten Mandeln	bestreuen, den Springformrand darum geben die Form auf dem Rost in den vorgeheizten Backofen schieben
Strom:	175–200
Gas:	3–4
Backzeit:	Etwa 20 Minuten sofort nach dem Backen den Tortenboden mit Baiser mit einem in Wasser getauchten Messer vom Springformrand lösen, in der Form erkalten lassen, erst dann den Tortenboden vom Springformboden lösen mit den restlichen Zutaten einen zweiten Tortenboden - wie für den ersten Tortenboden angegeben - backen
	FÜR DIE FÜLLUNG
½ Päckchen Gelatine gemahlen, weiß	mit
2 Eßl. kaltem Wasser	anrühren, 10 Minuten zum Quellen stehenlassen
250 ml (¼ l) Weißwein	mit
75 g Zucker 1 Ei 1 Eigelb 3 gehäuften Teel. Speisestärke Saft von ½ Zitrone	verrühren, unter ständigem Schlagen mit einem Schneebesen zum Kochen bringen, die gequollene Gelatine unter Rühren darin auflösen, die Masse kalt stellen sobald die Masse beginnt dicklich zu werden,
250 ml (¼ l) Schlagsahne	steif schlagen, unterheben die beiden Tortenböden mit der Creme zu einer Torte zusammensetzen.

ZITRONEN-QUARK-SAHNETORTE

(Foto unten)

	FÜR DEN TEIG
125 g Butter	mit einem Handrührgerät mit Rührbesen auf höchster Stufe in etwa ½ Minute geschmeidig rühren, nach und nach
125 g Zucker	
1 Päckchen Vanillin-Zucker	

Salz	unterrühren, so lange rühren, bis eine gebundene Masse entstanden ist
2 Eier	nach und nach unterrühren (jedes Ei etwa ½ Minute)
125 g Weizenmehl	mit
1 gestrichenen Teel. Backpulver	mischen, sieben, eßlöffelweise auf mittlerer Stufe unterrühren, den Teig in eine gefettete Springform (Durchmesser etwa 28 cm) füllen, glattstreichen, die Form auf dem Rost in den vorgeheizten Backofen schieben
Strom:	175–200, Gas: 3–4
Backzeit:	25–30 Minuten
	den Tortenboden einmal durchschneiden

FÜR DIE FÜLLUNG

2 Päckchen Gelatine gemahlen, weiß	mit
6 Eßl. kaltem Wasser	in einem kleinen Topf anrühren, 10 Minuten zum Quellen stehenlassen
2 Eigelb	mit
8 Eßl. Zitronensaft 150 g Zucker 1 Päckchen Vanillin-Zucker	dickcremig rühren
500 g Magerquark 500 g Sahnequark abgeriebene Schale von 1 Zitrone (unbehandelt)	unterrühren, die Gelatine unter Rühren erwärmen, bis sie gelöst ist, mit etwas von der Quarkmasse verrühren, unter die restliche Quarkmasse rühren
500 ml (½ l) Schlagsahne 2 Eiweiß	beide Zutaten steif schlagen, unter die Quarkmasse heben, um den unteren Tortenboden einen innen mit Pergamentpapier belegten Springformrand stellen, die Quarkmasse einfüllen, glattstreichen, den oberen Tortenboden in 16 Stücke schneiden, auf die Füllung legen, mit
Puderzucker	bestäuben, kalt servieren.

KOKOS-SAHNETORTE

(Foto S. 76 unten rechts)

FÜR DEN TEIG

150 g Weizenmehl	in eine Rührschüssel sieben
40 g Zucker 1 Päckchen Vanillin-Zucker 100 g weiche Butter	hinzufügen, die Zutaten mit einem Handrührgerät mit Knethaken zunächst kurz auf niedrigster, dann auf höchster Stufe gut durcharbeiten, anschließend auf der Tischplatte zu einem glatten Teig verkneten, den Teig auf dem umgedrehten, gefetteten Boden einer Springform (Durchmesser etwa 28 cm) ausrollen, mehrmals mit einer Gabel einstechen die Form auf dem Rost in den vorgeheizten Backofen schieben
Strom:	200–225, Gas: 3–4
Backzeit:	Etwa 15 Minuten
	den Boden mit einem Messer vom Springformboden lösen, ihn aber auf dem Springformboden erkalten lassen

FÜR DEN BISKUITTEIG

3 Eier	mit
3 Eßl. heißem Wasser	mit einem Handrührgerät mit Rührbesen auf höchster Stufe in 1 Minute schaumig schlagen
125 g Zucker	in 1 Minute einstreuen, dann noch etwa 2 Minuten schlagen
75 g Weizenmehl	mit
75 g Speisestärke 20 g Kakao 2 gestrichenen Teel. Backpulver	mischen, sieben, die Hälfte davon auf die Eiercreme sieben, kurz auf niedrigster Stufe unterrühren, den Rest des Mehl-Gemisches auf dieselbe Weise unterarbeiten den Teig in eine gefettete, mit Papier ausgelegte Springform (Durchmesser etwa 28 cm) füllen, glattstreichen die Form auf dem Rost in den vorgeheizten Backofen schieben
Strom:	175–200
Gas:	3–4
Backzeit:	25–30 Minuten
	den erkalteten Tortenboden einmal durchschneiden

FÜR DIE FÜLLUNG

2 schwach gehäufte Teel. Gelatine gemahlen, weiß	mit
2 Eßl. kaltem Wasser	anrühren, 10 Minuten zum Quellen stehenlassen
250 ml (¼ l) Milch	mit
50 g Zucker 75 g Kokosraspeln	zum Kochen bringen, etwa 1 Minute kochen lassen, von der Kochstelle nehmen, die gequollene Gelatine unter Rühren darin auflösen, die Masse erkalten lassen, sobald die Masse beginnt dicklich zu werden,
500 ml (½ l) Schlagsahne	steif schlagen, die Kokosmasse unterheben den Knetteigboden mit
Aprikosen-Konfitüre	bestreichen, einen Biskuitboden darauf legen, etwas andrücken, gut die Hälfte der Kokossahne darauf verteilen, mit dem zweiten Biskuitboden bedecken die Torte mit der restlichen Kokossahne (etwas zum Verzieren zurücklassen) ganz bestreichen, die zurückgelassene Kokossahne in einen Spritzbeutel mit Lochtülle füllen, die Torte damit verzieren
30 g Kokosraspeln	in einer Pfanne ohne Fett hellbraun rösten, abgekühlt an den Tortenrand streuen, vor dem Servieren die Sahneverzierungen der Torte mit
gesiebtem Kakao	bestäuben.

RUSSISCHE APFELTORTE

(Foto S. 79)

FÜR DEN KNETTEIG

150 g Weizenmehl	mit
1 Messerspitze Backpulver	mischen, in eine Rührschüssel sieben
40 g Zucker 1 Päckchen Vanillin-Zucker Salz 100 g weiche Butter oder Margarine	hinzufügen die Zutaten mit einem Handrührgerät mit Knethaken zunächst kurz auf niedrigster, dann auf höchster Stufe gut durcharbeiten, anschließend auf der Tischplatte zu einem glatten Teig verkneten, sollte er kleben, ihn eine Zeitlang kalt stellen den Teig auf einem umgedrehten, gefetteten Boden einer Springform (Durchmesser etwa 28 cm) ausrollen, den Teigboden mehrmals mit einer Gabel einstechen die Form auf dem Rost in den vorgeheizten Backofen schieben
Strom:	200 – 225
Gas:	3 – 4
Backzeit:	Etwa 15 Minuten den Boden sofort nach dem Backen vom Springformboden lösen, erkalten lassen

FÜR DEN BISKUITTEIG

5 Eier 3 Eßl. heißes Wasser	mit einem Handrührgerät mit Rührbesen auf höchster Stufe in 1 Minute schaumig schlagen
150 g Zucker	mit
1 Päckchen Vanillin-Zucker	mischen, in 1 Minute einstreuen, dann noch etwa 2 Minuten schlagen
125 g Weizenmehl	mit
125 g Speisestärke 2 ½ gestrichenen Teel. Backpulver	mischen, die Hälfte davon auf die Eiercreme sieben, kurz auf niedrigster Stufe unterrühren den Rest des Mehl-Gemisches auf dieselbe Weise unterarbeiten den Teig in eine gefettete, mit Pergamentpapier ausgelegte Springform (Durchmesser etwa 28 cm) füllen, glattstreichen die Form auf dem Rost in den vorgeheizten Backofen schieben
Strom:	175 – 200
Gas:	3 – 4
Backzeit:	Etwa 35 Minuten den gebackenen Boden sofort aus der Form lösen, auf einen Kuchenrost stürzen, das Papier abziehen den Boden erkalten lassen, dreimal durchschneiden

FÜR DIE BUTTERCREME aus

1 Päckchen Pudding-Pulver Vanille-Geschmack 50 g Zucker 500 ml (½ l) Milch	nach Vorschrift auf dem Päckchen einen Pudding zubereiten, abkühlen lassen, dabei ab und zu durchrühren
250 g weiche Butter	geschmeidig rühren
1 gehäuften Eßl. Zucker	unterrühren, den erkalteten Pudding (er sollte die gleiche Temperatur haben wie die Butter) langsam unter Rühren hinzufügen (Foto 1)

FÜR DIE APFELMASSE

750 g säuerliche Äpfel	schälen, vierteln, entkernen, in Spalten schneiden
500 ml (½ l) Wasser	zum Kochen bringen, die Äpfel hineingeben, einige Minuten schwach kochen lassen (Foto 2), aus der Flüssigkeit nehmen, abtropfen und erkalten lassen die Apfelspalten vorsichtig mit
3 Eßl. Aprikosen-Konfitüre (durch ein Sieb gestrichen) 2 Eßl. Rum 50 g verlesenen Korinthen	vermengen
2 Eßl. Mandelsplitter	unter knapp die Hälfte der Apfelmasse heben den Knetteigboden mit
2 – 3 Eßl. Aprikosen-Konfitüre	bestreichen, den ersten Biskuitboden darauf legen
4 Eßl. Rum	mit
2 Eßl. Wasser 1 Teel. Zucker	verrühren, den aufgelegten Biskuitboden damit beträufeln knapp ⅓ der Buttercreme darauf streichen (Foto 3) den zweiten Biskuitboden darauf legen, die Apfelmasse (ohne Mandeln) darauf verteilen (Foto 4), den dritten Biskuitboden darauf legen, etwas andrücken knapp die Hälfte der restlichen Buttercreme darauf verteilen, den vierten Biskuitboden darauf legen von der restlichen Buttercreme 2 – 3 Eßl. in einen Spritzbeutel mit Sterntülle füllen mit der restlichen Creme Tortenrand und einen etwa 4 cm breiten Rand auf der Tortenoberfläche bestreichen die vorbereitete Apfelmasse in die Mitte geben (Foto 5), die mit der Buttercreme bestrichene Tortenoberfläche und -rand mit
100-125 g Krokant	bestreuen (Foto 6), mit der Buttercreme aus dem Spritzbeutel garnieren.

1

2

3

4

5

6

DIE SANFTEN VERFÜHRER. Einem Blech frischer, köstlich knuspriger Kekse kann man nur schwer widerstehen, und ein Gugelhupf schmeckt herrlich gemütlich ... aber ab und zu verlangt das Herz einfach nach so einer richtigen, schönen, großen Cremetorte. Und diesen Genuß sollte man sich durch nichts auf der Welt trüben lassen.
Vergessen Sie also getrost für ein Viertelstündchen Ihre Kalorientabelle und denken Sie daran: manche Dinge machen zwar dick, aber ungeheuer glücklich.

CREMETORTEN UND KLASSISCHE TORTEN

FRANZÖSISCHE SCHOKOLADENTORTE

(Foto S. 80)

FÜR DEN TEIG

250 g weiche Margarine oder Butter	mit einem Handrührgerät mit Rührbesen auf höchster Stufe in etwa ½ Minute geschmeidig rühren, nach und nach
250 g Zucker 1 Päckchen Vanillin-Zucker Salz	unterrühren, so lange rühren, bis eine gebundene Masse entstanden ist
6 Eier	nach und nach unterrühren (jedes Ei etwa ½ Minute)
250 g Weizenmehl	mit
2 gestrichenen Teel. Backpulver	mischen, sieben, eßlöffelweise auf mittlerer Stufe unterrühren
250 g Zartbitter-Schokolade	reiben, mit
100 g abgezogenen, gemahlenen Mandeln	auf mittlerer Stufe unter den Teig rühren, ihn in eine Springform (Durchmesser etwa 28 cm, Boden gefettet) füllen die Form auf dem Rost in den vorgeheizten Backofen schieben
Strom:	175–200
Gas:	3–4
Backzeit:	Etwa 1 Stunde die Torte sofort nach dem Stürzen, mit
250 ml (¼ l) Weinbrand oder Rum	tränken

ZUM APRIKOTIEREN

2 Eßl. durch ein Sieb gestrichene Aprikosen-Konfitüre	mit
1 Eßl. Wasser	unter Rühren aufkochen lassen das Gebäck nach dem Backen damit bestreichen, gut auskühlen lassen

FÜR DEN GUSS

100 g Zartbitter-Schokolade	in kleine Stücke brechen, mit
etwas Kokosfett	in einem kleinen Topf im heißen Wasserbad zu einer geschmeidigen Masse verrühren das erkaltete Gebäck damit überziehen, mit
halbierten Pistazienkernen und Krokant	garnieren.
Beigabe:	Geschlagene, mit Weinbrand gewürzte Schokolade.

WIENER SANDTORTE

(Foto S. 83)

FÜR DEN TEIG

	von
6 Eiern	2 Teel. Eiweiß abnehmen, zugedeckt aufbewahren die Eier mit einem Handrührgerät auf höchster Stufe mit
375 g feinkörnigem Zucker	(eßlöffelweise hinzufügen)
2 Päckchen Vanillin-Zucker	1 ½–2 Minuten schlagen
2 Eßl. Wasser	hinzufügen
175 g Weizenmehl	mit
175 g Speisestärke 1 ½ gestrichenen Teel. Backpulver	mischen, sieben, eßlöffelweise unterrühren
375 g zerlassene Butter	heiß (aber nicht kochend) vorsichtig unterrühren, eine gefettete Margareten-Form auf den Ring einer Springform setzen, den Teig einfüllen, die Form mit dem Ring auf dem Rost in die Mitte des Backofens schieben oder den Teig in eine gefettete Springform (Durchmesser etwa 28 cm) füllen, die Form auf dem Rost in den vorgeheizten Backofen schieben
Strom:	150–175
Gas:	2–3
Backzeit:	60–85 Minuten die Torte auf einen Kuchenrost stürzen, etwas abkühlen lassen

ZUM APRIKOTIEREN

3 gehäufte Eßl. Aprikosen-Konfitüre	durch ein Sieb streichen, mit
3 Eßl. Apricot-Brandy 1 Eßl. Wasser 1 Teel. Rum	unter Rühren aufkochen lassen, die Sandtorte damit bestreichen

FÜR DEN GUSS

30 g Puderzucker	sieben, mit den zurückgelassenen
2 Teel. Eiweiß evtl. etwas Wasser	verrühren, bis ein spritzfähiger Guß entstanden ist, die Masse in ein Pergamentpapiertütchen füllen, von der Tüte eine Spitze abschneiden, die Torte mit dem Guß verzieren.

KÄSETORTE

(Foto S. 81)

FÜR DEN TEIG

150 g Weizenmehl	in eine Rührschüssel sieben
40 g Zucker 1 Päckchen Vanillin-Zucker 100 g weiche Butter	hinzufügen

alle Zutaten mit einem Handrührgerät mit Knethaken zunächst kurz auf niedrigster, dann auf höchster Stufe gut durcharbeiten, anschließend auf der Tischplatte zu einem glatten Teig verkneten, sollte er kleben, ihn eine Zeitlang kalt stellen
den Teig auf dem umgedrehten Boden einer Springform (Durchmesser etwa 28 cm) ausrollen, den Springformrand innen mit Alufolie auslegen, um den Boden legen

FÜR DEN BELAG

250 g weiche Butter	geschmeidig rühren, nach und nach
200 g Zucker	
1 Päckchen Vanillin-Zucker	
7 Eigelb	
Salz	
abgeriebene Schale von 1 Zitrone (unbehandelt)	
3 Eßl. Zitronensaft	unterrühren
1 kg Magerquark	mit
1 Päckchen Käsekuchenhilfe	unter den Teig rühren
7 Eiweiß	steif schlagen, unterheben

die Käsemasse auf dem Teigboden verteilen, glattstreichen
die Form auf dem Rost in den vorgeheizten Backofen schieben

Strom:	160 – 175
Gas:	Etwa 2
Backzeit:	70 – 80 Minuten

den gebackenen Kuchen noch 30 – 45 Minuten im Backofen bei etwas geöffneter Backofentür ruhen lassen, erst dann herausnehmen und in der Form erkalten lassen.

SCHOKOLADEN-HASELNUSS-TORTE

(Foto oben)

FÜR DEN TEIG

200 g weiche Margarine, z. B. Sanella	mit einem Handrührgerät mit Rührbesen auf höchster Stufe in etwa ½ Minute geschmeidig rühren, nach und nach
200 g Zucker 1 Beutel Orange-back Salz	unterrühren, so lange rühren, bis eine gebundene Masse entstanden ist
4 Eier	nach und nach unterrühren (jedes Ei etwa ½ Minute)
150 g Weizenmehl 100 g Speisestärke 3 Eßl. Back-Kakao 2 gestrichene Teel. Backpulver	mit mischen, sieben, abwechselnd eßlöffelweise mit
2 Eßl. Milch	auf mittlerer Stufe unterrühren
150 g Haselnußkerne, gemahlen, z. B. Schwartau 1 Päckchen (75 g) Schokoladen-Tröpfchen 1 Beutel Rum-back	vorsichtig auf mittlerer Stufe unter den Teig rühren, ihn in eine gut gefettete Springform (Durchmesser etwa 26 cm) füllen, die Form auf dem Rost in den vorgeheizten Backofen schieben
Strom:	175–200
Gas:	2–3
Backzeit:	60–70 Minuten das Gebäck auf einen Kuchenrost stürzen, erkalten lassen

FÜR DEN GUSS

200 g Puderzucker	sieben, mit
3–4 Eßl. Wasser 1 Beutel Rum-back	verrühren, mit
Back- und Speisefarbe „Farbenfreude"	rosa einfärben, den Kuchen damit überziehen, mit
gemahlenen Haselnußkernen, gehackten Mandeln	garnieren.

MALAKOFF-TORTE

(Foto S. 85)

150 g Butter	mit einem Handrührgerät mit Rührbesen auf höchster Stufe in etwa ½ Minute geschmeidig rühren, nach und nach
150 g feinkörnigen Zucker 1 Päckchen Vanillin-Zucker	unterrühren, so lange rühren, bis eine gebundene Masse entstanden ist
3 Eigelb	nach und nach unterrühren (jedes Eigelb etwa ½ Minute)
150 g abgezogene, gemahlenen Mandeln	mit
½ Päckchen Vanillin-Zucker	mischen, nach und nach mit
125 ml (⅛ l) Schlagsahne	auf mittlerer Stufe unterrühren
250 ml (¼ l) Milch	mit
3–4 Eßl. Rum	verrühren
250 g Löffelbiskuits	kurz darin wenden einen Springformrand (Durchmesser etwa 28 cm) mit Alufolie auslegen (Foto 1), auf einer Tortenplatte setzen den Boden mit der Hälfte der Löffelbiskuits auslegen (Foto 2), die Hälfte der Creme darüber streichen, die restlichen Löffelbiskuits und die restliche Creme darauf geben (Foto 3), glattstreichen, 3–4 Stunden kühl stellen, den Springformrand lösen
250 ml (¼ l) Schlagsahne	½ Minute schlagen

1 Teel. Zucker
1 Päckchen Sahnesteif — *mischen, einstreuen, die Sahne steif schlagen, die Hälfte der Sahne in einen Spritzbeutel mit gezackter Tülle füllen, mit der restlichen Sahne Rand und obere Seite der Torte bestreichen, die Torte mit der Sahne aus dem Spritzbeutel verzieren, mit*
roten Belegkirschen — *garnieren.*

1

3

2

WEIHNACHTS-TORTE

FÜR DEN TEIG

4 Eier 2 Eßl. heißes Wasser	mit einem Handrührgerät mit Rührbesen auf höchster Stufe in 1 Minute schaumig schlagen
200 g Zucker	in 1 Minute einstreuen, dann noch etwa 2 Minuten schlagen
1 Beutel Orange-Back 150 g Weizenmehl 75 g Speisestärke 2 gestr. Teel. Backpulver	mischen, die Hälfte davon auf die Eiercreme sieben, kurz auf niedrigster Stufe unterrühren den Rest des Mehl-Gemisches auf dieselbe Weise unterarbeiten
200 g gemahlene Mandeln, z. B. Schwartau 1 Doppelbeutel Rum-Back	vorsichtig unterheben den Teig in eine Springform (Durchmesser etwa 26 cm, Boden gefettet, mit Pergamentpapier belegt) füllen die Form auf dem Rost in den vorgeheizten Backofen schieben
Strom:	175 – 200
Gas:	2 – 3
Backzeit:	Etwa 45 Minuten den Tortenboden gut auskühlen lassen, das Papier abziehen, die Torte einmal durchschneiden

ZUM FÜLLEN UND BESTREICHEN

1 Glas herbe Orangen-Marmelade 1 Beutel Rum-back	verrühren, die Torte mit einem Teil der Marmelade füllen, mit der restlichen Marmelade die Oberfläche und Seiten bestreichen
1 ½ Packungen (300 g) Feine Marzipan-Rohmasse	mit
200 g gesiebtem Puderzucker	verkneten, ⅔ der Masse zwischen Klarsichtfolie dünn ausrollen, Tortenoberfläche und Rand damit bedecken

FÜR DEN GUSS

150 g Halbbitter-Kuvertüre	im heißen Wasserbad erwärmen, die Torte damit überziehen, trocknen lassen aus Papier eine Sternschablone (Durchmesser etwa 22 cm) ausschneiden das restliche Marzipan dünn ausrollen, einen Marzipan-Stern ausschneiden, auf die Torte legen

ZUM VERZIEREN

2 Eßl. Raspel-Schokolade	in der Mitte zu einem Stern anordnen, ihn mit
Gebäckschmuck	garnieren den Rand der Torte mit
100 g abgezogenen, gemahlenen Mandeln	bestreuen.

MAKRONENTORTE

(Foto S. 87)

FÜR DEN TEIG

5 Eier	mit
125 g Zucker abgeriebener Schale von 1 Zitrone (unbehandelt) Salz	in eine Schüssel geben, im heißen Wasserbad mit einem Handrührgerät mit Rührbesen so lange schlagen, bis eine cremige Masse entstanden ist die Schüssel aus dem Wasserbad nehmen, weiterschlagen, bis die Masse kalt ist
75 g Weizenmehl	mit
75 g Speisestärke	mischen, darüber sieben, unterziehen, zum Schluß
50 g zerlassene, abgekühlte Butter	unterrühren den Teig in eine Springform (Durchmesser etwa 28 cm, Boden gefettet), mit
Weizenmehl	bestäubt, füllen, glattstreichen die Form auf dem Rost in den vorgeheizten Backofen schieben
Strom:	Etwa 175
Gas:	2 – 3
Backzeit:	Etwa 40 Minuten sofort nach dem Backen den Tortenboden aus der Form lösen, auf einen Kuchenrost stürzen, über Nacht erkalten lassen, dann den Tortenboden zwei- bis dreimal durchschneiden (Foto 1)

FÜR DIE FÜLLUNG

400 g Marzipan-Rohmasse	mit
100 g gesiebtem Puderzucker 250 g Aprikosen-Konfitüre 4 Eßl. Rum	zu einer geschmeidigen Masse verrühren ¼ von der Füllung abnehmen, beiseite stellen, mit der restlichen Marzipanmasse die Böden bestreichen, zu einer Torte zusammensetzen (Foto 2) die Torte ganz mit der zurückgelassenen Marzipanmasse einstreichen

	FÜR DEN BELAG	
200 g Marzipan-Rohmasse	mit	
2 Eigelb		
50 g gesiebtem Puderzucker		
1 Eßl. Rum	zu einer spritzfähigen Masse verrühren, in einen Spritzbeutel füllen, die Torte damit verzieren (Foto 3) die Torte etwa 30 Minuten stehenlassen, damit die Marzipanmasse etwas antrocknen kann die Torte unter den vorgeheizten Grill schieben, goldbraun überbacken	
etwa 200 g Aprikosen-Konfitüre	mit	
3 Eßl. Wasser	unter Rühren zum Kochen bringen die etwas abgekühlte Torte ganz damit bestreichen den Tortenrand nach Belieben mit	
80 g gerösteten Pinienkernen	bestreuen.	

WIENER SCHOKOLADEN-TORTE

(Foto oben)

FÜR DEN TEIG

250 g Zartbitter-Schokolade	in Stücke brechen, in einem kleinen Topf im heißen Wasserbad geschmeidig rühren, etwas abkühlen lassen
250 g weiche Butter	mit einem Handrührgerät mit Rührbesen auf höchster Stufe in etwa ½ Minute geschmeidig rühren, die aufgelöste Schokolade unterrühren nach und nach ⅓ von
150 g Zucker	mit
5 Eigelb	
3 Eiern	unterrühren
250 g gemahlene Mandeln (mit Schale)	
100 g Semmelmehl	
2 gestrichene Teel. Backpulver	mischen, eßlöffelweise unterrühren
5 Eiweiß	steif schlagen, unter ständigem Schlagen nach und nach den restlichen Zucker hinzufügen den Eierschnee auf die Teigmasse geben, vorsichtig unterheben den Teig in eine gefettete Springform (Durchmesser etwa 28 cm) füllen, glattstreichen die Form auf dem Rost in den vorgeheizten Backofen schieben

Strom:	150 – 175
Gas:	2 – 3
Backzeit:	Etwa 70 Minuten den Tortenboden erkalten lassen
3 Eßl. Johannisbeergelee	mit
3 Eßl. Wasser	unter Rühren aufkochen lassen, Tortenoberfläche und -rand gleichmäßig damit bestreichen

FÜR DEN GUSS

100 g Zartbitter-Schokolade	mit

etwas Kokosfett	in einem kleinen Topf im heißen Wasserbad geschmeidig rühren die Torte gleichmäßig damit bestreichen, die noch feuchte Tortenoberfläche mit
Schlagsahne	verzieren.

Linzer Torte

(Foto oben)

200 g Weizenmehl	mit
1 gestrichenen Teel. Backpulver	mischen, in eine Rührschüssel sieben
125 g Zucker 1 Päckchen Vanillin-Zucker 2 Tropfen Backöl Bittermandel 1 Messerspitze gemahlene Nelken 1 gestrichenen Teel. gemahlenen Zimt Salz ½ Eigelb 1 Eiweiß 125 g weiche Butter 125 g nicht abgezogene, gemahlene Mandeln	hinzufügen die Zutaten mit einem Handrührgerät mit Knethaken zunächst kurz auf niedrigster, dann auf höchster Stufe gut durcharbeiten, anschließend auf der Tischplatte zu einem glatten Teig verkneten, knapp die Hälfte des Teiges zu einer Platte in der Größe einer Springform (Durchmesser etwa 28 cm) ausrollen, 16 – 20 Streifen daraus rädern, den übrigen Teig auf dem Springformboden ausrollen, mit
100 g Himbeer-Konfitüre	bestreichen, dabei am Rand etwa 1 cm Teig frei lassen die Teigstreifen gitterförmig über die Konfitüre legen
½ Eigelb	mit
1 Teel. Milch	verschlagen, die Teigstreifen damit bestreichen, in den vorgeheizten Backofen schieben
Strom:	175 – 200
Gas:	3 – 4
Backzeit:	25 – 30 Minuten.

Quarkschaum-Torte

175 g weiche Butter	mit einem Handrührgerät mit Rührbesen auf höchster Stufe in etwa ½ Minute geschmeidig rühren, nach und nach
150 g Zucker abgeriebene Schale von 1 Zitrone (unbehandelt) 2 – 3 Eßl. Zitronensaft	unterrühren, so lange rühren, bis eine gebundene Masse entstanden ist
7 Eigelb	nach und nach unterrühren (jedes Eigelb ½ Minute)
750 g Magerquark	mit
75 g Grieß	eßlöffelweise auf mittlerer Stufe unterrühren
7 Eiweiß	steif schlagen, unterheben den Teig in eine gefettete Springform (Durchmesser etwa 28 cm) füllen, glattstreichen, die Form auf dem Rost in den vorgeheizten Backofen schieben
Strom:	Etwa 175, Gas: 2 – 3
Backzeit:	Etwa 70 Minuten den gebackenen Kuchen noch etwa 30 Minuten im Backofen bei etwas geöffneter Backofentür ruhen lassen, erst dann herausnehmen und in der Form erkalten lassen.

1

2

4

3

BLITZ-KÄSETORTE

(Foto oben)

FÜR DEN TEIG

120 g Löffelbiskuits	in eine Plastiktüte geben, die Tüte verschließen, die Löffelbiskuits mit einem Teigroller zerdrücken (Foto 1), in eine Schüssel geben
75 g Butter	zerlassen, zu den Löffelbiskuits geben, gut verrühren die Masse gleichmäßig auf den umgedrehten, gefetteten Boden einer Springform mit Rand (Durchmesser etwa 28 cm) verteilen und gut andrücken (Foto 2)

FÜR DIE FÜLLUNG

1 Päckchen Götterspeise Zitrone-Geschmack	mit
200 ml (⅕ l) Wasser	anrühren, 10 Minuten zum Quellen stehenlassen, unter Rühren erhitzen, bis die Götterspeise gelöst ist, etwas abkühlen lassen
200 g Doppelrahm-Frischkäse	mit
125 g Zucker 1 Päckchen Vanillin-Zucker 2 Eßl. Zitronensaft	verrühren, die lauwarme Götterspeise unterrühren, wenn die Masse anfängt dicklich zu werden,
500 g steifgeschlagene Sahne	unterheben (Foto 3), die Käsemasse auf dem Boden verteilen, glattstreichen (Foto 4)

FÜR DEN BELAG

60 g Löffelbiskuits	zerkrümeln, auf die Käsemasse streuen, die Torte bis zum Verzehr kalt stellen.

SPANISCHE VANILLE-TORTE

FÜR DEN TEIG

150 g Marzipan-Rohmasse	in Stücke schneiden, mit einem Handrührgerät mit Rührbesen mit
6 Eigelb	cremig rühren, nach und nach
100 g Zucker abgeriebene Schale von 1 Zitrone (unbehandelt) Mark von 2 Vanillestangen Salz	unterrühren
200 g Kuvertüre	grob hacken, mit
50 g abgezogenen, gehobelten Mandeln	vermengen, mit
9 Eßl. Marsala	beträufeln, mit
2 gestrichenen Teel. Backpulver 75 g gesiebtem Weizenmehl 75 g gesiebter Speisestärke	vermengen
5 ½ Eiweiß	steif schlagen Kuvertüremasse und Eierschnee abwechselnd unter die Marzipan-Eigelb-Masse heben den Teig in eine gefettete, mit Pergamentpapier ausgelegte Springform (Durchmesser etwa 24 cm) füllen, glattstreichen die Form auf dem Rost in den vorgeheizten Backofen schieben
Strom:	Etwa 175
Gas:	2–3
Backzeit:	Etwa 45 Minuten die Form auf einen Kuchenrost stürzen, erst nach etwa 8 Minuten die Form abheben
2 Eßl. Aprikosen-Konfitüre (ohne Fruchtstücke)	verrühren, die noch warme Torte ganz damit bestreichen

FÜR DEN GUSS

150 g gesiebten Puderzucker	mit dem
Mark von 1 Vanillestange ½ Eiweiß etwa 1 Eßl. Zitronensaft	glattrühren die Torte ganz damit bestreichen
200 g Walnußkerne	grob hacken, auf die Torte streuen, am Rand etwas andrücken.

BISKUITTORTE MIT HASELNUSS-FÜLLUNG

FÜR DEN TEIG

4 Eier 4 Eßl. heißes Wasser	mit einem Handrührgerät mit Rührbesen auf höchster Stufe in 1 Minute schaumig schlagen
200 g Zucker	in 1 Minute einstreuen, dann noch etwa 2 Minuten schlagen
1 Beutel Orange-back, z. B. von Schwartau	kurz auf niedrigster Stufe unterrühren
60 g Weizenmehl	mit
80 g Speisestärke 1 Doppelbeutel Back-Kakao 1 ½ gestrichenen Teel. Backpulver	mischen, die Hälfte davon auf die Eiercreme sieben, kurz auf niedrigster Stufe unterrühren den Rest des Mehl-Gemisches auf dieselbe Weise unterarbeiten den Teig in eine Springform (Durchmesser etwa 26 cm, Boden gefettet, mit Pergamentpapier belegt) füllen die Form auf dem Rost in den vorgeheizten Backofen schieben
Strom:	175–200
Gas:	3–4
Backzeit:	etwa 30 Minuten den Tortenboden gut auskühlen lassen, zweimal durchschneiden, die durchgeschnittenen Böden mit
1 Doppelbeutel Rum-back	beträufeln

FÜR DIE FÜLLUNG

500 ml (½ l) Schlagsahne	mit
50 g Zucker	steif schlagen
100 g gemahlene Haselnußkerne ½ Teel. gemahlenen Zimt	vorsichtig unterrühren, zwei Böden mit der Sahne bestreichen, zu einer Torte zusammensetzen, den dritten Boden darauf legen

FÜR DEN GUSS

200 g Puderzucker	sieben, mit
1 Doppelbeutel Rum-back	glattrühren, ¼ davon mit
roter Back- und Speisefarbe „Farbenfreude"	färben, in ein Pergamentpapiertütchen füllen, den oberen Boden der Torte mit dem weißen Guß bestreichen, mit dem roten Guß Striche auf den weißen Guß spritzen, mit einem Messerrücken hin- und herziehen, die Torte mit
Zuckerblumen	garnieren.

ZITRONENTORTE

(Foto S. 93 unten)

FÜR DEN TEIG

4 Eier 2 Eßl. heißes Wasser	mit einem Handrührgerät mit Rührbesen auf höchster Stufe in 1 Minute schaumig rühren
150 g Zucker	mit
1 Päckchen Vanillin-Zucker	mischen, in 1 Minute einstreuen, dann noch etwa 2 Minuten schlagen
100 g Weizenmehl	mit
100 g Speisestärke 2 gestrichenen Teel. Backpulver	mischen, die Hälfte davon auf die Eiercreme sieben, kurz auf niedrigster Stufe unterrühren, den Rest des Mehl-Gemisches auf dieselbe Weise unterarbeiten, den Teig in eine gefettete, mit Pergamentpapier ausgelegte Springform (Durchmesser etwa 28 cm) füllen, glattstreichen, die Form auf dem Rost in den vorgeheizten Backofen schieben
Strom:	175–200, Gas: 3–4
Backzeit:	25–30 Minuten den Tortenboden sofort nach dem Backen auf einen Kuchenrost stürzen, das Backpapier mit kaltem Wasser bestreichen, vorsichtig, aber schnell abziehen, den erkalteten Tortenboden dreimal durchschneiden

FÜR DIE FÜLLUNG

125 g Butter	zerlassen, von der Kochstelle nehmen, nach und nach
175 g Zucker	unterrühren
4 Eigelb	hinzufügen, die Masse im Wasserbad zu einer dicklichen Creme aufschlagen
125 ml (⅛ l) Zitronensaft (von 3–4 Zitronen)	unterrühren, unter ständigem Schlagen bis kurz vor dem Kochen erhitzen, die Creme unter Rühren erkalten lassen

FÜR DIE BUTTERCREME aus

1 Päckchen Pudding-Pulver Vanille-Geschmack 60 g Zucker 500 ml (½ l) Milch	nach der Vorschrift auf dem Päckchen einen Pudding zubereiten, nach und nach
250 g weiche Butter	unterrühren, den unteren Biskuitboden mit der Hälfte der Zitronencreme bestreichen, mit dem zweiten Biskuitboden bedecken, etwas andrücken, mit ⅓ der Buttercreme bestreichen, den dritten Boden darauf legen, mit der restlichen Zitronencreme bestreichen, mit dem oberen Boden bedecken, etwas andrücken, mit der Hälfte der übrigen Buttercreme die Torte ganz bestreichen, die restliche Buttercreme in einen Spritzbeutel mit Sterntülle geben und die Torte damit verzieren, mit
Zitronenscheiben, -stückchen oder -spalten	garnieren.

WEISSE SCHOKOLADENTORTE

(Foto S. 93 oben)

1 Wiener Tortenboden (fertig gekauft)	quer durchschneiden

FÜR DIE FÜLLUNG

300 g weiße Schokolade	im heißen Wasserbad zerlassen, mit
200 g Marzipan-Rohmasse 200 ml (⅕ l) Milch	verrühren
8 Blatt weiße Gelatine	in kaltem Wasser einweichen, tropfnaß in einen Topf geben, unter ständigem Rühren erwärmen, bis sie gelöst ist
500 ml (½ l) Schlagsahne	steif schlagen, zuerst die lauwarme Gelatinelösung unterschlagen, dann die Schokoladen-Marzipanmasse unterziehen, kalt stellen, bis die Creme zu erstarren beginnt
100 g Aprikosen-Konfitüre	durch ein Sieb streichen, beide Böden damit von einer Seite bestreichen, einen bestrichenen Boden mit der Konfitürenseite nach oben in eine Springform legen
2 Packungen längliche Schokoladenplätzchen	dicht nebeneinander mit der glatten Seite zur Mitte, rundherum zwischen Springformrand und Boden stellen die Schokoladen-Marzipan-Creme hineingießen, den zweiten Boden mit der Konfitürenseite auf die Füllung legen, leicht andrücken, die Torte über Nacht kalt stellen, den Springformrand lösen, die Torte vorsichtig auf eine Platte heben

FÜR DIE GLASUR

100 g weiße Kuvertüre oder Schokolade	und
100 g dunkle Kuvertüre	getrennt zerlassen, die Tortenoberfläche mit
2 Eßl. Aprikosen-Konfitüre	bestreichen, die dunkle Kuvertüre kreuz und quer mit Zwischenräumen auf die Torte gießen, die weiße Kuvertüre in die Zwischenräume gießen, mit einem Löffelstiel marmorieren, mit
Makrönchen	verzieren, kalt stellen.

ZUGER KIRSCH-TORTE

FÜR DEN BISKUITTEIG

4 Eigelb 1 Eiweiß 2–3 Eßl. heißes Wasser	mit einem Handrührgerät mit Rührbesen auf höchster Stufe in 1 Minute schaumig schlagen
100 g Zucker	mit
1 Päckchen Vanillin-Zucker	mischen, in 1 Minute einstreuen, dann noch etwa 2 Minuten schlagen
75 g Weizenmehl	mit
50 g Speisestärke 1 gestrichenen Teel. Backpulver	mischen, die Hälfte davon auf die Eiercreme sieben, kurz auf niedrigster Stufe unterrühren, den Rest des Mehl-Gemisches auf dieselbe Weise unterarbeiten den Teig in eine mit Papier ausgelegte Springform (Durchmesser etwa 28 cm) füllen, die Form auf dem Rost in den vorgeheizten Backofen schieben
Strom:	175–200
Gas:	3–4
Backzeit:	25–30 Minuten den Tortenboden gut auskühlen lassen

FÜR DIE BAISERMASSE

3 Eiweiß	steif schlagen
150 g Zucker 1 Päckchen Vanillin-Zucker	unterschlagen
100 g abgezogene, gemahlene Mandeln	vorsichtig unterheben aus der Masse zwei Baiserböden herstellen dazu jeweils die Hälfte in eine gefettete, mit Papier ausgelegte Springform (Durchmesser etwa 28 cm) geben, glattstreichen, in den vorgeheizten Backofen schieben
Strom:	100–110
Gas:	1, nach 30–40 Minuten Ofen ausschalten, Boden noch etwa 20 Minuten im Ofen stehenlassen
Backzeit:	Etwa 1 ½ Stunden sobald die Böden gebacken sind, das Papier mit Wasser bestreichen, abziehen, die Baiserböden in einem gut schließenden Kochtopf aufbewahren, damit sie nicht weich werden

FÜR DIE BUTTERCREME
aus

1 Päckchen Pudding-Pulver Himbeer-Geschmack 100 g Zucker 500 ml (½ l) Milch	nach Vorschrift auf dem Päckchen (aber mit 100 g Zucker) einen Pudding zubereiten, kalt stellen, ab und zu durchrühren
250 g Butter	geschmeidig rühren, den Pudding eßlöffelweise darunter geben (darauf achten, daß weder Butter noch Pudding zu kalt sind, da dann die sogenannte Gerinnung eintritt)

ZUM TRÄNKEN des Biskuitbodens

6 Eßl. Wasser 60 g Zucker	aufkochen, erkalten lassen
6 Eßl. Kirschwasser	hinzufügen einen der Baiserböden mit ¼ der Buttercreme bestreichen, den Biskuitboden darauf legen, mit dem Kirschwasser beträufeln, mit knapp der Hälfte der übrigen Buttercreme bestreichen, den zweiten Baiserboden darauf legen, gut andrücken, Rand und obere Schicht der Torte mit der restlichen Creme gleichmäßig bestreichen
50 g abgezogene, gehobelte Mandeln	auf einem Backblech im Backofen unter Wenden leicht gelblich rösten, erkalten lassen, den Rand der Torte damit bestreuen ein Messer in heißes Wasser tauchen, ein Gittermuster auf der Tort ziehen, kurz vor dem Servieren mit
25 g Puderzucker	bestäuben.
TIP:	Die Torte läßt sich gut schneiden, wenn sie einen Tag vor dem Verzehr gefüllt wird.

PISCHINGER TORTE

(Foto S. 95)

FÜR DEN KROKANT

1 Messerspitze Butter 60 g Zucker	so lange erhitzen, bis die Masse leicht gebräunt und der Zucker gelöst ist
125 g abgezogene, gehackte Mandeln	hinzufügen, unter Rühren erhitzen, bis der Krokant genug gebräunt ist, auf ein geöltes Backblech geben, die erkaltete Krokantmasse mit einem Teigroller zerdrücken (Foto 1 + 2)
250 g weiche Butter	mit einem Handrührgerät mit Rührbesen geschmeidig rühren, nach und nach
50 g gesiebten Puderzucker	unterrühren, so lange rühren, bis eine gebundene Masse entstanden ist
3 Eier	nach und nach unterrühren (jedes Ei etwa 1 Minute)
200 g Zartbitter-Schokolade	in kleine Stücke brechen, in einem kleinen Topf im heißen Wasserbad geschmeidig rühren, etwas abkühlen lassen, unter die

1

2

3

4

Buttercreme rühren, 2 Eßl. von der Schokoladencreme abnehmen, beiseite stellen unter die restliche Creme den Krokant rühren, auf

2 Packungen Karlsbader Oblaten (je 5 Stück)

streichen, (Foto 3) die Oblaten zu einer Torte zusammensetzen, den Tortenrand mit der zurückgelassenen Creme bestreichen (Foto 4), die Torte einige Zeit kalt stellen

100 g Zartbittere-Schokolade
etwas Kokosfett

mit
in einem kleinen Topf im heißen Wasserbad geschmeidig rühren, die Torte ganz damit bestreichen, einige Stunden kalt stellen
die Torte mit einem sehr scharfen, in heißes Wasser getauchten Messer in Stücke schneiden.

Hochzeitstorte

(Foto S. 97)

FÜR DIE TORTE

	2 Böden herstellen, dazu jeweils
250 g weiche Butter	mit einem Handrührgerät mit Rührbesen auf höchster Stufe in etwa ½ Minute geschmeidig rühren, nach und nach
250 g Zucker 1 Päckchen Vanillin-Zucker 5 Eier 1 Eigelb 1 Fläschen Rum-Aroma	unterrühren, so lange rühren, bis eine gebundene Masse entstanden ist
300 g Weizenmehl	mit
100 g Speisestärke 1 Päckchen Backpulver	mischen, sieben, abwechselnd eßlöffelweise mit
etwa 2 Eßl. Milch	auf mittlerer Stufe unterrühren (nur so viel Milch verwenden, daß der Teig schwer – reißend – von einem Löffel fällt) die Teige nacheinander in eine gefettete, mit Pergamentpapier ausgelegte Springform (Durchmesser etwa 28 cm) füllen, glattstreichen die Form auf dem Rost in den vorgeheizten Backofens schieben
Strom:	175–200
Gas:	3–4
Backzeit:	je Boden 45–55 Minuten jeden Boden nach dem Backen nach etwa 5 Minuten stürzen, erkalten lassen

FÜR DIE FÜLLUNG

	von
1 l Milch	10 Eßl. abnehmen
2 Päckchen Pudding-Pulver Vanille-Geschmack 150 g Zucker	damit anrühren, die übrige Milch zum Kochen bringen in die von der Kochstelle genommene Milch langsam das angerührte Puddingpulver geben, einmal kurz aufkochen lassen, während des Erkaltens ab und zu durchrühren
500 g Butter	geschmeidig rühren, den Pudding eßlöffelweise darunter geben
100 g gemahlene, geröstete Haselnußkerne	unter knapp die Hälfte der Buttercreme rühren
75–100 g Zartbitter-Schokolade	in kleine Stücke brechen, in einem kleinen Topf im heißen Wasserbad zu einer geschmeidigen Masse verrühren, erkalten lassen unter knapp die Hälft der Buttercreme rühren
	jeden Boden dreimal durchschneiden auf zwei Böden eine Untertasse (Durchmesser etwa 14 cm) legen, den äußeren Rand abschneiden auf drei weitere Böden einen Dessertteller (Durchmesser etwa 20 cm) legen, den äußeren Rand abschneiden die zwei größten Böden mit Nuß-Buttercreme bestreichen, aufeinandersetzen, mit dem dritten Boden bedecken die zwei mittleren Böden mit Schokoladen-Buttercreme bestreichen, aufeinandersetzen, mit dem dritten Boden bedecken die beiden kleinen Böden mit etwa ⅓ der Vanille-Buttercreme füllen, aufeinandersetzen die Ränder und die oberen Seiten der Torten mit der restlichen Vanille-Buttercreme gleichmäßig dünn bestreichen
200 g Puderzucker	sieben, mit
400 g Marzipan-Rohmasse	verkneten knapp ⅓ des Marzipans mit
grüner Lebensmittelfarbe	färben, millimeterdick ausrollen, Blüten und Blätter ausschneiden (am besten mit Hilfe einer Papierschablone) die Blüten etwas zusammendrücken knapp die Hälfte des restlichen Marzipans millimeterdick ausrollen, eine Platte (etwa 28 cm Durchmesser) ausschneiden, auf die größte zusammengesetzte Torte legen die Marzipanreste zusammenkneten, daraus Streifen in Höhe der Torte ausrollen, um die Torte legen, fest andrücken das restliche Marzipan millimeterdick ausrollen die beiden anderen Torten auf die gleiche Weise mit Marzipan bedecken und umlegen

FÜR DEN GUSS

300 g Puderzucker	sieben, mit
gut 1 Eßl. Kirschwasser 1–2 Eiweiß	verrühren, die drei Torten damit bestreichen den Guß fest werden lassen auf eine möglichst große Platte die größte Torte legen, die mittlere und die kleine Torte darauf setzen auf der Torte Rosenblüten und Blätter anordnen
100 g Puderzucker	sieben, mit
etwas Eiweiß	zu einer spriztfähigen Masse verrühren, in einen Spritzbeutel mit glatter Tüllt füllen, die Torte damit verzieren.
TIP:	Weniger arbeitsaufwendig ist es, Marzipanrosen zu kaufen und die Torte damit zu garnieren.

SCHOKOLADEN-MANDEL-TORTE

FÜR DEN TEIG

5 Eier 2 Eßl. Rum	mit einem Handrührgerät mit Rührbesen auf höchster Stufe in 1 Minute schaumig schlagen
125 g Zucker 1 Päckchen Vanillin-Zucker	mischen, in einer Minute einstreuen, dann noch 2 Minuten schlagen
100 g Weizenmehl	mit
1 gestrichenen Teel. Backpulver 25 g Kakao	mischen, die Hälfte davon auf die Eiercreme sieben, kurz auf niedrigster Stufe unterrühren, den Rest des Mehl-Gemisches mit
100 g unabgezogenen, gemahlenen Mandeln	auf dieselbe Weise unterarbeiten den Teig in eine gefettete , mit Pergamentpapier ausgelegte Springform (Durchmesser etwa 28 cm) füllen, glattstreichen die Form auf dem Rost in den vorgeheizten Backofen schieben
Strom:	175–200
Gas:	3–4
Backzeit:	25–30 Minuten den gebackenen Tortenboden aus der Form stürzen, das Papier abziehen, den Boden erkalten lassen, zweimal durchschneiden

FÜR DIE FÜLLUNG aus

1 Päckchen Pudding-Pulver Vanille-Geschmack 60 g Zucker 500 ml (½ l) kalter Milch	nach Vorschrift auf dem Päckchen einen Pudding zubereiten, den Pudding erkalten lassen, ab und zu durchrühren
250 g weiche Butter	geschmeidig rühren, den Pudding eßlöffelweise unterrühren, 3 Eßl. von der Creme in einen Spritzbeutel mit weiter, glatter Tülle geben, mit der restlichen Creme die 3 Tortenböden bestreichen, zu einer Torte zusammensetzen, den Tortenrand bestreichen
1 gehäuften Eßl. Aprikosen-Konfitüre	durch ein Sieb streichen, die Tortenoberfläche damit bestreichen (Foto 1), die Torte einige Zeit kalt stellen

1

2

FÜR DEN GUSS

100 g Zartbitter-Schokolade	in kleine Stücke brechen, mit
etwas Kokosfett	in einem kleinen Topf im heißen Wasserbad geschmeidig rühren, die Torte ganz damit bestreichen (Foto 2), auf den festgewordenen Guß eine Buttercreme-Spirale spritzen
1 Eßl. Speiseöl	in einer Pfanne erhitzen
32 abgezogene Mandeln	darin bräunen lassen (Foto 3), auf Küchenpapier erkalten lassen, die Torte damit garnieren (Foto 4).
Tip:	Die unbestrichenen Tortenböden mit 2–3 Eßl. Rum oder Weinbrand beträufeln.

PRINZREGENTEN-TORTE

	FÜR DEN TEIG
250 g weiche Margarine, z. B. Sanella oder Butter	mit einem Handrührgerät mit Rührbesen auf höchster Stufe in etwa ½ Minute geschmeidig rühren, nach und nach
250 g Zucker 1 Päckchen Vanillin-Zucker Salz	unterrühren, so lange rühren, bis eine gebundene Masse entstanden ist
4 Eier	nach und nach unterrühren (jedes Ei etwa ½ Minute)
200 g Weizenmehl	mit
50 g Speisestärke 1 gestrichener Teel. Backpulver	mischen, sieben, eßlöffelweise auf mittlerer Stufe unterrühren aus dem Teig 7 Böden herstellen, dafür jeweils etwa 2 Eßl. des Teige auf einen gefetteten Springformboden (Durchmesser etwa 28 cm) streichen (darauf achten, daß die Teiglage am Rand nicht zu dünn ist, damit der Boden dort nicht zu dunkel wird), jeden Boden ohne Springformring in den vorgeheizten Backofen schieben, hellbraun backen
Strom:	175 – 200
Gas:	3 – 4
Backzeit:	8 – 10 Minuten die Böden sofort nach dem Backen vom Springformboden lösen
	FÜR DIE BUTTERCREME aus
1 Päckchen Pudding-Pulver für Schokoladen-Pudding 100 g Zucker 500 ml (½ l) Milch	nach Vorschrift auf dem Päckchen (aber mit 100 g Zucker) einen Pudding zubereiten, kalt stellen, ab und zu durchrühren
250 g Butter	geschmeidig rühren, den Pudding eßlöffelweise darunter geben (darauf achten, daß weder Butter noch Pudding zu kalt sind, da dann die sogenannte Gerinnung eintritt), die einzelnen Böden mit der Buttercreme bestreichen, zu einer Torte zusammensetzen, die oberste Schicht muß aus einem Boden bestehen
	FÜR DEN GUSS
100 g Schokolade	mit
etwas Kokosfett	in einem kleinen Topf im heißen Wasserbad zu einer geschmeidigen Masse verrühren, die Torte damit überziehen.
Veränderung:	Etwas von der Buttercreme in einen Spritzbeutel füllen, die Torte damit verzieren, mit Schokoladenplätzchen garnieren.

3

4

ANANAS-KROKANT-CREMETORTE

(Foto S. 101 unten)

FÜR DEN TEIG

3 Eier
3–4 Eßl. heißes
Wasser mit einem Handrührgerät mit Rührbesen auf höchster Stufe in 1 Minute schaumig schlagen

150 g Zucker
1 Päckchen
Vanillin-Zucker mischen, in 1 Minute einstreuen, dann noch etwa 2 Minuten schlagen

100 g Weizenmehl mit
100 g Speisestärke
3 gestrichenen Teel.
Backpulver mischen, die Hälfte davon auf die Eiercreme sieben, kurz auf niedrigster Stufe unterrühren, den Rest des Mehl-Gemisches auf dieselbe Weise unterarbeiten
den Teig in eine gefettete, mit Pergamentpapier ausgelegte Springform (Durchmesser etwa 28 cm) füllen, glattstreichen
die Form auf dem Rost in den vorgeheizten Backofen schieben

Strom: 175–200
Gas: 3–4
Backzeit: 20–30 Minuten
sofort nach dem Backen den Tortenboden aus der Form lösen, auf einen Kuchenrost stürzen, das Pergamentpapier abziehen, den Tortenboden erkalten lassen, zweimal durchschneiden

FÜR DIE FÜLLUNG aus

1 Päckchen
Puddingpulver
Vanillegeschmack
500 ml (½ l) Milch
50 g Zucker nach der Vorschrift auf dem Päckchen einen Pudding zubereiten, den Pudding erkalten lassen, ab und zu durchrühren

FÜR DEN KROKANT

1 Eßl. Butter mit
60 g Zucker so lange erhitzen, bis die Masse leicht gebräunt und der Zucker gelöst ist

125 g abgezogene,
gehackte Mandeln hinzufügen, unter Rühren erhitzen, bis der Krokant gebräunt ist, auf ein geöltes Backblech geben, die erkaltete Krokantmasse in kleine Stücke zerstoßen

250 g weiche Butter geschmeidig rühren, den Vanillepudding eßlöffelweise unterrühren, unter die Hälfte der Buttercreme die Hälfte des Krokants rühren

500 g Ananas
(aus der Dose) abtropfen lassen, in Stücke schneiden, 16 Stücke zum Garnieren zurücklassen
den unteren Tortenboden mit

2–3 Eßl.
Ananas- oder
Aprikosen-Konfitüre bestreichen, mit den Ananasstückchen belegen, etwas von der Krokantcreme darauf streichen, mit dem mittleren Biskuitboden bedecken, die restliche Krokantcreme darauf verteilen, den oberen Tortenboden darauf legen, die Torte mit der Hälfte der zurückgelassenen Buttercreme bestreichen, auf der Tortenoberfläche mit einem feuchten Messer 16 Tortenstücke markieren
die Torte mit der restlichen Buttercreme verzieren, mit den zurückgelassenen Ananasstückchen garnieren, den Tortenrand mit Krokant bestreuen.

TIP: 1. Die Buttercreme mit 2–3 Eßl. Rum oder Weinbrand abschmecken.
2. Die Ananasstückchen zum Garnieren mit aufgelöster Gelatine bestreichen (1 Teel. Gelatine gemahlen, weiß mit 2–3 Eßl. kaltem Wasser verrühren, 10 Minuten quellen lassen, auflösen).

MIGNON-TORTE

(Foto S. 101 oben)

FÜR DEN TEIG

500 g Weizenmehl
2 gestrichenen Teel.
Backpulver mischen, in eine Rührschüssel sieben

150 g gesiebten
Puderzucker
1 Päckchen
Vanillin-Zucker
3 Eier
Salz
abgeriebene Schale
von 1 Zitrone
(unbehandelt)
300 g weiche Butter hinzufügen, die Zutaten mit einem Handrührgerät mit Knethaken zunächst kurz auf niedrigster, dann auf höchster Stufe gut durcharbeiten, anschließend auf der Tischplatte zu einem glatten Teig verkneten, sollte er kleben, ihn eine Zeitlang kalt stellen, etwas Teig dünn ausrollen, 32 kleine runde oder gezackte Plätzchen (Durchmesser etwa 2 cm) ausstechen die Plätzchen auf ein gefettetes Backblech legen, das Backblech in den vorgeheizten Backofen schieben

Strom: 175–200
Gas: 3–4
Backzeit: 8–10 Minuten
den restlichen Teig in 5 Teile teilen, jeweils einen Teig auf dem umgedrehten, gefetteten Boden einer Springform (Durchmesser etwa 28 cm) ausrollen, mehrmals mit einer Gabel einstechen, nacheinander bei gleicher Temperatur wie die Plätzchen backen

Backzeit: 12–15 Minuten

	die Tortenböden sofort nach dem Backen vom Springformboden lösen, erkalten lassen
	FÜR DIE FÜLLUNG
abgeriebene Schale von 2 Zitronen (unbehandelt)	in einen Topf geben
175 g Zucker 1 Päckchen Vanillin-Zucker 2 schwach gehäufte Eßl. Speisestärke	hinzufügen
150 ml Zitronensaft (von 3–4 Zitronen)	hinzugießen, verrühren
3 Eier	hinzufügen, die Masse unter ständigem Rühren zum Kochen bringen, von der Kochstelle nehmen, nach und nach
200 g weiche Butter	unterrühren, die Creme erkalten lassen, ab und zu durchrühren, jeweils 2 Plätzchen mit etwas Creme zusammensetzen, mit der restlichen Creme die 5 Tortenböden bestreichen, zu einer Torte zusammensetzen und den Tortenrand mit etwas Creme bestreichen die Torte einige Zeit kalt stellen
225 g gesiebten Puderzucker	mit
4–5 Eßl. Zitronensaft	zu einer dickflüssigen Masse verrühren, die zusammengesetzten Plätzchen auf der Oberseite damit bestreichen, mit jeweils einem von
16 Pistazienkernen	belegen, mit dem restlichen Guß die Torte ganz einstreichen die Plätzchen auf den Rand der Tortenoberfläche setzen, die Torte gut durchziehen lassen.

1

2

3

4

BAUMRINDEN-TORTE

(Foto oben)

FÜR DEN KNETTEIG

150 g Weizenmehl	in eine Rührschüssel sieben
40 g Zucker 100 g weiche Butter oder Margarine z. B. Sanella	hinzufügen die Zutaten mit einem Handrührgerät mit Knethaken zunächst kurz auf niedrigster, dann auf höchster Stufe gut durcharbeiten, anschließen auf der Tischplatte zu einem glatten Teig verkneten den Teig eine Zeitlang kalt stellen, ihn dann auf dem umgedrehten Boden einer Springform (Durchmesser etwa 28 cm) ausrollen, mehrmals mit einer Gabel einstechen den Springformrand darum geben die Form auf dem Rost in den vorgeheizten Backofen schieben
Strom:	200 – 225
Gas:	3 – 4
Backzeit:	Etwa 15 Minuten den Tortenboden sofort nach dem Backen vom Springformboden lösen, ihn aber auf

	dem Springformboden erkalten lassen

FÜR DEN BISKUITTEIG

150 g Marzipan-Rohmasse	mit
175 g Zucker 6 Eigelb 2 Eßl. heißem Wasser	mit einem Handrührgerät mit Rührbesen dickschaumig schlagen
abgeriebene Schale von 1 Zitrone oder Orange (unbehandelt)	hinzufügen
6 Eiweiß	steifschlagen, auf die Eigelbcreme geben
75 g Weizenmehl	mit
75 g Speisestärke 1 Messerspitze Backpulver	mischen, auf den Eierschnee sieben, alles vorsichtig miteinander vermengen den Teig auf ein gefettetes, mit Pergamentpapier ausgelegtes Backblech streichen das Papier an der offenen Seite des Backblechs zur Falte knicken, damit der Teig nicht auslaufen kann das Backblech in den vorgeheizten Backofen schieben
Strom:	200 – 225
Gas:	3 – 4
Backzeit:	10 – 15 Minuten die gebackene Biskuittplatte auf ein mit
Zucker	bestreutes Papier stürzen, das Pergamentpapier abziehen (Foto 1)

FÜR DIE FÜLLUNG aus

1 Päckchen Puddingpulver Vanille-Geschmack 500 ml (½ l) Milch	nach der Vorschrift auf dem Päckchen (aber ohne Zucker) einen Pudding kochen
200 g Nuß-Nougatmasse, z. B. von Schwartau	in Stücke schneiden, unter den heißen Pudding rühren, bis sich die Nuß-Nougatmasse völlig mit dem Pudding verbunden hat, unter Rühren erkalten lassen
250 g weiche Butter	geschmeidig rühren, nach und nach den Pudding unterrühren gut die Hälfte der Creme auf die Biskuitplatte streichen, diese in etwa 4 cm breite Streifen schneiden (Foto 2) den Knetteigboden mit
2 Eßl. Johannisbeer-Gelee	bestreichen (Foto 3), darauf – von der Mitte ausgehend – die Cremestreifen spiralförmig zusammenstellen (Foto 4) die Streifen evtl. halbieren die Torte mit der restlichen Creme ganz einstreichen, am Rand mit einer Gabel senkrecht Rillen ziehen
50 g Marzipan-Rohmasse	mit
25 g gesiebtem Puderzucker	verkneten, auf
gesiebtem Puderzucker	ausrollen, Blätter ausschneiden die Marzipanreste zu dünnen Rollen formen, in Form von Ästen auf die Torte legen, die Marzipanblätter daranlegen die Torte gut gekühlt servieren.

PANAMA-TORTE

FÜR DEN TEIG

150 g Zartbittere-Schokolade	in kleine Stücke brechen, in einem kleinen Topf im heißen Wasserbad zu einer geschmeidigen Masse verrühren
7 Eier	mit einem Handrührgerät mit Rührbesen 1 Minute auf höchster Stufe schlagen
150 g Zucker	mit
1 Päckchen Vanillin-Zucker	mischen, in 1 Minute einstreuen, dann noch 2 Minuten schlagen
25 g Weizenmehl	mit
1 gestrichenen Teel. Backpulver	mischen, sieben, mit der Schokolade,
150 g gemahlenen Haselnußkernen	kurz auf Stufe 1 unterrühren, den Teig in eine Springform (Durchmesser etwa 28 cm, Boden gefettet, mit Pergamentpapier belegt) füllen, die Form auf dem Rost in den vorgeheizten Backofen schieben
Strom:	150 – 175
Gas:	2 – 3
Backzeit:	Etwa 50 Minuten den Tortenboden erkalten lassen

FÜR DIE FÜLLUNG

150 g Butter	geschmeidig rühren
50 g Puderzucker	sieben, nach und nach mit
2 Eiern	unterrühren
100 g Zartbitter-Schokolade	in kleine Stücke brechen, in einem kleinen Topf im heißen Wasserbad zu einer geschmeidigen Masse verrühren, nach und nach eßlöffelweise unter die Buttercreme rühren, den Tortenboden einmal durchschneiden, den unteren Boden mit der Hälfte der Buttercreme bestreichen, mit dem oberen Boden bedecken, Rand und obere Seite der Torte gleichmäßig mit der restlichen Creme bestreichen, die obere Seite mit Hilfe einer Gabel oder eines Tortenkammes wellenförmig verzieren, den Rand der Torte mit
etwa 25 g abgezogezogenen, gehobelten, gebräunten Mandeln	bestreuen, nach Belieben die Torte mit
Konfekt	garnieren.

NUSSTORTE MIT VANILLECREME

FÜR DEN TEIG

7 Eier	
1 Eiweiß	mit einem Handrührgerät mit Rührbesen auf höchster Stufe in 1 Minute schaumig schlagen
175 g Zucker	mit
1 Päckchen Vanillin-Zucker	
1 Messerspitze gemahlenem Zimt	
Salz	mischen, in 1 Minute einstreuen, dann noch etwa 2 Minuten schlagen
325 g gemahlene Haselnußkerne	auf die Eiercreme geben, kurz auf niedrigster Stufe unterrühren
50 g Löffel-Biskuits	in eine Plastiktüte geben, die Tüte verschließen, die Biskuits mit einem Teigroller zerdrücken, mit
1 Teel. Backpulver	zu den übrigen Zutaten geben alle Zutaten vorsichtig miteinander vermengen den Teig in eine gefettete, mit Pergamentpapier ausgelegte Springform (Durchmesser etwa 28 cm) füllen die Form auf dem Rost in den vorgeheizten Backofen schieben
Strom:	Etwa 175
Gas:	Etwa 3
Backzeit:	45–50 Minuten den gebackenen Tortenboden auskühlen lassen, zweimal durchschneiden

FÜR DIE FÜLLUNG

1 Päckchen Soßenpulver Vanille-Geschmack	mit
1 Eßl. Zucker	
125 ml (⅛ l) Milch	verrühren
1 Becher (150 g) Crème fraîche	
1 Eigelb	unterrühren, unter ständigem Schlagen zum Kochen bringen
30 g weiche Butter	unterrühren die Masse erkalten lassen, ab und zu durchrühren, den unteren und den mittleren Tortenboden mit der Creme bestreichen, zu einer Torte zusammensetzen mit dem dritten Tortenboden bedecken
3–4 Eßl. Aprikosen-Konfitüre	durch ein Sieb streichen, mit
3–4 Eßl. Rum oder Weinbrand	zum Kochen bringen, die Torte damit bestreichen Tortenoberfläche und -rand mit
75 g gemahlenen Haselnußkernen oder Mandeln	bestreuen die Torte gut durchziehen lassen.

ÜBERRASCHUNGSTORTE

(Foto S. 105 unten)

250 ml (¼ l) Milch	mit
1 gestrichenen Eßl. Speisestärke	in einem Topf verrühren
3 Eigelb	unterrühren, unter ständigem Schlagen erhitzen, bis eine Kochblase aufsteigt
250 g Zartbitter-Schokolade	in Stücke brechen, in einem kleinen Topf im heißen Wasserbad geschmeidig rühren
150 g weiche Butter	mit einem Handrührgerät mit Rührbesen auf höchster Stufe in etwa ½ Minute geschmeidig rühren, die Schokolade unterrühren, zu der Eiercreme geben, gut verrühren den geschlossenen Ring einer Springform (Durchmesser etwa 24 cm) auf eine Tortenplatte setzen, den inneren Rand mit Pergamentpapier auslegen
125 ml (⅛ l) Milch	mit
½ Päckchen Vanillin-Zucker	verrühren, die Hälfte von
etwa 200 g Löffelbiskuits	kurz darin wenden den Boden der Tortenplatte damit auslegen, die Hälfte der Schokoladencreme darauf streichen, mit den restlichen, ebenfalls in der Vanillemilch gewendeten Löffelbiskuits bedecken, mit der restlichen Schokoladencreme bestreichen, glattstreichen, fest werden lassen
25 g Schokolade	in kleine Stücke brechen, mit
etwas Kokosfett	in einem kleinen Topf im heißen Wasserbad geschmeidig rühren, die Torte unregelmäßig damit besprenkeln.
TIP:	Die Torte gut gekühlt servieren.

ENGLISCHE MOCCATORTE

(Foto S. 105 oben rechts)

FÜR DEN TEIG

200 g weiche Butter	mit einem Handrührgerät mit Rührbesen auf höchster Stufe in etwa ½ Minute geschmeidig rühren
150 g Zucker	
1 Päckchen Vanillin-Zucker	
Salz	
200 g aufgelöste, abgekühlte Zartbitter-Schokolade	unterrühren, so lange rühren, bis eine gebundene Masse entstanden ist
5 Eier	nach und nach unterrühren (jedes Ei etwa ½ Minute)

150 g Weizenmehl	mit
50 g Speisestärke 1 gestrichenen Teel. Backpulver	mischen, sieben, abwechselnd eßlöffelweise mit
75 g gemahlenen Haselnußkernen	auf mittlerer Stufe unterrühren den Teig in eine gefettete, mit Pergamentpapier ausgelegte Springform (Durchmesser etwa 28 cm) füllen, glattstreichen die Form auf dem Rost in den vorgeheizten Backofen schieben
Strom:	175–200
Gas:	3–4
Backzeit:	Etwa 45 Minuten den Tortenboden auf einen Kuchenrost stürzen, das Pergamentpapier abziehen, den erkalteten Tortenboden zweimal durchschneiden
	FÜR DIE FÜLLUNG aus
1 Päckchen Pudding-Pulver Vanille-Geschmack 500 ml (½ l) Milch 60 g Zucker	nach der Vorschrift auf dem Päckchen einen Pudding zubereiten
5 Teel. Instant- Kaffeepulver	unter den heißen Pudding rühren den Pudding erkalten lassen, ab und zu durchrühren
250 g weiche Butter	geschmeidig rühren, den Pudding eßlöffelweise unterrühren
100 g Mokka- Sahne-Schokolade	in kleine Stücke schneiden, unter eine Hälfte der Mokka-Buttercreme rühren, den unteren und den mittleren Tortenboden mit dieser Creme bestreichen, die 3 Böden zu einer Torte zusammensetzen Tortenoberfläche und -Rand mit der Hälfte der restlichen Creme bestreichen, die verbleibende Creme in einen Spritzbeutel mit Sterntülle füllen, die Tortenoberfläche damit verzieren, mit
hellen Mokka- bohnen	garnieren.

EIN KUCHEN KOMMT SELTEN ALLEIN.
Schon die ganz kleinen Mädchen wissen, daß es für feine Kuchen mehr Förmchen gibt als Sand im Kasten.

Wenn sie dann größer werden, verliert sich meist die Vorliebe für Sandkuchen, aber die Freude an den unterschiedlichen Förmchen bleibt: kaum ein Küchenschrank, in dem nicht neben der klassischen Kastenform noch ein paar andere – runde oder eckige – auf ihren Einsatz warten!

KUCHEN IN VERSCHIEDENEN FORMEN

FRANKFURTER KRANZ

(Foto S. 107)

FÜR DEN TEIG

100 g weiche Margarine	mit einem Handrührgerät mit Rührbesen auf höchster Stufe in etwa ½ Minute geschmeidig rühren, nach und nach
150 g Zucker 1 Päckchen Vanillin-Zucker 4 Tropfen Backöl Zitrone oder ½ Fläschchen Rum-Aroma	unterrühren, so lange rühren, bis eine gebundene Masse entstanden ist
3 Eier	nach und nach unterrühren (jedes Ei etwa ½ Minute)
150 g Weizenmehl	mit
50 g Speisestärke 2 gestrichenen Teel. Backpulver	mischen, sieben, eßlöffelweise auf mittlerer Stufe unterrühren den Teig in eine gefettete Kranzform (Durchmesser 24 cm) füllen, die Form auf dem Rost in den vorgeheizten Backofen schieben
Strom:	175–200, Gas: 2–3
Backzeit:	35–45 Minuten

FÜR DIE BUTTERCREME aus

1 Päckchen Pudding-Pulver Vanille-Geschmack	mit
100 g Zucker 500 ml (½ l) kalter Milch	nach der Vorschrift auf dem Päckchen einen Pudding zubereiten, kalt stellen, ab und zu durchrühren
250 g Butter	geschmeidig rühren, den Pudding eßlöffelweise darunter geben (darauf achten, daß weder Fett noch Pudding zu kalt sind, da dann die sogenannte Gerinnung eintritt)

FÜR DEN KROKANT

etwas Butter 60 g Zucker 125 g abgezogenen, gehackten Mandeln	unter Rühren so lange erhitzen, bis der Krokant genügend gebräunt ist, ihn auf ein Stück Alufolie geben, erkalten lassen, den Kranz zweimal durchschneiden, die untere Gebäcklage mit
roter Konfitüre	bestreichen, die 3 Gebäcklagen mit Buttercreme zu einem Kranz zusammensetzen, ihn mit Creme bestreichen (etwas zurücklassen), mit Krokant bestreuen, mit zurückgelassener Creme verzieren, mit
Kirschen oder roter Konfitüre	garnieren (das Gebäck am besten einen Tag vor dem Verzehr füllen).
Veränderung:	den Kranz in einer Springform mit Rohrboden (Durchmesser etwa 24 cm) backen.

PFLAUMEN-STREUSELKUCHEN

(Foto S. 106)

FÜR DEN TEIG

1 Packung Grundteigmischung Streuselteig	mit
1 Ei, 125 g Butter	nach Vorschrift auf der Packung zubereiten ⅔ der Streusel in eine Springform (Durchmesser etwa 26 cm, Boden gefettet) geben, zu einem Boden leicht andrücken

FÜR DIE FÜLLUNG

460 g Pflaumen (aus dem Glas)	gut abtropfen lassen, gleichmäßig auf dem Teig verteilen (etwa 1 cm Teig am Rand frei lassen)
500 ml (½ l) Flüssigkeit (Pflaumensaft mit Schlagsahne aufgefüllt)	mit
2 Päckchen Garant Grieß-Pudding	nach Vorschrift auf dem Päckchen (aber nur mit ½ l Flüssigkeit) einen Pudding zubereiten, gleichmäßig auf die Pflaumen streichen, die restlichen Streusel darüber verteilen, die Form auf dem Rost auf die untere Schiene in den vorgeheizten Backofen schieben
Strom:	Etwa 175, Gas: 3–4
Backzeit:	40–50 Minuten.

RODONKUCHEN

(Foto S. 109)

FÜR DEN TEIG

200 g weiche Butter	mit einem Handrührgerät mit Rührbesen auf höchster Stufe in etwa ½ Minute geschmeidig rühren, nach und nach
200 g Zucker 1 Päckchen Vanillin-Zucker, Salz	unterrühren, so lange rühren, bis eine gebundene Masse entstanden ist
4 Eier	nach und nach unterrühren (jedes Ei etwa ½ Minute)
500 g Weizenmehl	mit
1 Päckchen Backpulver	mischen, sieben, abwechselnd eßlöffelweise mit
gut 125 ml (⅛ l) Milch	auf mittlerer Stufe unterrühren (nur so viel Milch verwenden, daß der Teig schwer - reißend - von einem Löffel fällt)
150 g Korinthen 150 g Rosinen	verlesen, vorsichtig auf mittlerer Stufe unter den Teig rühren, ihn in eine gefettete Napfkuchenform (Durchmesser etwa 24 cm) füllen, die Form auf dem Rost in den vorgeheizten Backofen schieben

Strom:	175 – 200
Gas:	2 – 3
Backzeit:	50 – 60 Minuten

	FÜR DEN GUSS nach Belieben
200 g Puderzucker	mit
30 g Kakao	mischen, sieben, mit
etwa 3 Eßl. heißem Wasser	glattrühren, so daß eine dickflüssige Masse entsteht
25 g Kokosfett	zerlassen, unterrühren den erkalteten Kuchen damit überziehen.

HEFE-NAPFKUCHEN

1 Päckchen Trocken-Backhefe	mit
1 Teel. Zucker 200 ml (⅕ l) lauwarmer Schlag-sahne	in einer kleinen Schüssel sehr sorgfältig anrühren, etwa 15 Minuten bei Zimmertemperatur stehenlassen
500 g Weizenmehl	in eine Rührschüssel sieben, in die Mitte eine Vertiefung eindrücken
125 g Zucker 1 Päckchen Vanillin-Zucker 6 Tropfen Backöl Zitrone Salz 75 g abgezogene, gemahlene Mandeln 3 Eier 200 g zerlassene, abgekühlte Margarine	an den Rand des Mehls geben die angesetzte Hefe in die Vertiefung geben die Zutaten mit einem Handrührgerät mit Knethaken zunächst auf niedrigster, dann auf höchster Stufe in etwa 5 Minuten zu einem Teig verarbeiten, den Teig an einem warmen Ort so lange stehenlassen, bis er sich sichtbar vergrößert hat, ihn dann auf höchster Stufe nochmals gut durchkneten
150 g Rosinen	verlesen, kurz auf mittlerer Stufe unterkneten den Teig in eine gefettete, mit Semmelmehl ausgestreute Napfkuchenform (Durchmesser etwa 24 cm) füllen, nochmals so lange an einem warmen Ort gehen lassen, bis er sich sichtbar vergrößert hat, in den vorgeheizten Backofen schieben
Strom:	175 – 200
Gas:	2 – 3
Backzeit:	Etwa 50 Minuten.

HOLLÄNDER KUCHEN

(Foto rechts)

1

FÜR DEN KNETTEIG

150 g Weizenmehl	mit
½ gestrichenen Teel. Backpulver	mischen, in eine Rührschüssel sieben
75 g Zucker 1 Päckchen Vanillin-Zucker Salz 1 Ei 75 g weiche Butter	hinzufügen die Zutaten mit einem Handrührgerät mit Knethaken zunächst kurz auf niedrigster, dann auf höchster Stufe gut durcharbeiten, anschließend auf der Tischplatte zu einem glatten Teig verkneten, den Teig etwa 30 Minuten kalt stellen den Teig dünn ausrollen, eine gut gefettete Rosetten- oder Springform (Durchmesser etwa 28 cm) damit auslegen, den Teigboden mit
2 Eßl. Semmelmehl	bestreuen (Foto 1)
500 g Sauerkirschen (aus dem Glas)	abtropfen lassen, auf dem Teigboden verteilen

FÜR DEN RÜHRTEIG

200 g Marzipan-rohmasse	mit
175 g weicher Butter	mit einem Handrührgerät mit Rührbesen auf höchster Stufe in etwa ½ Minute geschmeidig rühren, nach und nach
100 g Zucker 2 Eßl. Kirschwasser	unterrühren, so lange rühren, bis eine gebundene Masse entstanden ist
4 Eier	nach und nach unterrühren (jedes Ei etwa ½ Minute)
125 g Weizenmehl	mit
1 Teel. Backpulver	mischen, sieben, eßlöffelweise auf mittlerer Stufe unterrühren den Teig auf die Kirschen geben (Foto 2), glattstreichen die Form auf dem Rost in den vorgeheizten Backofen schieben
Strom:	175–200
Gas:	3–4
Backzeit:	Etwa 1 Stunde den Kuchen nach dem Backen etwa 5 Minuten in der Form stehen lassen, dann stürzen
125 g Puderzucker	sieben, mit
2 Eßl. Kirschsaft	zu einer dickflüssigen Masse verrühren, die Kuchenoberfläche damit bestreichen (Foto 3), den Kuchenrand mit
gehobelten, gebräunten Mandeln	bestreuen.

2

3

ZWETSCHEN-KUCHEN

	FÜR DEN BELAG
1–1,2 kg Zwetschen	*waschen, abtrocknen, entsteinen*
	FÜR DEN TEIG
100 g weiche Butter	*mit*
100 g Marzipan-Rohmasse	*mit einem Handrührgerät mit Rührbesen auf höchster Stufe in etwa ½ Minute geschmeidig rühren, nach und nach*
80 g Zucker Salz 2 Teel. abgeriebene Schale von 1 Zitrone (unbehandelt)	*unterrühren, so lange rühren, bis eine gebundene Masse entstanden ist*
3 Eier	*nach und nach unterrühren (jedes Ei etwa ½ Minute)*
200 g Weizenmehl	*mit*
2 gestrichenen Teel. Backpulver	*mischen, sieben, eßlöffelweise auf mittlerer Stufe unterrühren, zuletzt*
2 Eßl. saure Sahne	*unterrühren*
50 g abgezogene, gehobelte Mandeln	*in einer Pfanne ohne Fett unter Rühren goldbraun rösten, mit den Händen leicht zerbröseln, eine gefettete Springform (Durchmesser etwa 28 cm) damit ausstreuen den Teig in die Form füllen, glattstreichen, die Zwetschen sehr dicht dachziegelartig darauf legen*
	FÜR DIE MANDELMASSE
60 g Butter oder Margarine z. B. Sanella	*mit*
60 g Zucker 2 Eßl. Honig 1 Messerspitze gemahlenem Zimt	*in einem Topf unter Rühren zum Kochen bringen*
150 g unabgezogene Mandeln	*in Scheiben schneiden, mit*
3 Teel. Weizenmehl	*unter die Buttermasse rühren, noch einmal kurz aufkochen lassen die heiße Mandelmasse auf den Zwetschen verteilen die Form auf dem Rost in den vorgeheizten Backofen schieben*
Strom:	*Etwa 200*
Gas:	*3–4*
Backzeit:	*40–45 Minuten den gebackenen Kuchen in der Form erkalten lassen, mit einem scharfen Messer vom Springformrand lösen, auf eine Tortenplatte schieben.*
Beigabe:	*Leicht gesüßte, mit Sliwowitz gewürzte Schlagsahne.*

KÖNIGLICHER APFELKUCHEN

(Foto oben)

FÜR DEN TEIG I

1 Packung Grundteigmischung Streuselteig	mit
1 Ei	
125 Butter	nach der Vorschrift auf der Packung zubereiten, die Hälfte der Streusel in eine gefettete Springform (Durchmesser etwa 28 cm) geben, zu einem Boden leicht andrücken, die Form auf dem Rost in den vorgeheizten Backofen schieben
Strom:	175 – 200
Gas:	3 – 4
Backzeit:	15 – 20 Minuten
	sofort nach dem Backen den Tortenboden vom Springformboden lösen, auf einem Kuchenrost erkalten lassen

FÜR DEN TEIG II

½ Packung (250 g) Grundmischung Rührkuchen	mit
100 g weicher Butter	
2 Eiern	
30 ml (2 Eßl.) Wasser	nach der Vorschrift auf der Packung zubereiten
	den Teig in eine gefettete Springform (Durchmesser etwa 28 cm) geben, glattstreichen

FÜR DEN BELAG

etwa 750 g Äpfel	schälen, vierteln, entkernen, mehrmals der Länge nach einritzen, kranzförmig auf den Teig legen (1 cm Teig am Rand frei lassen)
	die restlichen Streusel so darüber verteilen, daß die Äpfel möglichst frei bleiben
Strom:	175 – 200
Gas:	3 – 4
Backzeit:	50 – 60 Minuten

ZUM BESTREICHEN

gut 2 Eßl. Aprikosen-Konfitüre — durch ein Sieb streichen, mit
1 Teel. Wasser — unter Rühren aufkochen lassen, die noch warmen Äpfel damit bestreichen, das Gebäck erkalten lassen
den Streuselboden mit
2–3 Eßl. Johannisbeergelee — bestreichen, den erkalteten Apfelkuchen darauf setzen, mit
Puderzucker — bestäuben.

APFELKUCHEN, SEHR FEIN

(Foto oben)

FÜR DEN TEIG

125 g weiche Margarine oder Butter — mit einem Handrührgerät mit Rührbesen auf höchster Stufe in etwa ½ Minute geschmeidig rühren, nach und nach
125 g Zucker
1 Päckchen Vanillin-Zucker, Salz
4 Tropfen Backöl Zitrone — unterrühren, so lange rühren, bis eine gebundene Masse entstanden ist
3 Eier — nach und nach unterrühren (jedes Ei etwa ½ Minute)
200 g Weizenmehl — mit
2 gestrichenen Teel. Backpulver — mischen, sieben, abwechselnd eßlöffelweise mit
1–2 Eßl. Milch — auf mittlerer Stufe unterrühren (nur so viel Milch verwenden, daß der Teig schwer - reißend - von einem Löffel fällt) den Teig in eine Springform (Durchmesser etwa 28 cm, Boden gefettetet) füllen, glattstreichen

FÜR DEN BELAG

750 g Äpfel — schälen, vierteln, entkernen, mehrmals der Länge nach einritzen, kranzförmig auf den Teig legen, die Form auf dem Rost in den vorgeheizten Backofen schieben
Strom: 175–200, Gas: 3–4
Backzeit: 40–50 Minuten

ZUM APRIKOTIEREN

2 Eßl. durch ein Sieb gestrichene Aprikosen-Konfitüre — mit
1 Eßl. Wasser — unter Rühren aufkochen lassen, den Kuchen sofort nach dem Backen damit bestreichen.
Veränderung: Anstelle der Äpfel 600 g entsteinte Sauerkirschen verwenden.

NAPFKUCHEN MIT SCHOKOLADENSTÜCKCHEN

250 g Butter — mit einem Handrührgerät mit Rührbesen auf höchster Stufe in etwa ½ Minute geschmeidig rühren, nach und nach
250 g Zucker
1 Päckchen Vanillin-Zucker
Salz — unterrühren, so lange rühren, bis eine gebundene Masse entstanden ist
3–4 Eier — nach und nach unterrühren (jedes Ei etwa ½ Minute)
375 g Weizenmehl — mit
125 g Speisestärke
1 Päckchen Backpulver — mischen, sieben, abwechselnd eßlöffelweise mit
gut 125 ml (⅛ l) Milch — auf mittlerer Stufe unterrühren
100 g Zartbitter-Schokolade — in kleinen Stücken unter den Teig heben, ihn in eine gefettete Napfkuchenform (Durchmesser 22 cm) füllen, die Form auf dem Rost in den vorgeheizten Backofen schieben
Strom: 175–200, Gas: 3–4
Backzeit: 50–60 Minuten
den erkalteten Kuchen mit
Puderzucker — bestäuben.

PFLAUMENKUCHEN MIT WEINCREME

FÜR DEN TEIG

125 g Weizenmehl	in eine Rührschüssel sieben
25 g Zucker 1 Päckchen Vanillin-Zucker, Salz 125 g Magerquark 125 g weiche Butter	hinzufügen die Zutaten mit einem Handrührgerät mit Knethaken zunächst kurz auf niedrigster, dann auf höchster Stufe gut durcharbeiten, anschließend auf der Tischplatte zu einem glatten Teig kneten den Teig ½ – 1 Stunde kalt stellen den Teig ausrollen, eine gefettete Springform (Durchmesser etwa 28 cm) damit auslegen, den Teig am Springformrand hochdrücken, so daß ein etwa 3 cm hoher Rand entsteht, mit
2 Eßl. Semmelmehl	bestreuen

FÜR DEN BELAG

1 kg Pflaumen	waschen, abtrocknen, entsteinen, die Pflaumen mit der Innenseite nach oben schuppenförmig auf dem Tortenboden anordnen, die Form auf dem Rost in den vorgeheizten Backofen schieben
Strom:	Etwa 200
Gas:	3 – 4
Backzeit:	Etwa 45 Minuten den gebackenen Kuchen erkalten lassen
1 Packung Rotweincreme	nach der Vorschrift auf der Packung zubereiten
250 ml (¼ l) Schlagsahne	fast steif schlagen
1 Päckchen Sahnesteif 1 Teel. Zucker	einstreuen, die Sahne steif schlagen, die Hälfte der Sahne unter die Rotweincreme heben, auf die Pflaumen streichen, die restliche Sahne in einen Spritzbeutel mit Sterntülle füllen, Torte und Sahne im Spritzbeutel kalt stellen, sobald die Rotweincreme fest geworden ist, einen Sahnerand um die Torte spritzen und die Tortenmitte mit
1 – 2 Eßl. Raspelschokolade	bestreuen.

KOKOSKUCHEN

FÜR DEN TEIG

200 g weiche Margarine oder Butter	mit einem Handrührgerät mit Rührbesen auf höchster Stufe in etwa ½ Minute geschmeidig rühren, nach und nach
200 g Zucker 1 Päckchen Vanillin-Zucker Salz 3 Tropfen Backöl Bittermandel	unterrühren, so lange rühren, bis eine gebundene Masse entstanden ist
3 Eier	nach und nach unterrühren (jedes Ei etwa ½ Minute)
250 g Weizenmehl	mit
125 g Speisestärke 4 gestrichenen Teel. Backpulver	mischen, sieben, abwechselnd eßlöffelweise mit
5 – 6 Eßl. Milch	auf mittlerer Stufe unterrühren den Teig in eine gefettete Kranzform (Durchmesser etwa 24 cm) füllen

FÜR DIE KOKOSMASSE

75 g Kokosfett	zerlassen, abkühlen lassen
50 g Puderzucker	mit
30 g Kakao	in eine Rührschüssel sieben
1 Ei	und nach und nach das Kokosfett unterrühren
100 g Kokosraspeln	hinzufügen, unterrühren, die Kokosmasse sofort auf dem Teig verteilen (sie darf noch nicht fest sein), mit einer Gabel spiralförmig durch die beiden Schichten ziehen die Form auf dem Rost in den vorgeheizten Backofen schieben
Strom:	175 – 200
Gas:	3 – 4
Backzeit:	50 – 60 Minuten.

APRIKOSEN-NUSSKUCHEN

FÜR DEN TEIG

250 g Butter	mit einem Handrührgerät mit Rührbesen auf höchster Stufe in etwa ½ Minute geschmeidig rühren, nach und nach
200 g Zucker 1 Päckchen Vanillin-Zucker 3 Tropfen Backöl Bittermandel	unterrühren, so lange rühren, bis eine gebundene Masse entstanden ist
4 Eier	nach und nach unterrühren (jedes Ei etwa ½ Minute)
300 g Weizenmehl	mit
2 gestrichenen Teel. Backpulver	mischen, sieben, abwechselnd eßlöffelweise mit
2 – 3 Eßl. Weinbrand 100 g gemahlenen Haselnußkernen	auf mittlerer Stufe unterrühren, die Hälfte des Teiges in die gefettete Kranzform (Durchmesser etwa 24 cm) füllen, in die Mitte des Teiges der Länge nach mit einem Eßlöffel eine Vertiefung eindrücken

FÜR DIE FÜLLUNG

etwa 450 g Aprikosen (aus der Dose)	gut abtropfen lassen, in Würfel schneiden, in die Vertiefung geben, leicht andrücken, den restlichen Teig darüber verteilen, die Form auf dem Rost in den vorgeheizten Backofen schieben
Strom:	175 – 200, Gas: 3 – 4
Backzeit:	Etwa 65 Minuten den Kuchen nach dem Erkalten mit
Puderzucker	bestäuben.

TIROLER KRANZKUCHEN

(Foto oben)

200 g weiche Margarine z. B Sanella	mit einem Handrührgerät mit Rührbesen auf höchster Stufe in etwa ½ Minute geschmeidig rühren, nach und nach
175 g Zucker	unterrühren, so lange rühren, bis eine gebundene Masse entstanden ist
3 Eier	mit
3 Eigelb	nach und nach unterrühren (jeweils etwa ½ Minute) (Foto 1)
abgeriebene Schale von ½ Zitrone (unbehandelt)	
1 Teel. gemahlenen Zimt, Salz	
200 g gemahlene Haselnußkerne	unterrühren
125 g Weizenmehl	mit
1 Teel. Backpulver	mischen, sieben, eßlöffelweise auf mittlerer Stufe unterrühren
3 Eiweiß	steif schlagen, unterheben (Foto 2)
200 g Zartbitter-Schokolade	in kleine Stücke schneiden, unterheben den Teig in eine gut gefettete Kranzform (Durchmesser etwa 24 cm) füllen die Form auf dem Rost in den vorgeheizten Backofen schieben
Strom:	Etwa 175
Gas:	Etwa 3
Backzeit:	Etwa 70 Minuten den Kuchen aus der Form stürzen, erkalten lassen (Foto 3), mit
Puderzucker	bestäuben.

BIRNENKUCHEN

(Foto rechts)

	FÜR DEN TEIG
250 g Weizenmehl	in eine Rührschüssel sieben
etwa 3 Eßl. kaltes Wasser	
1–2 Eßl. Zucker	
Salz	
75 g Margarine z. B. Sanella	
75 g Schweineschmalz	hinzufügen alle Zutaten mit einem Handrührgerät mit Knethaken zunächst kurz auf niedrigster, dann auf höchster Stufe gut durcharbeiten, anschließend auf der Tischplatte zu einem glatten Teig verkneten, sollte er kleben, ihn etwa 1 Stunde kalt stellen
	FÜR DIE FÜLLUNG
1 kg Birnen	schälen, vierteln, entkernen, in Stücke schneiden, mit
4 Eßl. Zitronensaft	beträufeln
50 g braunen Rohrzucker	mit
1 Messerspitze gemahlenem Zimt	
1 Messerspitze gemahlenen Nelken	vermengen, mit
50 g gemahlenen Haselnußkernen	
30 g in Scheiben geschnittenen Haselnußkernen	zu den Birnen geben, alles vorsichtig vermengen, die Hälfte des Teiges ausrollen, den Boden und Rand einer Springform (Durchmesser etwa 28 cm) damit auslegen (Rand etwa 3 cm hoch), mit
1 Eßl. Semmelmehl	bestreuen, die Birnenmasse darauf verteilen, den Teigrand in der Springform mit
Kondensmilch	bestreichen, den restlichen Teig etwas größer als den Springformboden ausrollen, die Teigdecke auf die Birnen legen, festdrücken, überstehenden Teig abschneiden, aus den Teigresten Figuren ausschneiden die untere Seite mit Kondensmilch bestreichen, auf die Teigdecke kleben, die Teigdecke mit
etwa 30 g zerlassener Butter	bestreichen, mit
1–2 Eßl. braunem Rohrzucker	bestreuen, die Form auf dem Rost in den vorgeheizten Backofen schieben
Strom:	200–225
Gas:	4–5
Backzeit:	Etwa 45 Minuten.
Beigabe:	Geschlagene Sahne.

KÄSEKUCHEN MIT STREUSELN

(Foto S. 117)

	FÜR DEN TEIG
150 g Weizenmehl	mit
½ gestrichenen Teel. Backpulver	mischen, in eine Rührschüssel sieben
75 g Zucker	
1 Päckchen Vanillin-Zucker	
Salz, 1 Ei	
75 g weiche Butter	hinzufügen die Zutaten mit einem Handrührgerät mit Knethaken zunächst kurz auf niedrigster, dann auf höchster Stufe gut durcharbeiten,

	anschließend auf der Tischplatte zu einem glatten Teig verkneten, sollte er kleben, ihn eine Zeitlang kalt stellen
	gut ⅔ des Teiges auf dem gefetteten Boden einer Springform (Durchmesser etwa 28 cm) ausrollen, unter den Rest des Teiges
1 gestrichenen Eßl. Weizenmehl	kneten, zu einer Rolle formen, sie als Rand auf den Teigboden legen, so an die Form drücken, daß ein etwa 3 cm hoher Rand entsteht, den Teigboden mehrmals mit einer Gabel einstechen, die Form auf dem Rost in den vorgeheizten Backofen schieben
Strom:	200 – 225
Gas:	3 – 4
Backzeit:	Etwa 10 Minuten

	FÜR DIE FÜLLUNG
750 g Speisequark	mit
150 g Zucker	
3 Eßl. Zitronensaft	
50 g Speisestärke	
3 Eigelb	gut verrühren
3 Eiweiß	steif schlagen
250 ml (¼ l) Schlagsahne	steif schlagen, beide Zutaten unter die Quarkmasse heben, gleichmäßig auf den vorgebackenen Boden streichen
	FÜR DIE STREUSEL
100 g Weizenmehl	in eine Rührschüssel sieben
75 g Zucker	
1 Päckchen Vanillin-Zucker	
75 g weiche Butter	hinzufügen, mit dem Handrührgerät mit Knethaken zu Streuseln von gewünschter Größe verarbeiten, gleichmäßig auf der Füllung verteilen, die Form auf dem Rost in den vorgeheizten Backofen schieben
Strom:	Etwa 175
Gas:	2 – 3
Backzeit:	70 – 80 Minuten
	den Kuchen nach der Backzeit (Backofen ausschalten) noch 15 Minuten bei geöffneter Backofentür im Backofen stehenlassen.

OBSTKUCHEN AUF FRANZÖSISCHE ART

FÜR DEN TEIG

200 g Weizenmehl	in eine Rührschüssel sieben
1 Päckchen Vanillin-Zucker	
Salz, 1 Ei	
100 g weiche Butter	hinzufügen

die Zutaten mit einem Handrührgerät mit Knethaken zunächst kurz auf niedrigster, dann auf höchster Stufe gut durcharbeiten, anschließend auf der Tischplatte zu einem glatten Teig verkneten, ihn eine Zeitlang kalt stellen den Teig auf einem bemehlten Küchentuch ausrollen (Foto 1), eine gefettete Tarte-Form damit auslegen

FÜR DEN BELAG

250 g Aprikosen	waschen, halbieren, entsteinen
3 mittelgroße Äpfel	
2 Birnen	

die Früchte schälen, vierteln, entkernen, in Spalten schneiden den Teig mit den Früchte belegen (Foto 2)

FÜR DEN GUSS

2 Eigelb	mit
250 ml (¼ l) Schlagsahne	verschlagen

1

2

3

4

60 g Zucker 1 Päckchen Vanillin-Zucker 2 gestrichene Eßl. Speisestärke	unterrühren, die Masse über das Obst verteilen (Foto 3) die Form auf dem Rost in den vorgeheizten Backofen schieben
Strom:	175 – 200, Gas: 3 – 4
Backzeit:	Etwa 50 Minuten

ZUM APRIKOTIEREN

4 – 5 Eßl. Aprikosen-Konfitüre (durch ein Sieb gestrichen)	unter Rühren aufkochen lassen, den Kuchen sofort nach dem Backen damit bestreichen (Foto 4).

KIRSCH-MANDELKUCHEN

FÜR DEN TEIG

150 g Weizenmehl	mit
½ gestrichenen Teel. Backpulver	mischen, in eine Rührschüssel sieben
50 g Zucker 1 Päckchen Vanillin-Zucker 1 Eiweiß 100 g weiche Butter	hinzufügen, die Zutaten mit einem Handrührgerät mit Knethaken zunächst kurz auf niedrigster, dann auf höchster Stufe gut durcharbeiten, anschließend auf der Tischplatte zu einem glatten Teig verkneten, sollte er kleben, ihn eine Zeitlang kalt stellen, ⅔ des Teiges auf dem Boden einer gefetteten Springform (Durchmesser etwa 28 cm) ausrollen den Rest des Teiges zu einer Rolle formen, sie als Rand auf den Boden legen, so an die Form drücken, daß der Rand 1 – 2 cm hoch wird den Teigboden mehrmals mit einer Gabel einstechen, mit
1 gehäuften Eßl. Semmelmehl	bestreuen

FÜR DEN BELAG

500 g entsteinte Sauerkirschen (aus dem Glas)	gut abtropfen lassen, auf dem Teigboden verteilen
1 Eigelb	mit
75 g Zucker 1 Päckchen Vanillin-Zucker 3 Eßl. Schlagsahne 15 g Speisestärke	verrühren
100 g abgezogene, gehobelte Mandeln	unterrühren, die Masse auf die Kirschen verteilen, die Form auf dem Rost in den vorgeheizten Backofen schieben
Strom:	175 – 200, Gas: 2 – 3
Backzeit:	Etwa 45 Minuten.

KIRSCH-SCHOKOLADEN-KUCHEN

FÜR DIE FÜLLUNG

Etwa 460 g entsteinte Sauerkirschen (aus dem Glas)	abtropfen lassen, 250 ml (¼ l) Saft abmessen (evtl. mit Wasser ergänzen)
30 g Speisestärke	mit 4 Eßl. von dem Saft anrühren, den übrigen Saft zum Kochen bringen, die Speisestärke unter Rühren in den von der Kochstelle genommenen Saft geben, kurz aufkochen lassen, die Kirschen unterrühren, die Masse kalt stellen, mit
25 g Zucker	abschmecken

FÜR DEN TEIG

175 g weiche Margarine z. B. Sanella	mit einem Handrührgerät mit Rührbesen auf höchster Stufe in etwa ½ Minute geschmeidig rühren, nach und nach
125 g Zucker 1 Päckchen Vanillin-Zucker Salz ½ Fläschchen Rum-Aroma	unterrühren, so lange rühren, bis eine gebundene Masse entstanden ist
2 Eier	nach und nach unterrühren (jedes Ei etwa ½ Minute)
300 g Weizenmehl	mit
3 gestrichene Teel. Backpulver	mischen, sieben, abwechselnd eßlöffelweise mit
etwa 3 Eßl. Milch	auf mittlerer Stufe unterrühren (nur so viel Milch verwenden, daß der Teig schwer - reißend - von einem Löffel fällt), etwa ⅔ des Teiges in eine Springform (Durchmesser etwa 28 cm, Boden gefettet) füllen, glattstreichen, die Kirschmasse darauf verteilen
15 g Kakao	sieben, mit
25 g Zucker 1 Eßl. Milch	unter den Rest des Teiges rühren, so daß er wieder schwer vom Löffel fällt, den dunklen Teig auf die Kirschen streichen, die Form auf dem Rost in den vorgeheizten Backofen schieben
Strom:	175 – 200
Gas:	3 – 4
Backzeit:	Etwa 55 Minuten den gebackenen Kuchen erkalten lassen

FÜR DEN GUSS

125 g Puderzucker	mit
25 g Kakao	mischen, sieben, mit
1 kleinen Ei	verrühren
100 g Kokosfett	erhitzen, nach und nach unterrühren, den erkalteten Kuchen mit dem Schokoladenguß bestreichen.

HEIDELBEER-KUCHEN

(Foto S. 121 oben)

FÜR DEN BELAG

1 kg Heidelbeeren	verlesen, waschen, gut abtropfen lassen

FÜR DEN TEIG

200 g Weizenmehl	mit
4 gestrichenen Teel. Backpulver	mischen, in eine Rührschüssel sieben
100 g Speisequark 1 Eßl. Milch 4 Eßl. Speiseöl 1 Ei 50 g Zucker 1 Päckchen Vanillin-Zucker Salz	hinzufügen die Zutaten mit einem Handrührgerät mit Knethaken auf höchster Stufe etwa 1 Minute verarbeiten, auf der Tischplatte zu einer Rolle formen den Teig auf dem Boden einer gefetteten Springform (Durchmesser etwa 28 cm) ausrollen, am Rand etwas hochdrücken die Heidelbeeren gleichmäßig auf dem Teig verteilen

FÜR DEN GUSS

50 g Butter	geschmeidig rühren, nach und nach
100 g Zucker 250 g Speisequark 1 Ei 1 Päckchen Soßen-Pulver Vanille-Geschmack 5 Eßl. kalte Milch	unterrühren den Guß über die Heidelbeeren verteilen die Form auf dem Rost in den vorgeheizten Backofen schieben
Strom:	175 – 200
Gas:	2 – 3
Backzeit:	60 – 70 Minuten den Kuchen in der Form erkalten lassen.

NAPOLEONS-KUCHEN

(Foto S. 121 links)

FÜR DEN TEIG

300 g weiche Butter	mit einem Handrührgerät mit Rührbesen auf höchster Stufe in etwa ½ Minute geschmeidig rühren, nach und nach
125 g Zucker 1 Päckchen Rum-back z. B. von Schwartau	unterrühren, so lange rühren, bis eine gebundene Masse entstanden ist
7 Eigelb	nach und nach unterrühren (jedes Ei etwa ½ Minute)
150 g Weizenmehl	mit
1 Päckchen Back-pulver	mischen, sieben, eßlöffelweise auf mittlerer Stufe unterrühren
150 g gemahlene Haselnußkerne 150 g Schokoladen-streusel	auf mittlerer Stufe unterrühren
7 Eiweiß	steif schlagen
125 g Zucker	unterschlagen, vorsichtig unterheben den Teig in eine gefettete Napfkuchenform füllen, die Form auf dem Rost in den vorgeheizten Backofen schieben
Strom:	Etwa 175
Gas:	Etwa 3
Backzeit:	Etwa 65 Minuten.

MARMORKUCHEN

(Foto S. 121 rechts unten)

300 g weiche Margarine z. B. Sanella	mit einem Handrührgerät mit Rührbesen auf höchster Stufe in etwa ½ Minute geschmeidig rühren, nach und nach
275 g Zucker 1 Päckchen Vanillin-Zucker 1 Fläschchen Rum-Aroma Salz	unterrühren, so lange rühren, bis eine gebundene Masse entstanden ist
5 Eier	nach und nach unterrühren (jedes Ei etwa ½ Minute)
375 g Weizenmehl	mit
4 gestrichenen Teel. Backpulver	mischen, sieben, abwechselnd eßlöffel-weise mit
etwa 3 Eßl. Milch	auf mittlerer Stufe unterrühren (nur so viel Milch verwenden, daß der Teig schwer - reißend - von einem Löffel fällt), ⅔ des Teiges in eine gefettete Napfkuchenform (Durchmesser etwa 24 cm) füllen
20 g Kakao	sieben, mit
20 g Zucker 2 – 3 Eßl. Milch	unter den Rest des Teiges rühren, so daß er wieder schwer vom Löffel fällt, den dunklen Teig auf dem hellen verteilen, mit einer Gabel spiralförmig durch die Teig-schichten ziehen, damit ein Marmormuster entsteht, die Form auf dem Rost in den vorgeheizten Backofen schieben
Strom:	175 – 200
Gas:	2 – 3
Backzeit:	50 – 65 Minuten den erkalteten Kuchen mit
Puderzucker	bestäuben.

KOKOSKRANZ

(Foto rechts)

	FÜR DEN TEIG
200 g Butter	zerlassen
4 Eier	mit einem Handrührgerät mit Rührbesen auf höchster Stufe 1 ½ – 2 Minuten schlagen, dabei eßlöffelweise
200 g Zucker	
1 Päckchen Vanillin-Zucker	unterschlagen
100 g Weizenmehl	mit
100 g Speisestärke	
1 gestrichenen Teel. Backpulver	mischen, sieben, eßlöffelweise auf niedrigster Stufe unterrühren
125 g Kokosraspeln	hinzufügen, die heiße Butter nach und nach unterrühren, den Teig in eine gut gefettete, mit Weizenmehl ausgestreute Kranzform geben, glattstreichen, die Form auf dem Rost in den vorgeheizten Backofen schieben
Strom:	Etwa 175, Gas: Etwa 3
Backzeit:	Etwa 55 Minuten
	den Kuchen sofort nach dem Stürzen aprikotieren

ZUM APRIKOTIEREN

2 Eßl. Aprikosen-Konfitüre	durch ein Sieb streichen, mit
2 Eßl. Wasser oder weißem Rum	zum Kochen bringen, den Kuchen damit bestreichen, mit
30–40 g Kokosraspeln	ganz bestreuen, mit
etwa 30 g aufgelöster, dunkler Speisefettglasur, z. B. von Schwartau	besprenkeln.

APFEL-MOHNKUCHEN

(Foto S. 122 unten)

FÜR DEN TEIG

200 g Weizenmehl	mit
1 gestrichenen Teel. Backpulver	mischen, in eine Rührschüssel sieben
125 g Zucker 1 Päckchen Vanillin-Zucker Salz ½ Eigelb 1 Eiweiß 125 g weiche Butter	hinzufügen, die Zutaten mit einem Handrührgerät mit Knethaken zunächst kurz auf niedrigster, dann auf höchster Stufe gut durcharbeiten, zuletzt
150 g gemahlene, leicht geröstete Haselnußkerne	unterheben, den Teig auf der Tischplatte gut verkneten, sollte er kleben, ihn eine Zeitlang kalt stellen

FÜR DIE MOHN-FÜLLUNG

250 g frisch gemahlenen Mohn	mit
150 ml heißer Milch 50 g Butter	gut verrühren, etwa 15 Minuten zum Quellen stehenlassen, kalt stellen

FÜR DIE APFEL-FÜLLUNG

etwa 1 kg Äpfel (z. B. Boskop)	schälen, vierteln, entkernen, in sehr kleine Stücke schneiden, mit
75 g Zucker 1 Messerspitze gemahlenem Zimt	unter Rühren leicht dünsten lassen, kalt stellen, knapp ⅓ des Teiges dünn ausrollen, mit einer runden, gezackten Form (Durchmesser etwa 3 cm) Plätzchen ausstechen, beiseite legen, gut die Hälfte des restlichen Teiges auf dem gefetteten Boden einer Springform (Durchmesser etwa 28 cm) ausrollen, den Rest des Teiges zu einer Rolle formen, sie als Rand auf den Teigboden legen, so an die Form drücken, daß ein etwa 3 cm hoher Rand entsteht unter die abgekühlte Mohnmasse
1 Päckchen Soßen-Pulver Vanille-Geschmack 125 g Zucker 1 Ei	rühren, auf den Teigboden streichen, die erkaltete Apfel-Füllung gleichmäßig darauf verteilen, mit den Teigplätzchen belegen
½ Eigelb	mit
1 Teel. Milch	verschlagen, die Teigplätzchen damit bestreichen, die Form auf dem Rost in den vorgeheizten Backofen schieben
Strom:	175–200
Gas:	3–4
Backzeit:	Etwa 40 Minuten.

KIRSCHKUCHEN MIT MANDELN

4 Eier	mit einem Handrührgerät mit Rührbesen auf höchster Stufe in 1 Minute schaumig schlagen
200 g Zucker	mit
1 Päckchen Vanillin-Zucker 1 Messerspitze gemahlenem Zimt 1 Messerspitze gemahlenen Nelken abgeriebener Schale von ½ Zitrone (unbehandelt)	mischen, in 1 Minute einstreuen, dann noch etwa 2 Minuten schlagen
200 g unabgezogene, gemahlene Mandeln 4 Eßl. Semmelmehl 1 Teel. Backpulver	mischen, die Hälfte davon auf die Eiercreme geben, kurz auf niedrigster Stufe unterrühren, den Rest des Mandel-Semmel-Gemisches auf dieselbe Weise unterarbeiten, die Hälfte des Teiges in eine gefettete, mit Pergamentpapier ausgelegte Springform (Durchmesser etwa 28 cm) füllen
etwa 900 g Sauerkirschen (aus dem Glas)	abtropfen lassen, die Hälfte auf dem Teig verteilen, den restlichen Teig darauf geben die restlichen Kirschen darauf verteilen, die Form auf dem Rost in den vorgeheizten Backofen schieben
Strom:	Etwa 175
Gas:	Etwa 3
Backzeit:	Etwa 1 Stunde den erkalteten Kuchen aus der Form stürzen, das Pergamentpapier abziehen, den Kuchen mit
gesiebtem Puderzucker	bestäuben.

1

APFELKUCHEN MIT MANDEL-BLÄTTCHEN

FÜR DEN TEIG

150 g Butter oder Margarine	mit einem Handrührgerät mit Rührbesen auf höchster Stufe in etwa ½ Minute geschmeidig rühren, nach und nach
125 g gesiebten Puderzucker Salz	unterrühren, so lange rühren, bis eine gebundene Masse entstanden ist
abgeriebene Schale von 1 Zitrone (unbehandelt) 1½ Eßl. Portwein 3 Eier	nach und nach unterrühren (jedes Ei etwa ½ Minute)
150 g Weizenmehl	mit
40 g Speisestärke ½ Teel. Backpulver	mischen, sieben, eßlöffelweise auf mittlerer Stufe unterrühren, den Teig in eine gut gefettete Form (30×20 cm) geben (Foto 1), glattstreichen

FÜR DEN BELAG

1 kg mittelgroße Äpfel (z. B. Boskop)	schälen, das Kerngehäuse mit einem Apfelausstecher ausstechen, die Äpfel halbieren, die gewölbte Apfelfläche mehrmals mit einem Messer einschneiden (Foto 2) die Apfelhälften in dem Saft von
1 Zitrone	schwenken, dicht nebeneinander in den Teig drücken (Foto 3), mit
50 g abgezogenen, gehobelten Mandeln 25 g Hagelzucker	bestreuen, das Backblech in den vorgeheizten Backofen schieben
Strom:	Etwa 175, Gas: 2–3
Backzeit:	45–50 Minuten

FÜR DIE GLASUR

125 g Aprikosen-Konfitüre	durch ein Sieb streichen, mit
4 Eßl. Wasser	verrühren, zum Kochen bringen, 2–3 Minuten kochen lassen den gebackenen Kuchen dünn mit der heißen Konfitüre bestreichen (Foto 4).

MAKRONEN-KUCHEN

FÜR DEN TEIG

200 g weiche Margarine z. B. Sanella	mit einem Handrührgerät mit Rührbesen auf höchster Stufe in etwa ½ Minute geschmeidig rühren, nach und nach
175 g Zucker 1 Päckchen Vanillin-Zucker Salz	unterrühren, so lange rühren, bis eine gebundene Masse entstanden ist
2 Eier 2 Eigelb	nach und nach unterrühren (jedes Ei etwa ½ Minute)
200 g Weizenmehl	mit
50 g Speisestärke	

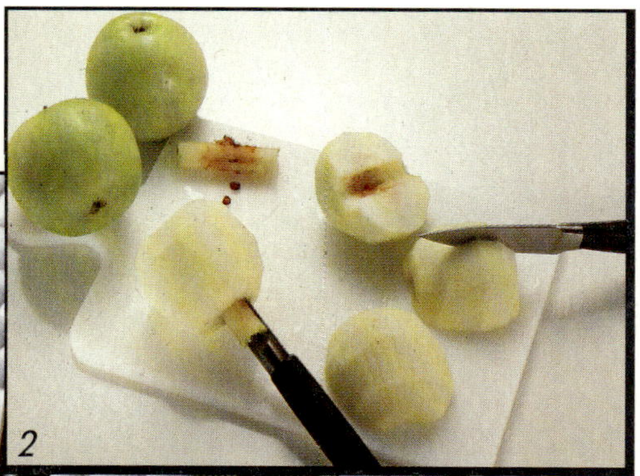

2

3

4

1 gestrichenen Teel. Backpulver	mischen, sieben, eßlöffelweise auf mittlerer Stufe unterrühren den Teig in eine gefettete, mit Pergamentpapier ausgelegte Kastenform (30 x 11 cm) füllen, in die Mitte des Teiges der Länge nach mit einem Löffel eine Vertiefung (etwa 4 cm tief und 4 cm breit) eindrücken
	FÜR DIE MAKRONEN-MASSE
2 Eiweiß	mit dem Handrührgerät mit Rührbesen steif schlagen, es muß so fest sein, daß ein Messerschnitt sichtbar bleibt, nach und nach eßlöffelweise
100 g Zucker 3 Tropfen Backöl Zitrone	unterschlagen
175 g nicht abgezogene, gemahlene Mandeln	vorsichtig auf niedrigster Stufe unterrühren die Masse in die Teigvertiefung füllen, die Form auf dem Rost in den vorgeheizten Backofen schieben
Strom:	165–185, Gas: 2–3
Backzeit:	60–80 Minuten.

ANANAS-MARZIPAN-KUCHEN

	Für den Teig
200 g Marzipan-Rohmasse, z. B. von Schwartau	mit einem Handrührgerät mit Rührbesen gut verrühren
175 g weiche Butter	hinzufügen, alles auf höchster Stufe zu einer geschmeidigen Masse verrühren, nach und nach
175 g Zucker 1 Päckchen Vanillin-Zucker, Salz	unterrühren, so lange rühren, bis eine gebundene Masse entstanden ist
3 Eier	nach und nach unterrühren (jedes Ei etwa ½ Minute)
300 g Weizenmehl	mit
2 gestrichenen Teel. Backpulver	mischen, sieben, eßlöffelweise auf mittlerer Stufe unterrühren
3 Ananasscheiben (etwa 200 g, aus der Dose)	gut abtropfen lassen, in kleine Stücke schneiden, vorsichtig auf mittlerer Stufe unter den Teig rühren, ihn in eine gefettete, mit Pergamentpapier ausgelegte Kastenform (30 x 11 cm) füllen die Form auf dem Rost in den vorgeheizten Backofen schieben
Strom:	175–200
Gas:	3–4
Backzeit:	60–70 Minuten
	FÜR DEN GUSS
100 g Zartbitter-Schokolade	in kleine Stücke brechen, mit
etwas Kokosfett	in einem kleinen Topf im heißen Wasserbad bei schwacher Hitze zu einer geschmeidigen Masse verrühren den erkalteten Kuchen damit überziehen, nach Belieben mit
Ananasstücken	garnieren.

HERREN-SCHOKOLADEN-KUCHEN

(Foto oben)

125 g verlesene Korinthen	in
4 Eßl. Rum	einige Stunden einweichen
100 g abgezogene, gemahlene Mandeln	ohne Fett in einer Pfanne rösten, erkalten lassen
	FÜR DEN TEIG
250 g weiche Margarine oder Butter	mit einem Handrührgerät mit Rührbesen auf höchster Stufe in etwa ½ Minute geschmeidig rühren, nach und nach
250 g Zucker 1 Päckchen Vanillin-Zucker Salz	unterrühren, so lange rühren, bis eine gebundene Masse entstanden ist
4 Eier	nach und nach unterrühren (jedes Ei etwa ½ Minute)
200 g Weizenmehl	mit
50 g Speisestärke 15 g Kakao 1 gestrichenen Teel. Backpulver	mischen, sieben, eßlöffelweise auf mittlerer Stufe unterrühren
75 g abgezogene, gehackte Mandeln	mit den gerösteten Mandeln und Korinthen vorsichtig auf mittlerer Stufe unter den Teig rühren, ihn in eine gefettete, mit Pergamentpapier ausgelegte Kastenform (30 x 11 cm) füllen die Form auf dem Rost in den vorgeheizten Backofen schieben
Strom:	Etwa 175
Gas:	2 – 3
Backzeit:	65 – 85 Minuten den erkalteten Kuchen mit
Puderzucker	bestäuben.

APFELSINEN-KUCHEN

(Rehrückenform, Foto S. 127)

	FÜR DEN TEIG
150 g weiche Margarine, z. B. Sanella	mit einem Handrührgerät mit Rührbesen auf höchster Stufe in etwa ½ Minute geschmeidig rühren, nach und nach
150 g Zucker 1 Päckchen Vanillin-Zucker Salz abgeriebene gelbe Schale von einer halben Apfelsine (unbehandelt)	unterrühren, so lange rühren, bis eine gebundene Masse entstanden ist

3 Eier	nach und nach unterrühren (jedes Ei etwa ½ Minute)
150 g Weizenmehl	mit
1 gestrichenen Teel. Backpulver	mischen, sieben, eßlöffelweise auf mittlerer Stufe unterrühren, den Teig in eine gefettete Rehrückenform (30 x 11 cm) füllen die Form auf dem Rost in den vorgeheizten Backofen schieben
Strom:	175–200
Gas:	3–4
Backzeit:	Etwa 45 Minuten
125 ml (⅛ l) ausgepreßten Apfelsinensaft	mit
etwas abgeriebener gelber Apfelsinen- und Zitronenschale (unbehandelt)	
75 g Zucker	verrühren, den Kuchen nach dem Backen stürzen, wieder in die Form geben, die flache Seite mit einem Holzstäbchen mehrmals einstechen, mit etwas Saft beträufeln (am besten mit einem Pinsel), kurz einziehen lassen den Kuchen wieder stürzen, die gewölbte Seite einstechen, mit dem restlichen Saft bestreichen, den erkalteten Kuchen nach Belieben mit
Puderzucker	bestäuben.

SANDKUCHEN

FÜR DEN TEIG

250 g Butter	zerlassen, kalt stellen, in das wieder etwas festgewordene Fett
200 g Zucker 1 Päckchen Vanillin-Zucker	geben, so lange rühren, bis Fett und Zucker weißschaumig geworden sind, nach und nach
4 Eier Salz einige Tropfen Backöl Zitrone oder Rum-Aroma	hinzugeben (jedes Ei etwa 2 Minuten unterrühren)
125 g Weizenmehl	mit
125 g Speisestärke ½ gestrichenen Teel. Backpulver	mischen, sieben, eßlöffelweise unterrühren den Teig in eine gefettete, mit Pergamentpapier ausgelegte Kastenform (30 x 11 cm) füllen die Form auf dem Rost in den vorgeheizten Backofen schieben
Strom:	165–185
Gas:	2–3
Backzeit:	65–75 Minuten

FÜR DEN GUSS

100 g Schokolade	in kleine Stücke brechen, mit
etwas Kokosfett	in einem kleinen Topf im heißen Wasserbad bei schwacher Hitze zu einer geschmeidigen Masse verrühren, den erkalteten Kuchen damit überziehen.

SCHICHTKUCHEN, GEGRILLT

FÜR DEN TEIG

250 g weiche Margarine oder Butter	mit einem Handrührgerät mit Rührbesen auf höchster Stufe in etwa ½ Minute geschmeidig rühren, nach und nach
250 g Zucker 1 Päckchen Vanillin-Zucker Salz 3 Eßl. Rum	unterrühren, so lange rühren, bis eine gebundene Masse entstanden ist
2 Eier 4 Eigelb	nach und nach unterrühren (jedes Ei - Eigelb - etwa ½ Minute)
150 g Weizenmehl	mit
100 g Speisestärke 3 gestrichenen Teel. Backpulver	mischen, sieben, eßlöffelweise auf mittlerer Stufe unterrühren
4 Eiweiß	steif schlagen, vorsichtig auf mittlerer Stufe unter den Teig rühren den gefetteten Boden einer Kastenform (35 x 11 cm) mit Pergamentpapier auslegen, 1 gut gehäuften Eßl. Teig gleichmäßig mit einem Pinsel darauf streichen (Abstand zwischen Grill und Teigschicht etwa 20 cm) die Teigschicht unter dem vorgeheizten Grill hellbraun backen
Grillzeit	
Strom:	Etwa 2 Minuten
Gas:	Etwa 2 Minuten als zweite Schicht wieder 1–2 Eßl. Teig auf die gebackene Schicht streichen, die Form wieder unter den Grill schieben auf diese Weise den ganzen Teig verarbeiten (die Einschubhöhe nach Möglichkeit so verändern, daß der Abstand von etwa 20 cm zwischen Grill und Teigschicht bestehen bleibt) den fertigen Kuchen mit einem Messer vorsichtig vom Rand der Form lösen, auf ein Backblech stürzen, das Papier abziehen, sofort noch etwa 5 Minuten in den heißen Backofen schieben

FÜR DEN GUSS

100 g Schokolade	in kleine Stücke brechen, mit
25 g Kokosfett	in einem kleinen Topf im heißen Wasserbad bei schwacher Hitze zu einer geschmeidigen Masse verrühren, den erkalteten Kuchen damit überziehen.

GELB-WEISS-KUCHEN

(Foto S. 129)

FÜR DEN BELAG

50 g Butter 3 Eßl. Milch 50 g Zucker 1 Päckchen Vanillin-Zucker	erhitzen, nach und nach
75 g abgezogene, gehobelte Mandeln	hinzugeben, unter Rühren erhitzen, erkalten lassen

FÜR TEIG I

75 g weiche Butter	mit einem Handrührgerät mit Rührbesen auf höchster Stufe in etwa ½ Minute geschmeidig rühren, nach und nach
125 g Zucker 1 Päckchen Vanillin-Zucker	unterrühren, so lange rühren, bis eine gebundene Masse entstanden ist
4 Eiweiß	nach und nach unterrühren (jedes Eiweiß etwa ½ Minute)
150 g Weizenmehl	mit
2 gestrichenen Teel. Backpulver	mischen, sieben, abwechselnd eßlöffelweise mit
3–4 Eßl. Milch	unterrühren
125 g Kokosraspeln	auf mittlerer Stufe unterrühren den Teig in eine mit Pergamentpapier ausgelegte Kastenform (30 x 11 cm) füllen

FÜR TEIG II

25 g weiche Butter	mit einem Handrührgerät mit Rührbesen auf höchster Stufe in etwa ½ Minute geschmeidig rühren, nach und nach
50 g Zucker 1 Päckchen Vanillin-Zucker	unterrühren, so lange rühren, bis eine gebundene Masse entstanden ist
4 Eigelb	nach und nach unterrühren (jedes Eigelb etwa ½ Minute)
100 g Weizenmehl	mit
1 Päckchen Pudding-Pulver Vanille-Geschmack 2 gestrichenen Teel. Backpulver	mischen, sieben, abwechselnd eßlöffelweise mit
2 Eßl. Milch	unterrühren (nur so viel Milch verwenden, daß der Teig - schwer-reißend - vom Löffel fällt) den Teig auf Teig I in die Kastenform geben (Foto 2), gleichmäßig verstreichen, mit dem erkalteten Belag bedecken (Foto 3) die Form auf dem Rost in den vorgeheizten Backofen schieben
Strom:	165–175
Gas:	2–3
Backzeit:	45–60 Minuten.

1

2

3

ERDNUSSKUCHEN

(Foto oben)

FÜR DEN TEIG

Etwa 330 g Erdnußmus aus gerösteten Erdnußkernen (aus dem Glas)	mit einem Handrührgerät mit Rührbesen auf höchster Stufe in etwa ½ Minute geschmeidig rühren, nach und nach
175 g braunen Rohrzucker 1 Päckchen Vanillin-Zucker Schale und Saft von ½ Orange (unbehandelt)	unterrühren, so lange rühren, bis eine gebundene Masse entstanden ist
4 Eier	nach und nach unterrühren (jedes Ei etwa ½ Minute)
175 g Weizenmehl 75 g Speisestärke	mit
1 gestrichenen Teel. Backpulver	mischen, sieben, abwechselnd eßlöffelweise mit
50 g gehackten Erdnußkernen	auf mittlerer Stufe unterrühren den Teig in eine gefettete, mit Pergamentpapier ausgelegte Kastenform (30 x 11 cm) füllen, glattstreichen, die Form auf dem Rost in den vorgeheizten Backofen schieben
Strom:	Etwa 175
Gas:	Etwa 3
Backzeit:	Etwa 1 Stunde den gebackenen Kuchen aus der Form lösen, erkalten lassen

FÜR DEN GUSS

100 g Zartbitter-Schokolade	in kleine Stücke brechen, mit
etwas Kokosfett	in einem kleinen Topf im heißen Wasserbad geschmeidig rühren, den Kuchen damit überziehen, nach Belieben mit
gehackten Erdnußkernen	bestreuen.

Früchtekuchen

(Foto unten)

125 g Haselnußkerne	halbieren
125 g getrocknete Feigen	in Würfel schneiden
250 g Rosinen	verlesen
3 Eier	mit einem Handrührgerät mit Rührbesen auf höchster Stufe in 1 Minute schaumig schlagen
125 g Zucker	mit
1 Päckchen Vanillin-Zucker	mischen, in 1 Minute einstreuen, dann noch etwa 2 Minuten schlagen
½ Fläschchen Rum-Aroma 1 Messerspitze gemahlenen Zimt	kurz unterrühren
125 g Weizenmehl	mit
50 g Speisestärke 1 gestrichenen Teel. Backpulver	mischen, sieben, alle Zutaten mit
60 g abgezogenen, gehackten Mandeln 125 g gewürfeltem Zitronat (Sukkade) z. B. von Schwartau	auf niedrigster Stufe unter die Eiercreme rühren den Teig in eine mit Pergamentpapier ausgelegte Kastenform (30 x 11 cm) füllen, die Form auf dem Rost in den vorgeheizten Backofen schieben
Strom:	175–200
Gas:	2–3
Backzeit:	70–90 Minuten.

Königskuchen

250 g weiche Margarine z. B. Sanella	mit einem Handrührgerät mit Rührbesen auf höchster Stufe in etwa ½ Minute geschmeidig rühren, nach und nach
200 g Zucker 1 Päckchen Vanillin-Zucker ½ Fläschchen Backöl Zitrone o d e r 1 Fläschchen Rum-Aroma Salz	unterrühren, so lange rühren, bis eine gebundene Masse entstanden ist
5 Eier	nach und nach unterrühren (jedes Ei etwa ½ Minute)
500 g Weizenmehl	mit
4 gestrichenen Teel. Backpulver	mischen, sieben, abwechselnd eßlöffelweise mit
knapp 125 ml (⅛ l) Milch	auf mittlerer Stufe unterrühren (nur so viel Milch verwenden, daß der Teig schwer - reißend - von einem Löffel fällt)
125 g Korinthen 250 g Rosinen	verlesen, mit
100 g feingewürfeltem Zitronat (Sukkade)	vorsichtig auf mittlerer Stufe unter den Teig rühren, ihn in eine gefettete, mit Pergamentpapier ausgelegte Kastenform (30 x 11 cm) füllen die Form auf dem Rost in den vorgeheizten Backofen schieben
Strom:	175–200
Gas:	2–3
Backzeit:	80–100 Minuten.

FÜRSTENKUCHEN

(Foto rechts)

FÜR DEN TEIG

200 g Marzipan-Rohmasse	mit
250 g weicher Butter	in einer Küchenmaschine oder mit dem Handrührgerät mit Rührbesen geschmeidig rühren, nach und nach
125 g Zucker 1 Päckchen Vanillin-Zucker Salz	unterrühren, so lange rühren, bis eine gebundene Masse entstanden ist
5 Eier	nach und nach unterrühren (jedes Ei etwa ½ Minute)
1–2 Eßl. Weinbrand	hinzufügen
250 g Weizenmehl	mit
1 schwach gehäuften Teel. Backpulver	mischen, sieben, eßlöffelweise auf mittlerer Stufe unterrühren
100 g feingehackte Halbbitter-Kuvertüre	vorsichtig auf mittlerer Stufe unter den Teig rühren, den Teig in eine gefettete, mit Pergamentpapier ausgelegte Kastenform (11 x 30 cm) füllen, die Form auf dem Rost in den vorgeheizten Backofen schieben
Strom:	Etwa 175, Gas: 2–3
Backzeit:	65–70 Minuten

ZUM APRIKOTIEREN

3 Eßl. Aprikosen-Konfitüre	durch ein Sieb streichen, mit
2 Eßl. Wasser	verrühren, unter Rühren aufkochen lassen den etwas abgekühlten Kuchen damit bestreichen, mit
abgezogenem, gehobelten, gerösteten Mandeln	bestreuen.

OMAS NUSSKUCHEN

FÜR DEN TEIG

150 g Haselnußkerne	mahlen, auf einem Backblech im Backofen leicht rösten
100 g Haselnußkerne	fein hacken
275 g weiche Butter	mit einem Handrührgerät mit Rührbesen auf höchster Stufe in etwa ½ Minute geschmeidig rühren, nach und nach
175 g Zucker 1 Päckchen Vanillin-Zucker	unterrühren, so lange rühren, bis eine gebundene Masse entstanden ist
4 Eier	nach und nach unterrühren (jedes Ei etwa ½ Minute)
200 g Weizenmehl	mit
1 gestrichenen Teel. Backpulver	mischen, sieben, eßlöffelweise auf mittlerer Stufe unterrühren, alle Haselnußkerne unter den Teig heben, ihn in eine gefettete, mit Pergamentpapier ausgelegte Kastenform (30 x 11 cm) füllen, die Form auf dem Rost in den Backofen schieben
Strom:	175–200, Gas: 2–3
Backzeit:	60–75 Minuten
	den heißen gebackenen Kuchen mehrmals mit einer Gabel einstechen, ihn von allen Seiten mit
5 Eßl. Rum	bestreichen

ZUM APRIKOTIEREN

4 Eßl. Aprikosen-Konfitüre	durch ein Sieb streichen, mit
3 Eßl. Wasser	verrühren, einmal aufkochen lassen, den Kuchen damit bestreichen, auskühlen lassen

FÜR DEN GUSS

100 g Schokolade	in kleine Stücke brechen, mit
etwas Kokosfett	in einem kleinen Topf im heißen Wasserbad bei schwacher Hitze zu einer geschmeidigen Masse verrühren, den erkalteten Kuchen damit bestreichen.

REHRÜCKEN

FÜR DEN TEIG

100 g weiche Margarine oder Butter	mit einem Handrührgerät mit Rührbesen auf höchster Stufe in etwa ½ Minute geschmeidig rühren, nach und nach
150 g Zucker 1 Päckchen Vanillin-Zucker Salz	unterrühren, so lange rühren, bis eine gebundene Masse entstanden ist
4 Eier	nach und nach unterrühren (jedes Ei etwa ½ Minute)
100 g Schokolade	reiben, unterrühren
50 g Weizenmehl	mit
2 Päckchen Schokoladen-Pudding-Pulver 1½ gestrichenen Teel. Backpulver	mischen, sieben, abwechselnd eßlöffelweise mit 2 Eßl. Milch auf mittlerer Stufe unterrühren (nur so viel Milch verwenden, daß der Teig schwer - reißend - von einem Löffel fällt), zuletzt
75 g abgezogene, gemahlene Mandeln	unter den Teig rühren, ihn in eine gefettete Rehrückenform (30 x 11 cm) füllen, die Form auf dem Rost in den vorgeheizten Backofen schieben
Strom:	175–200
Gas:	2–3
Backzeit:	50–60 Minuten

FÜR DEN GUSS

100 g Zartbitter-Schokolade	in kleine Stücke brechen, mit
etwas Kokosfett	in einem kleinen Topf im heißen Wasserbad zu einer geschmeidigen Masse verrühren, den erkalteten Kuchen damit überziehen, mit
40 g abgezogenen, gesplitterten Mandeln	spicken.

ROTWEIN-KUCHEN

(Foto rechts)

250 g weiche Butter oder Margarine, z. B. Sanella	mit einem Handrührgerät mit Rührbesen auf höchster Stufe in etwa ½ Minute geschmeidig rühren, nach und nach
125 g Zucker 2 Päckchen Vanillin-Zucker Salz	unterrühren, so lange rühren, bis eine gebundene Masse entstanden ist
4 Eier	nach und nach unterrühren (jedes Ei etwa ½ Minute)
2 Eßl. Rum	hinzufügen
250 g Weizenmehl	mit
3 Teel. Kakao 1 Teel. gemahlenen Zimt ½ Päckchen Backpulver	mischen, sieben, abwechselnd eßlöffelweise mit
150 g Raspelschokolade 100 g abgezogenen, gehackten Mandeln 125 ml (⅛ l) Rotwein	auf mittlerer Stufe unterrühren den Teig in eine gefettete, mit Pergamentpapier oder Back-Trennpapier ausgelegte Kastenform (30 x 11 cm) füllen die Form auf dem Rost in den vorgeheizten Backofen schieben
Strom:	Etwa 175
Gas:	2–3
Backzeit:	70–75 Minuten.

CARACAS-KUCHEN

FÜR DEN TEIG

3 Eier
2 Eßl. heißes
Wasser in einer Küchenmaschine oder mit einem Handrührgerät mit Rührbesen auf höchster Stufe in etwa 1 Minute schaumig schlagen

100 g Zucker
1 Päckchen Vanillin-
Zucker mischen, in 1 Minute einstreuen, dann noch etwa 2 Minuten schlagen

150 g Weizenmehl mit
25 g Speisestärke
1 schwach
gehäuften Teel.
Backpulver mischen, die Hälfte davon auf die Eiercreme sieben, kurz auf niedrigster Stufe unterrühren den Rest des Mehl-Gemisches auf dieselbe Weise unterarbeiten

100 g Haselnuß-
Krokant, z. B.
Schwartau
75 g zerlassene,
abgekühlte Butter nach und nach auf mittlerer Stufe unterrühren

den Teig in eine gefettete, mit Pergamentpapier ausgelegte Kastenform (30 x 11 cm) füllen, die Form auf dem Rost in den vorgeheizten Backofen schieben

Strom: Etwa 175, Gas: 2 – 3
Backzeit: 40 – 45 Minuten

den gebackenen Kuchen über Nacht erkalten lassen

aus dem Kuchen ein keilförmiges Stück herausschneiden (Foto 1)

FÜR DIE FÜLLUNG

300 g Halbbitter-Kuvertüre	fein schneiden
200 ml (⅕ l) Schlagsahne	in einem Topf zum Kochen bringen, von der Kochstelle nehmen, die Kuvertüre unterrühren, so lange rühren, bis eine glatte, glänzende Masse entstanden ist, erkalten lassen, mit dem Handrührgerät mit Rührbesen zu einer hellen, schaumigen Masse aufschlagen (Foto 2)
50 g weiche Butter	unterschlagen, den keilförmigen Kuchen-Einschnitt mit Creme füllen (Foto 3), das herausgeschnittene Kuchenstück wie ein Dach auf den Kuchen setzen und den Kuchen ganz mit der restlichen Creme einstreichen (Foto 4) (etwas Creme in einen Spritzbeutel mit Lochtülle geben), mit der Creme aus dem Spritzbeutel verzieren, mit
Silberperlen, z. B. von Schwartau	garnieren.

ENGLISCHER KUCHEN

100 g weiche Margarine oder Butter	mit einem Handrührgerät mit Rührbesen auf höchster Stufe in etwa ½ Minute geschmeidig rühren, nach und nach
150 g Zucker 1 Päckchen Vanillin-Zucker ½ Fläschchen Backöl, Zitrone, Salz	unterrühren, so lange rühren, bis eine gebundene Masse entstanden ist
2 Eier	nach und nach unterrühren (jedes Ei etwa ½ Minute)
250 g Weizenmehl	mit
2 gestrichenen Teel. Backpulver	mischen, sieben, abwechselnd eßlöffelweise mit
125 ml (⅛ l) Schlagsahne	auf mittlerer Stufe unterrühren
150 g Rosinen 150 g Korinthen	verlesen, mit
50 g feingewürfeltem Zitronat (Sukkade) 50 g kleingeschnittenen, kandierten Kirschen	vorsichtig auf mittlerer Stufe unter den Teig rühren, ihn in eine gefettete, mit Pergamentpapier ausgelegte Kastenform (30 x 11 cm) füllen, die Form auf dem Rost in den vorgeheizten Backofen schieben
Strom:	175 – 185
Gas:	2 – 3
Backzeit:	Etwa 80 Minuten.

MARZIPAN-KUCHEN

(Foto rechts)

FÜR DEN TEIG

200 g Marzipan-Rohmasse	mit einem Handrührgerät mit Rührbesen geschmeidig rühren
200 g weiche Butter	hinzufügen, auf höchster Stufe in etwa ½ Minute mit der Marzipanmasse verrühren, nach und nach
100 g Zucker 1 Päckchen Vanillin-Zucker 2 Tropfen Backöl Bittermandel	unterrühren, so lange rühren, bis eine gebundene Masse entstanden ist
4 Eier	nach und nach unterrühren (jedes Ei etwa ½ Minute)
250 g Weizenmehl 75 g Speisestärke 1 gestrichenen Teel. Backpulver	mit mischen, sieben, eßlöffelweise auf mittlerer Stufe unterrühren den Teig in eine gefettete, mit Pergamentpapier ausgelegte Kastenform (30 x 11 cm) füllen, glattstreichen die Form auf dem Rost in den vorgeheizten Backofen schieben
Strom:	150 – 175
Gas:	2 – 3
Backzeit:	Etwa 65 Minuten

FÜR DEN GUSS

100 g Zartbitter-Schokolade	in kleine Stücke brechen mit
etwas Kokosfett	in einem kleinen Topf im heißen Wasserbad zu einer geschmeidigen Masse verrühren den erkalteten Kuchen damit überziehen.

ZITRONEN-SANDKUCHEN

(Foto S. 137)

FÜR DEN TEIG

200 g Butter 50 g Kokosfett	beide Zutaten zerlassen, etwas abkühlen lassen, unter das wieder festgewordene Fett nach und nach mit einem Handrührgerät mit Rührbesen
200 g Zucker 1 Päckchen Vanillin-Zucker Salz abgeriebene Schale und Saft von 1 Zitrone (unbehandelt)	unterrühren, so lange rühren, bis eine gebundene Masse entstanden ist
4 Eier	nach und nach unterrühren (jedes Ei etwa ½ Minute)
200 g Weizenmehl 50 g Speisestärke 2 gestrichenen Teel. Backpulver	mit mischen, sieben, eßlöffelweise auf mittlerer Stufe unterrühren

	den Teig in eine gefettete, mit Pergamentpapier ausgelegte Kastenform füllen die Form auf dem Rost in den vorgeheizten Backofen schieben
Strom:	Etwa 175
Gas:	Etwa 3
Backzeit:	Etwa 1 Stunde
	den Kuchen etwa 10 Minuten in der Form abkühlen lassen, aus der Form nehmen

FÜR DEN GUSS

100 g gesiebten Puderzucker	mit
4 Eßl. Zitronensaft	zu einer dickflüssigen Masse verrühren, den Kuchen damit bestreichen.

BLITZ-NUSS-KUCHEN IM KNUSPERMANTEL

FÜR DEN TEIG

6 Eier	mit
250 g Zucker	
1 Päckchen Vanillin-Zucker	mit einem Handrührgerät mit Rührbesen auf höchster Stufe 1 Minute schlagen nach und nach
400 g gemahlene Haselnußkerne	auf mittlerer Stufe unterrühren
50 g Semmelmehl	mit
2 gestrichenen Teel. Backpulver	mischen, kurz auf niedrigster Stufe unterrühren den Teig in eine gefettete, mit Pergamentpapier ausgelegte Kastenform (30 x 11 cm) füllen, die Form auf dem Rost in den vorgeheizten Backofen schieben
Strom:	175–200
Gas:	3–4
Backzeit:	Etwa 1 Stunde

ZUM BESTREUEN

etwa 75 g Haselnußkerne	in Scheiben schneiden, in
etwas zerlassener Butter	in einer Pfanne leicht rösten

FÜR DEN GUSS

100 g Zartbitter-Schokolade	in kleine Stücke brechen, mit
5 Eßl. Schlagsahne	in einem kleinen Topf im heißen Wasserbad bei schwacher Hitze geschmeidig rühren den erkalteten Kuchen damit bestreichen Kuchenoberfläche und -seiten mit den gerösteten Haselnußkernen bestreuen.

KÖSTLICHKEIT IM QUADRAT:
Mit dem Rückgang der Großfamilie verschwand auch der gute alte Blechkuchen mehr und mehr von unseren Kaffeetischen. Denn einerseits ist so ein Blech voll duftender Köstlichkeit zwar jede Sünde wert, aber andererseits fühlen sich Singles und Kleinfamilien von solcher Fülle schlicht überfordert.
Der Ausweg aus dem Dilemma: man greife zum Telefon und lade seine liebsten Freunde zu „Kaffee und Blechkuchen" ein – wetten, daß sie alle kommen?

BLECHKUCHEN MIT BELAG UND FÜLLUNG

WIENER APFELSTRUDEL

(Foto S. 138)

FÜR DEN TEIG

200 g Weizenmehl	auf die Tischplatte sieben, in die Mitte eine Vertiefung eindrücken
Salz	hineingeben, nach und nach
5 Eßl. lauwarmes Wasser 50 g zerlassene Butter oder Margarine oder 3 Eßl. Speiseöl	mit einem Teil des Mehls zu einem dicken Brei verarbeiten, mit Mehl bedecken, von der Mitte aus alle Zutaten schnell zu einem glatten Teig verkneten, ihn auf Pergamentpapier in einen heißen, trockenen Kochtopf (vorher Wasser darin kochen) legen, mit einem Deckel verschließen, ½ Stunde ruhen lassen

FÜR DIE FÜLLUNG

1 – 1½ kg Äpfel	schälen, vierteln, entkernen, in feine Stifte schneiden
1 Fläschchen Rum-Aroma 3 Tropfen Backöl Zitrone	untermischen
50 g Rosinen	verlesen
75 g Butter oder Margarine	zerlassen den Strudelteig auf einem bemehlten, großen, weißen Tuch (Tischtuch) ausrollen, dünn mit etwas von dem Fett bestreichen, dann mit den Händen zu einem Rechteck von 50 x 70 cm ausziehen, er muß durchsichtig sein, die Ränder, wenn sie dicker sind, abschneiden, ⅔ des Fettes auf den Teig streichen
50 g Semmelmehl	auf den Teig streuen (an den kürzeren Seiten etwa 3 cm frei lassen), nacheinander Äpfel, Rosinen,
100 g Zucker 1 Päckchen Vanille-Zucker 50 g abgezogene, gehackte Mandeln	darauf verteilen, die freigebliebenen Teigränder auf die Füllung schlagen, den Teig von der längeren Seite her, mit der Füllung beginnend, aufrollen, an den Enden gut zusammendrücken, auf ein gefettetes Backblech legen, mit Fett bestreichen, das Backblech in den vorgeheizten Backofen schieben
Strom:	175 – 200
Gas:	3 – 4
Backzeit:	45 – 55 Minuten während des Backens den Strudel mit der restlichen Butter bestreichen den erkalteten Strudel mit gesiebtem Puderzucker bestäuben.

1

DONAU-WELLEN

(Foto S. 141)

FÜR DEN TEIG

250 g weiche Margarine oder Butter	mit einem Handrührgerät mit Rührbesen auf höchster Stufe in etwa ½ Minute geschmeidig rühren, nach und nach
200 g Zucker 1 Päckchen Vanillin-Zucker Salz	unterrühren, so lange rühren, bis eine gebundene Masse entstanden ist
5 Eier	nach und nach unterrühren (jedes Ei etwa ½ Minute)
375 g Weizenmehl	mit
3 gestrichenen Teel. Backpulver	mischen, sieben, eßlöffelweise auf mittlerer Stufe unterrühren, knapp ⅔ des Teiges auf ein gefettetes Backblech streichen (Foto 1)
20 g Kakao	sieben, mit
1 Eßl. Milch	unter den restlichen Teig rühren, gleichmäßig auf dem hellen Teig verteilen (Foto 2), vor den Teig einen mehrfach umgeknickten Streifen Alufolie legen
etwa 720 g entsteinte Sauerkirschen (aus dem Glas)	gut abtropfen lassen, auf dem dunklen Teig verteilen (Foto 3), das Backblech in den vorgeheizten Backofen schieben
Strom:	175 – 200
Gas:	3 – 4
Backzeit:	35 – 40 Minuten das Gebäck auskühlen lassen

FÜR DIE BUTTERCREME aus

1 Päckchen Pudding-Pulver Vanille-Geschmack 100 g Zucker 500 ml (½ l) Milch	nach der Vorschrift auf dem Päckchen (aber mit 100 g Zucker) einen Pudding zubereiten, kalt stellen, ab und zu durchrühren
250 g Butter	geschmeidig rühren, den erkalteten Pudding eßlöffelweise darunter rühren

(darauf achten, daß weder Butter noch Pudding zu kalt sind, da dann die sogenannte Gerinnung eintritt)
die erkaltete Gebäckplatte gleichmäßig mit der Buttercreme bestreichen (Foto 4), kalt stellen

FÜR DEN GUSS

200 g Zartbitter-Schokolade	*in kleine Stück brechen, mit*
etwas Kokosfett	*in einem kleinen Topf im heißen Wasserbad zu einer geschmeidigen Masse verrühren*
	den Guß auf die festgewordene Buttercreme streichen mit einem Tortenkamm verzieren.

HASELNUSS-KRANZ

(Foto unten)

FÜR DEN TEIG

300 g Weizenmehl	mit
2 gestrichenen Teel. Backpulver	mischen, in eine Rührschüssel sieben
100 g Zucker 1 Päckchen Vanillin-Zucker Salz 1 Ei 2 Eßl. Milch oder Wasser 125 g weiche Margarine oder Butter	hinzufügen
	die Zutaten mit einem Handrührgerät mit Knethaken zunächst kurz auf niedrigster, dann auf höchster Stufe gut durcharbeiten, anschließend auf der Tischplatte zu einem glatten Teig verkneten, sollte er kleben, ihn eine Zeitlang kalt stellen

FÜR DIE FÜLLUNG

200 g gemahlene Haselnußkerne	mit
100 g Zucker 4–5 Tropfen Backöl Bittermandel ½ Eigelb 1 Eiweiß 3–4 Eßl. Wasser	verrühren, so daß eine geschmeidige Masse entsteht den Teig zu einem Rechteck (etwa 35 x 45 cm) ausrollen, die Nußmasse darauf streichen, den Teig von der längeren Seite her aufrollen, als Kranz auf ein gefettetes Backblech legen
½ Eigelb	mit
1 Eßl. Milch	verschlagen, den Kranz damit bestreichen, sternförmig einschneiden, das Blech in den vorgeheizten Backofen schieben
Strom:	175–200
Gas:	3–4
Backzeit:	Etwa 45 Minuten.

OSTDEUTSCHER MOHNSTRUDEL

(Foto S. 143)

FÜR DEN TEIG

250 g Weizenmehl	in eine Rührschüssel sieben
Salz 100 ml lauwarmes Wasser 1 kleines Ei 1 Eßl. Speiseöl	hinzufügen
	alle Zutaten mit einem Handrührgerät mit Knethaken zunächst kurz auf niedrigster, dann auf höchster Stufe gut durcharbeiten, anschließend auf der Tischplatte zu einem glatten Teig verkneten, sollte er kleben, ihn eine Zeitlang kalt stellen, den Teig auf Pergamentpapier in einen heißen, trockenen Kochtopf legen (vorher Wasser darin kochen), mit einem Deckel verschließen, etwa 30 Minuten ruhen lassen

FÜR DIE FÜLLUNG

500 g frisch gemahlenen Mohn	mit
375–500 ml (⅜–½ l) kochendem Wasser	übergießen, verrühren, quellen lassen, bis eine geschmeidige Masse entstanden ist
100 g Zucker	mit
3 Eßl. Honig 1 Ei abgeriebener	

Schale von 1 Zitrone (unbehandelt)	
100 g Rosinen	*unterrühren*
250 g säuerliche Äpfel	*schälen, entkernen, grob raspeln, unter die Mohnmasse rühren, den Strudelteig auf einem bemehlten großen Tuch (Tischtuch) dünn ausrollen, ihn dann mit den Händen zu einem Rechteck von etwa 50 x 70 cm ausziehen (er muß durchsichtig sein), die Ränder, wenn sie dicker sind, abschneiden auf ⅔ des Teiges die Füllung streichen (an den kürzeren Seiten etwa 3 cm Teig frei lassen) den Teig mit Hilfe des Tuches, mit der Füllung beginnend, aufrollen, an den Enden gut zusammendrücken den Strudel auf ein gefettetes Backblech legen, mit etwas von*
50 g zerlassener Butter	*bestreichen, in den vorgeheizten Backofen schieben, den Strudel während des Backens mit der restlichen Butter bestreichen*
Strom:	*200 – 225*
Gas:	*3 – 4*
Backzeit:	*Etwa 50 Minuten den erkalteten Strudel mit*
gesiebtem Puderzucker	*bestäuben.*
Tip:	*Mohn sollte nicht zu lange lagern. Empfehlenswert ist es, die benötigte Menge jeweils frisch einzukaufen, und den Mohn erst am Tage der Verwendung zu mahlen.*

MOHN-QUARKKUCHEN

(Foto S. 145 oben)

FÜR DEN TEIG

500 g Weizenmehl	mit
2 gestrichenen Teel. Backpulver	mischen, in eine Rührschüssel sieben
125 g Zucker, 1 Päckchen Vanillin-Zucker, 2 Eier, 250 g weiche Butter	hinzufügen die Zutaten mit einem Handrührgerät mit Knethaken zunächst kurz auf niedrigster, dann auf höchster Stufe gut durcharbeiten, anschließend auf der Tischplatte zu einem glatten Teig verkneten, sollte er kleben, ihn eine Zeitlang kalt stellen

FÜR DEN MOHNBELAG

500 ml (½ l) Milch	zum Kochen bringen
375 g frisch gemahlenen Mohn	in die von der Kochstelle genommene Milch rühren, quellen lassen, sobald die Masse etwas abgekühlt ist,
75–100 g Zucker, 2 Eßl. Honig, 2 Eier, 100 g Sultaninen, 50 g Semmelmehl	unterrühren, die Masse vollständig erkalten lassen

FÜR DEN QUARKBELAG

1 kg Magerquark	mit
200 g Zucker, 2 Eier, Salz, abgeriebener Schale von ½ Zitrone (unbehandelt), 75 g zerlassener Butter, 1 Päckchen Käsekuchenhilfe	verrühren, ⅔ des Teiges auf einem gefetteten Backblech ausrollen, zunächst den Quarkbelag darauf streichen, dann den Mohnbelag darauf verteilen, den restlichen Teig dünn ausrollen, in etwa 1 cm breite Streifen rädern, die Teigstreifen als Gitter auf die Mohnmasse legen, das Backblech in den vorgeheizten Backofen schieben
Strom:	175–200
Gas:	3–4
Backzeit:	Etwa 50 Minuten

ZUM APRIKOTIEREN

3–4 Eßl. Aprikosen-Konfitüre	durch ein Sieb streichen, mit
3 Eßl. Wasser	verrühren, aufkochen, etwas einkochen lassen, die Kuchenoberfläche damit bestreichen.

ZITRONEN-SAHNEROLLE

(Foto S. 145 unten)

FÜR DEN TEIG

4 Eier, 3–4 Eßl. heißes Wasser	mit einem Handrührgerät mit Rührbesen auf höchster Stufe in 1 Minute schaumig schlagen
125 g Zucker, 1 Päckchen Vanillin-Zucker	mischen, in 1 Minute einstreuen, dann noch etwa 2 Minuten schlagen
75 g Weizenmehl	mit
50 g Speisestärke, 1 Messerspitze Backpulver	mischen, die Hälfte davon auf die Eiercreme sieben, kurz auf niedrigster Stufe unterrühren, den Rest des Mehl-Gemisches auf dieselbe Weise unterarbeiten, den Teig etwa 1 cm dick auf ein mit Papier belegtes Backblech streichen, an der offenen Seite des Blechs das Papier unmittelbar vor dem Teig zur Falte knicken, so daß ein Rand steht, das Backblech in den vorgeheizten Backofen schieben
Strom:	200–225, Gas: 3–4
Backzeit:	10–15 Minuten den Biskuit nach dem Backen auf ein mit
Zucker	bestreutes Geschirrtuch stürzen, das Backpapier mit kaltem Wasser bestreichen, schnell abziehen, den Biskuit mit dem Geschirrtuch aufrollen, kalt stellen

FÜR DIE FÜLLUNG

2 gestrichene Teel. Gelatine gemahlen, weiß	mit
2 Eßl. kaltem Wasser	in einem kleinen Topf anrühren, 10 Minuten zum Quellen stehenlassen, mit den Ecken von
3 Stück Würfelzucker	die
gelbe Schale von etwa ½ Zitrone (unbehandelt)	abreiben, die gequollene Gelatine mit dem Würfelzucker unter Rühren erwärmen, bis alles gelöst ist
5 Eßl. Zitronensaft	hinzufügen
500 ml (½ l) Schlagsahne	fast steif schlagen, die Gelatinelösung unter Schlagen nach und nach hinzufügen, die Sahne vollkommen steif schlagen
100 g Puderzucker	sieben, unterrühren, die ausgekühlte Rolle vorsichtig auseinanderrollen, mit ⅔ der Zitronen-Sahne bestreichen, aufrollen, dabei die äußere braune Haut entfernen die Rolle zunächst dünn mit etwas Sahne, dann mit der restlichen Sahne bestreichen die Rolle durch wellenförmige Längsstriche mit einer Gabel verzieren.

1

2

3

Johannisbeer-Quarkkuchen mit Baiser

(Foto S. 146)

FÜR DEN TEIG

300 g Weizenmehl	mit
1 Päckchen Backpulver	mischen, in eine Rührschüssel sieben
150 g Speisequark	
6 Eßl. Milch	
6 Eßl. Speiseöl	
75 g Zucker	
1 Päckchen Vanillin-Zucker	
Salz	hinzufügen die Zutaten mit einem Handrührgerät mit Knethaken (Foto 1) auf höchster Stufe etwa 1 Minute verarbeiten, anschließend auf der Tischplatte zu einer Rolle formen den Teig auf einem gefetteten Backblech knapp ½ cm dick ausrollen

FÜR DEN BELAG

750 g Johannisbeertrauben	waschen, gut abtropfen lassen, entstielen
750 g Speisequark	mit
200 g Zucker	
1 Päckchen Vanillin-Zucker	
3 Eiern	
2 Eigelb	
50 g zerlassener Butter	
50 g Speisestärke	verrühren, die Johannisbeeren unter die Quarkmasse heben (Foto 2), auf dem Teig verteilen, glattstreichen vor den Teig einen mehrfach umgeknickten Streifen Alufolie legen das Backblech in den vorgeheizten Backofen schieben
Strom:	175 – 200
Gas:	3 – 4
Backzeit:	Etwa 25 Minuten

FÜR DIE BAISERMASSE

2 Eiweiß	steif schlagen, es muß so fest sein, daß ein Messerschnitt sichtbar bleibt, nach und nach
100 g Zucker	eßlöffelweise unterschlagen den Eierschnee auf die Quarkmasse streichen (Foto 3)
20 g abgezogene, gehobelte Mandeln	darüber streuen, das Backblech nochmals in den vorgeheizten Backofen schieben
Strom:	200 – 225
Gas:	4 – 5
Backzeit:	Etwa 5 Minuten.

Sauerkirschkuchen

FÜR DEN BELAG

1 kg Sauerkirschen	waschen, abtropfen lassen, entstielen, entsteinen
200 g Mandeln	kurze Zeit in kochendes Wasser geben, in kaltem Wasser abschrecken, enthäuten, die Mandeln halbieren

FÜR DEN TEIG

250 g weiche Butter oder Margarine, z. B. Sanella	mit einem Handrührgerät mit Rührbesen auf höchster Stufe in etwa ½ Minute geschmeidig rühren, nach und nach
250 g gesiebten Puderzucker	unterrühren, so lange rühren, bis eine gebundene Masse entstanden ist
6 Eier	
Salz	
2 Teel. abgeriebene Schale von 1 Zitrone (unbehandelt)	nach und nach unterrühren (jedes Ei etwa ½ Minute)
300 g Weizenmehl	mit
100 g Speisestärke	
1 Teel. Backpulver	mischen, sieben, eßlöffelweise unterrühren, zuletzt
4 Eßl. saure Sahne	unterrühren den Teig auf ein mit Back-Trennpapier belegtes Backblech geben, glattstreichen die abgetropften Sauerkirschen darauf verteilen, mit den halbierten Mandeln bestreuen das Backblech in den vorgeheizten Backofen schieben
Strom:	Etwa 200
Gas:	3 – 4
Backzeit:	30 – 35 Minuten den gebackenen Kuchen etwa 15 Minuten auf dem Blech abkühlen lassen

FÜR DEN GUSS

150 g gesiebten Puderzucker	mit
3 – 4 Eßl. Kirschwasser evtl. etwas Eiweiß	zu einem dickflüssigen Guß verrühren, den Kuchen damit bestreichen den Kuchen in Stücke schneiden, mit
geschlagene Sahne	servieren.
Tip:	Ideal für das Rühren von Teigen sind die handlichen Küchenmaschinen, z. B. die MUM 4400 von Bosch.

KIRSCHBOMBE

(Foto rechts)

FÜR DEN TEIG

2 Eier 3–4 Eßl. heißes Wasser	mit einem Handrührgerät mit Rührbesen auf höchster Stufe in 1 Minute schaumig schlagen
100 g Zucker 1 Päckchen Vanillin-Zucker	mischen, in 1 Minute einstreuen, dann noch etwa 2 Minuten schlagen
75 g Weizenmehl	mit
40 g Speisestärke 1 Teel. Backpulver	mischen, die Hälfte auf die Eiercreme sieben, kurz auf niedrigster Stufe unterrühren, den Rest des Mehl-Gemisches auf dieselbe Weise unterarbeiten, den Teig etwa 1 cm dick auf ein mit Alufolie belegtes Backblech streichen, an der offenen Seite des Backblechs die Folie unmittelbar vor dem Teig zur Falte knicken, so daß ein Rand entsteht, das Backblech in den vorgeheizten Backofen schieben
Strom:	200–225, Gas: 3–4
Backzeit:	10–15 Minuten das Gebäck sofort nach dem Backen auf ein mit Zucker bestreutes Papier stürzen, die Folie mit kaltem Wasser bestreichen, vorsichtig, aber schnell abziehen, den Biskuit gleichmäßig mit
200–250 g roter Konfitüre	bestreichen, von der längeren Seite her aufrollen

FÜR DIE FÜLLUNG

1 kg Süßkirschen	waschen, entstielen, entsteinen, mit
etwa 100 g Zucker	vermengen, kurze Zeit zum Saftziehen stehenlassen, eben zum Kochen bringen, abtropfen und erkalten lassen, den Saft auffangen, evtl. mit Wasser auf 250 ml (¼ l) ergänzen
30 g Speisestärke	mit 4 Eßl. von dem Saft anrühren, den übrigen Kirschsaft zum Kochen bringen, in den von der Kochstelle genommenen Saft die Speisestärke rühren, kurz aufkochen lassen, die Kirschen unterrühren, kalt stellen, in die abgekühlte Kirschcreme
6 Eßl. Kirschwasser	rühren, die Biskuitrolle in etwa 1 cm dicke Scheiben schneiden, eine Schüssel damit auslegen (einige Scheiben zurücklassen)
250 ml (¼ l) Schlagsahne	½ Minute schlagen
1 Päckchen Vanillin-Zucker	mit
1 Päckchen Sahnesteif	mischen, einstreuen, die Sahne steif schlagen, 3 Eßl. davon in einen Spritzbeutel füllen, die restliche Schlagsahne in die mit den Biskuitscheiben ausgelegte Schüssel füllen, glattstreichen, die Kirschcreme darauf verteilen, mit den restlichen Biskuitscheiben bedecken, die Kirschbombe bis zum Servieren kalt stellen.

WALNUSS-ROULADE

(Foto S. 149)

FÜR DEN TEIG

75 g weiche Butter	mit einem Handrührgerät mit Rührbesen auf höchster Stufe in etwa ½ Minute geschmeidig rühren, nach und nach
75 g Zucker 1 Päckchen Vanillin-Zucker	unterrühren, so lange rühren, bis eine gebundene Masse entstanden ist
5 Eigelb	mit
2 Eßl. Rum	nach und nach unterrühren (jedes Eigelb etwa ½ Minute)
5 Eiweiß	steif schlagen, auf die Eigelb-Buttermasse geben
75 g Weizenmehl	mit
1 gestrichenen Teel.	

Backpulver	mischen, darüber sieben, alles vorsichtig mit einem Schneebesen vermengen, den Teig in der Größe von etwa 32 x 32 cm auf ein gefettetes, mit Back-Trennpapier belegtes Backblech streichen, das Backblech in den vorgeheizten Backofen schieben
Strom:	175–200, Gas: 3–4
Backzeit:	12–15 Minuten
	die Gebäckplatte sofort nach dem Backen auf ein mit
Zucker	bestreutes Papier stürzen

FÜR DIE FÜLLUNG

300 g Ananas-Konfitüre	mit
1–2 Eßl. Rum	verrühren, auf die heiße Gebäckplatte streichen, mit
100 g gehackten Walnußkernen	bestreuen, mit Hilfe des Papiers sofort aufrollen, erkalten lassen

FÜR DEN GUSS

100 g Kuvertüre	mit
etwas Kokosfett	in einem kleinen Topf im heißen Wasserbad geschmeidig rühren, das Gebäck damit bestreichen, sobald der Guß festgeworden ist, die Walnuß-Roulade in schräge Scheiben schneiden.

KRÜMELKUCHEN MIT APFELFÜLLUNG

FÜR DEN TEIG

250 g weiche Butter	mit einem Handrührgerät mit Rührbesen auf höchster Stufe in etwa ½ Minute geschmeidig rühren, nach und nach
200 g Zucker 1 Päckchen Vanillin-Zucker Salz	unterrühren, so lange rühren, bis eine gebundene Masse entstanden ist
1 Ei	unterrühren (etwa ½ Minute)
500 g Weizenmehl	mit
1 Päckchen Backpulver	mischen, sieben, die Hälfte eßlöffelweise auf mittlerer Stufe unterrühren, den Rest des Mehls auf den Teig geben, mit dem Handrührgerät mit Knethaken zu einer krümeligen Masse verarbeiten

FÜR DIE FÜLLUNG

1½–2 kg Äpfel	schälen, vierteln, entkernen, in kleine Stücke schneiden, mit
1 Eßl. Wasser 175 g Zucker 1 Messerspitze gemahlenem Zimt 75 g verlesenen Rosinen	unter Rühren dünsten, erkalten lassen, evtl. noch mit
Zucker	abschmecken, gut die Hälfte des Teiges auf ein gefettetes Backblech geben, den Teig am Boden gut andrücken, an den Rändern etwa ½ cm hochdrücken, vor den Teig einen mehrfach umgeknickten Streifen Alufolie legen, die Apfelfüllung gleichmäßig auf den Teig streichen, mit den restlichen Krümeln bestreuen, das Backblech in den vorgeheizten Backofen schieben
Strom:	175–200
Gas:	3–4
Backzeit:	35–45 Minuten.

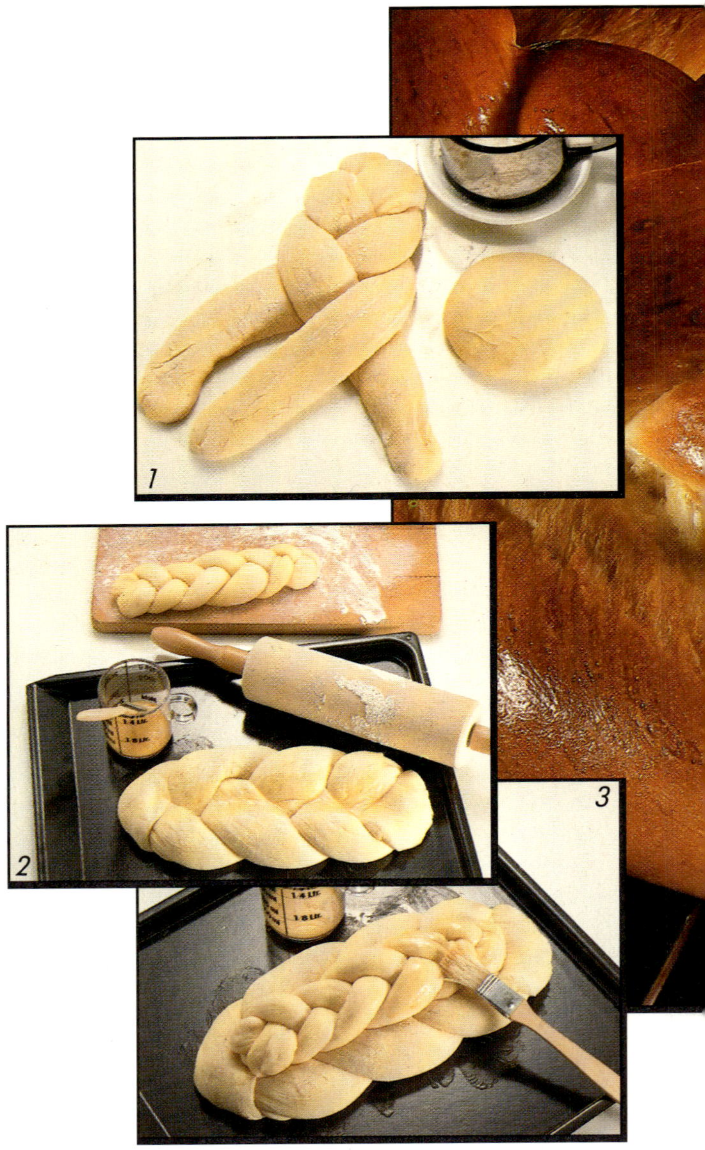

HEFEZOPF

(Foto rechts)

500 g Weizenmehl	in eine Rührschüssel sieben, mit
1 Päckchen Trocken-Backhefe	sorgfältig vermischen
50 g Zucker 1 Päckchen Vanillin-Zucker Salz 2 Eier 1 Eiweiß 250 ml (¼ l) lauwarme Schlag-sahne	hinzufügen, die Zutaten mit einem Handrührgerät mit Knethaken zunächst kurz auf niedrigster, dann auf höchster Stufe in etwa 5 Minuten zu einem Teig verarbeiten, sollte er kleben, noch etwas Mehl hinzufügen (aber nicht zu viel, Teig muß weich bleiben), den Teig so lange an einem warmen Ort stehenlassen, bis er sich sichtbar vergrößert hat, ihn dann auf höchster Stufe nochmals gut durchkneten
150 g Rosinen	verlesen, kurz auf mittlerer Stufe unterkneten, aus ⅔ des Teiges 3 etwa 40 cm lange Rollen formen, flechten (Foto 1), als Zopf auf ein gefettetes Backblech legen (Foto 2), mit einem Rollholz der Länge nach eine Vertiefung eindrücken
1 Eigelb 1 Eßl. Milch	verschlagen, die Vertiefung mit etwas davon bestreichen, von dem Rest des Teiges 3 etwa 35 cm lange Rollen formen, daraus einen Zopf flechten, auf den größeren legen, ebenfalls mit Eigelbmilch bestreichen (Foto 3) den Zopf nochmals so lange an einem warmen Ort gehen lassen, bis er sich sichtbar vergrößert hat, in den vorgeheizten Backofen schieben
Strom:	175 – 200
Gas:	3 – 4
Backzeit:	Etwa 35 Minuten.

RHABARBER-KUCHEN MIT BAISER

	FÜR DEN TEIG
250 g weiche Margarine, z. B. Sanella	mit einem Handrührgerät mit Rührbesen auf höchster Stufe in etwa ½ Minute geschmeidig rühren, nach und nach
100 g Zucker 1 Päckchen Vanillin-Zucker Salz	unterrühren, so lange rühren, bis eine gebundene Masse entstanden ist
1 Ei	unterrühren (etwa ½ Minute)
250 g Weizenmehl	mit
2½ gestrichenen Teel. Backpulver	mischen, sieben, eßlöffelweise auf mittlerer Stufe unterrühren, den Teig auf ein gefettetes Backblech streichen, vor den Teig einen mehrfach umgeknickten Streifen Alufolie legen
	FÜR DEN BELAG
1½ kg Rhabarber	waschen, in Stücke schneiden (nicht abziehen), gleichmäßig auf den Teig legen, das Backblech in den vorgeheizten Backofen schieben
Strom:	175 – 200
Gas:	3 – 4
Backzeit:	Etwa 25 Minuten
	FÜR DAS BAISER
3 Eiweiß	steif schlagen, nach und nach
150 g Zucker	unterschlagen die Baisermasse auf den Rhabarber streichen, nochmals in den vorgeheizten Backofen schieben, goldbraun werden lassen
Strom:	200 – 225
Gas:	4 – 5
Backzeit:	Etwa 8 Minuten.

FEINER APFELKUCHEN

	FÜR DEN TEIG
250 g Weizenmehl	mit
1 gestrichenen Teel. Backpulver	mischen, in eine Rührschüssel sieben
100 g Zucker 1 Päckchen Vanillin-Zucker Salz 1 Messerspitze gemahlener Zimt 3 Eigelb 150 g weiche Butter	hinzufügen, die Zutaten mit einem elektrischen Handrührgerät mit Knethaken zunächst kurz auf niedrigster, dann auf höchster Stufe gut durcharbeiten, anschließend auf der Tischplatte zu einem glatten Teig verkneten, sollte er kleben, ihn eine Zeitlang kalt stellen den Teig etwa ½ cm dick auf einem gefetteten Backblech ausrollen, in den vorgeheizten Backofen schieben
Strom:	175–200
Gas:	3–4
Backzeit:	10–15 Minuten sofort nach dem Backen die Gebäckplatte mit einem langen Messer vom Backblech lösen
	FÜR DEN BELAG
2½ kg Äpfel	schälen, vierteln, entkernen, in kleine Stücke schneiden, mit
100 g Zucker 30 g Butter oder Margarine 75 g abgezogenen, gehackten Mandeln	unter Rühren dünsten, etwas abkühlen lassen, evtl. noch mit
Zucker	abschmecken, gleichmäßig auf die Knetteigplatte streichen
einige Maraschino-kirschen	so in die Apfelmasse stecken, daß sie jeweils in der Mitte der später geschnittenen Stücke liegen
	FÜR DEN GUSS
1 Päckchen Tortenguß, klar 25 g Zucker 250 ml (¼ l) Flüssigkeit (halb Wasser, halb Weißwein)	nach Vorschrift auf dem Päckchen zubereiten, schnell über die Apfelmasse verteilen nach dem Erkalten den Apfelkuchen in Stücke schneiden.

BISKUITROLLE

(Foto oben)

FÜR DEN TEIG

3 Eier 5–6 Eßl. heißes Wasser	mit einem Handrührgerät mit Rührbesen auf höchster Stufe in 1 Minute schaumig schlagen
150 g Zucker	mit
1 Päckchen Vanillin-Zucker	mischen, in 1 Minute einstreuen, dann noch etwa 2 Minuten schlagen
100 g Weizenmehl	mit
50 g Speisestärke 1 gestrichenen Teel. Backpulver	mischen, die Hälfte davon auf die Eiercreme sieben, kurz auf niedrigster Stufe unterrühren, den Rest des Mehl-Gemisches auf dieselbe Weise unterarbeiten, den Teig etwa 1 cm dick auf ein mit Papier belegtes Backblech streichen, an der offenen Seite des Blechs das Papier unmittelbar vor dem Teig zur Falte knicken, so daß ein Rand entsteht, das Backblech in den vorgeheizten Backofen schieben
Strom:	200–225
Gas:	3–4
Backzeit:	10–15 Minuten den Biskuit sofort nach dem Backen auf ein mit
Zucker	bestreutes Geschirrtuch stürzen, das Backpapier mit kaltem Wasser bestreichen, vorsichtig, aber schnell abziehen, den Biskuit sofort gleichmäßig mit
250–375 g Konfitüre	bestreichen, von der kürzeren Seite her aufrollen, die Rolle mit
Puderzucker	bestäuben.

Apfel-, Streusel- oder Pflaumenkuchen

(Foto S. 152)

FÜR DEN TEIG

500 g Weizenmehl	in eine Rührschüssel sieben, mit
1 Päckchen Trocken-Backhefe	sorgfältig vermischen
75 g Zucker 1 Päckchen Vanillin-Zucker, Salz 250 ml (¼ l) lauwarme Milch 75 g zerlassene, abgekühlte Butter oder Margarine	hinzufügen die Zutaten mit einem Handrührgerät mit Knethaken zunächst auf niedrigster, dann auf höchster Stufe in etwa 5 Minuten zu einem Teig verarbeiten, sollte er kleben, noch etwas Mehl hinzufügen (aber nicht zu viel, Teig muß weich bleiben), den Teig so lange an einem warmen Ort stehenlassen, bis er sich sichtbar vergrößert hat, ihn dann auf höchster Stufe nochmals gut durchkneten, auf einem gefetteten Backblech ausrollen, vor den Teig einen mehrfach umgeknickten Streifen Alufolie legen

FÜR DEN STREUSEL-KUCHEN

300 g Weizenmehl 150 g Zucker 1 Päckchen Vanillin-Zucker	mischen
150 – 200 g weiche Butter	hinzufügen, alle Zutaten mit dem Handrührgerät mit Knethaken zu Streuseln von gewünschter Größe verareiten, gleichmäßig auf dem Teig verteilen den Teig nochmals so lange an einem warmen Ort gehen lassen, bis er sich sichtbar vergrößert hat, das Backblech in den vorgeheizten Backofen schieben
Strom:	200 – 225, Gas: 4 – 5
Backzeit:	15 – 20 Minuten

FÜR DEN APFEL-KUCHEN

etwa 1½kg Äpfel	schälen, vierteln, entkernen, in dicke Scheiben schneiden, gleichmäßig auf den Teig legen, mit
20 g abgezogenen, gestiftelten Mandeln 20 g verlesenen Rosinen	bestreuen, den Teig nochmals so lange an einem warmen Ort gehen lassen, bis er sich sichtbar vergrößert hat, in den vorgeheizten Backofen schieben
Strom:	200 – 225
Gas:	4 – 5
Backzeit:	20 – 30 Minuten

ZUM APRIKOTIEREN

gut 3 Eßl. Aprikosen-Konfitüre	mit
1 Eßl. Wasser	unter Rühren aufkochen lassen, den Apfel-Kuchen sofort nach dem Backen damit bestreichen

FÜR DEN PFLAUMEN-KUCHEN

3 kg Pflaumen	waschen, gut abtropfen lassen, einzeln mit einem Tuch abreiben, entsteinen, mit der Innenseite nach oben auf den Teig legen den Teig nochmals so lange an einem warmen Ort gehen lassen, bis er sich sichtbar vergrößert hat, in den vorgeheizten Backofen schieben
Strom:	200 – 225
Gas:	4 – 5
Backzeit:	20 – 30 Minuten den etwas ausgekühlten Kuchen mit
Zucker	bestreuen.

Sahne-Mandel-Kuchen

FÜR DEN TEIG

250 ml (¼ l) Schlagsahne	in eine Rührschüssel geben, nach und nach
175 g Zucker 1 Päckchen Vanillin-Zucker	mit dem Handrührgerät mit Rührbesen unterrühren
3 Eier	nach und nach unterrühren (jedes Ei etwa ½ Minute)
abgeriebene Schale von ½ Zitrone (unbehandelt)	unterrühren
300 g Weizenmehl	mit
1 Päckchen Backpulver	mischen, sieben, eßlöffelweise auf mittlerer Stufe unterrühren den Teig in die gut gefettete Fettfangschale des Backofens geben, glattstreichen, in den vorgeheizten Backofen schieben
Strom:	Etwa 200
Gas:	3 – 4
Backzeit:	Etwa 10 Minuten

FÜR DEN BELAG

125 g Butter	mit
125 g Zucker 1 Päckchen Vanillin-Zucker 3 Eßl. Milch	in einem Topf unter Rühren langsam erwärmen, zerlassen, von der Kochstelle nehmen
100 g abgezogene, gehobelte Mandeln	unterrühren, den Belag auf den vorgebackenen Kuchen streichen, bei gleicher Temperatur weitere etwa 12 Minuten backen.

TANTE ANNAS SCHMANDKUCHEN

FÜR DEN TEIG

250 g weiche Margarine, z. B. Sanella	mit einem Handrührgerät mit Rührbesen auf höchster Stufe in etwa ½ Minute geschmeidig rühren, nach und nach
100 g Zucker 1 Päckchen Vanillin-Zucker	unterrühren, so lange rühren, bis eine gebundene Masse entstanden ist
1 Ei	unterrühren (etwa ½ Minute)
300 g Weizenmehl	mit
3 gestrichenen Teel. Backpulver	mischen, sieben, abwechselnd eßlöffelweise mit
2–3 Eßl. Milch	auf mittlerer Stufe unterrühren (nur so viel Milch verwenden, daß der Teig schwer - reißend - von einem Löffel fällt) den Teig in eine gefettete Fettfangschale geben und in den vorgeheizten Backofen schieben
Strom:	175–200
Gas:	3–4
Backzeit:	15–20 Minuten

FÜR DEN BELAG

1 Päckchen Pudding-Pulver Vanille-Geschmack	mit
60 g Weizenmehl 60 g Grieß 175 g Zucker 250 ml (¼ l) Milch	anrühren
1750 ml (1¾ l) Milch	zum Kochen bringen, in die kochende, von der Kochstelle genommene Milch die angerührte Mischung rühren, etwa 3 Minuten unter Rühren kochen, abkühlen lassen, ab und zu unterrühren, unter etwa ¼ des lauwarmen Puddings
4 Eigelb 1 Päckchen Vanillin-Zucker	rühren
250 g Schlagsahne	steif schlagen
250 g Sauerrahm (Schmand)	verrühren
4 Eiweiß	steif schlagen Schlagsahne, Sauerrahm und Eiweiß unter den mit Eigelb verrührten Pudding heben unter den restlichen Pudding
150–250 g verlesene Rosinen	rühren, den Rosinenpudding gleichmäßig auf dem Teig verteilen, den mit Sahne und Eiweiß verrührten Pudding darauf streichen
Strom:	175–200
Gas:	3–4
Backzeit:	Etwa 40 Minuten.

HEIDELBEER-KUCHEN

(Foto S. 139)

FÜR DEN TEIG

375 g Weizenmehl	mit
1 Päckchen Trocken-Backhefe	sorgfältig vermischen
75 g Zucker Salz 125 ml (⅛ l) lauwarme Milch 1 Ei 100 g zerlassene, abgekühlte Butter	hinzufügen die Zutaten mit einem Handrührgerät mit Knethaken zunächst auf niedrigster, dann auf höchster Stufe in etwa 5 Minuten zu einem Teig verarbeiten, sollte er kleben, noch etwas Mehl hinzufügen, den Teig so lange an einem warmen Ort stehenlassen, bis er sich sichtbar vergrößert hat

FÜR DEN BELAG

50 g Butter	in einer Pfanne zerlassen
50 g Zucker 50 g abgezogene, gemahlene Mandeln, z. B. von Schwartau 50 g Semmelmehl	hinzufügen, unter Rühren hellbraun rösten, erkalten lassen
1–1¼ kg Heidelbeeren	verlesen, vorsichtig waschen, gut abtropfen lassen, den Teig nochmals gut durchkneten, auf einem gefetteten Backblech ausrollen, mit der Mandel-Semmelmehl-Masse bestreuen, die Heidelbeeren darauf verteilen

FÜR DIE STREUSEL

250 g Weizenmehl	in eine Rührschüssel sieben
100 g Zucker ½–1 Teel. gemahlenen Zimt 50 g abgezogene, gemahlene Mandeln 200 g weiche Butter	hinzufügen, mit dem Handrührgerät mit Knethaken zu Streuseln von gewünschter Größe verarbeiten, gleichmäßig auf den Heidelbeeren verteilen, den Teig nochmals so lange an einem warmen Ort gehen lassen, bis er sich sichtbar vergrößert hat, das Backblech in den vorgeheizten Backofen schieben
Strom:	Etwa 200
Gas:	3–4
Backzeit:	25–30 Minuten den gebackenen Kuchen kurz vor dem Servieren mit
Puderzucker	bestäuben.
Tip:	Anstelle von Heidelbeeren Sauerkirschen, Äpfel oder Aprikosen verwenden.

RASPELKUCHEN

(Foto oben)

FÜR DEN BELAG

150 g Butter	zerlassen, nach und nach
200 g Zucker	
1 Päckchen Vanillin-Zucker	
2 Eßl. Milch	unterrühren
200 g Kokosraspeln	unterrühren, abkühlen lassen

FÜR DEN TEIG

300 g Weizenmehl	mit
1 Päckchen Backpulver	mischen, in eine Rührschüssel sieben
150 g Speisequark	
6 Eßl. Milch	
6 Eßl. Speiseöl	
75 g Zucker	
1 Päckchen Vanillin-Zucker	
Salz	hinzufügen
	die Zutaten mit einem Handrührgerät mit Knethaken auf höchster Stufe in etwa 1 Minute verarbeiten, auf der Tischplatte zu einer Rolle formen
	den Teig knapp ½ cm dick auf einem gefetteten Backblech ausrollen, mit
Milch	bestreichen
	die Kokosmasse gleichmäßig auf dem Teig verteilen, vor den Teig ein mehrfach umgeknicktes Stück Alufolie legen, die Form auf dem Rost in den vorgeheizten Backofen schieben
Strom:	175–200
Gas:	3–4
Backzeit:	Etwa 20 Minuten.

BIENENSTICH
(Foto oben)

FÜR DEN TEIG

500 g Weizenmehl	in eine Rührschüssel sieben, mit
1 Päckchen Trocken-Backhefe	sorgfältig vermischen
75 g Zucker 1 Päckchen Vanillin-Zucker Salz 2 Eier 125 ml (⅛ l) lauwarme Milch 100 g zerlassene, abgekühlte Butter oder Margarine	hinzufügen die Zutaten mit einem Handrührgerät mit Knethaken zunächst auf niedrigster, dann auf höchster Stufe in etwa 5 Minuten zu einem Teig verarbeiten, sollte er kleben, noch etwas Mehl hinzufügen (aber nicht zu viel, Teig muß weich bleiben) den Teig so lange an einem warmen Ort stehenlassen, bis er sich sichtbar vergrößert hat, ihn dann auf höchster Stufe nochmals gut durchkneten, auf einem gefetteten Backblech ausrollen, mehrmals mit einer Gabel einstechen, vor den Teig einen mehrfach umgeknickten Streifen Alufolie legen

FÜR DEN BELAG

100 g Butter	mit
150 g Zucker 1 Päckchen Vanillin-Zucker 2–3 Eßl. Milch	unter Rühren zerlassen
200 g abgezogene, gehobelte Mandeln	unterrühren, die Masse etwas abkühlen lassen, gleichmäßig auf dem Teig verteilen den Teig nochmals so lange an einem warmen Ort gehen lassen, bis er sich sichtbar vergrößert hat, in den vorgeheizten Backofen schieben
Strom:	200–225
Gas:	3–4
Backzeit:	Etwa 15 Minuten den erkalteten Kuchen in Viertel schneiden (Foto 1)

FÜR DIE FÜLLUNG
aus

2 Päckchen Pudding-Pulver Vanille-Geschmack 75 g Zucker 750 ml (¾ l) Milch	nach Vorschrift auf dem Päckchen (aber nur mit ¾ l Milch) einen Pudding zubereiten, kalt stellen, ab und zu durchrühren
250 ml (¼ l) Schlagsahne	½ Minute schlagen

1

2

3

1 Päckchen Sahnesteif einstreuen, die Sahne steif schlagen, vorsichtig unter den erkalteten Pudding rühren (Foto 2), die Gebäckstücke waagerecht durchschneiden, mit der Creme füllen (Foto 3).

Tip: Anstelle der Schlagsahne 100 g Butter unter den noch heißen Pudding rühren, kalt stellen, ab und zu durchrühren.

ZITRONEN-KUCHEN

FÜR DEN TEIG
die Teigplatten von

1 Paket (300 g) tiefgekühltem Blätterteig nebeneinander auf ein Küchenhandtuch legen, bei Zimmertemperatur auftauen lassen, wieder aufeinanderlegen und auf der mit

Weizenmehl bestäubten Tischplatte in der Größe der Fettfangschale ausrollen, auf eine mit kaltem Wasser abgespülte Fettfangschale legen, die Ränder leicht andrücken, den Teig mit einer Gabel mehrmals einstechen

400 g weiche Butter oder Margarine mit einem Handrührgerät mit Rührbesen auf höchster Stufe in etwa ½ Minute geschmeidig rühren, nach und nach

300 g gesiebten Puderzucker
Salz
abgeriebene Schale von 3 Zitronen (unbehandelt)
125 ml (⅛ l) Zitronensaft unterrühren, so lange rühren, bis eine gebundene Masse entstanden ist

200 g Weizenmehl mit
200 g Speisestärke
1 Teel. Backpulver mischen, sieben, eßlöffelweise auf mittlerer Stufe unterrühren den Teig gleichmäßig auf den Blätterteig streichen, die Fettfangschale in den vorgeheizten Backofen schieben

Strom: Etwa 200
Gas: Etwa 4
Backzeit: 25–30 Minuten
den gebackenen Kuchen etwas abkühlen lassen

FÜR DEN GUSS

200 g gesiebten Puderzucker
4 Eßl. Zitronensaft
abgeriebene Schale von 1 Zitrone (unbehandelt)
einige Tropfen Eiweiß verrühren, den Zitronenkuchen damit bestreichen, den völlig erkalteten Kuchen mit einem feuchten Messer in Stücke schneiden.

QUARKSTOLLEN

(Foto oben)

500 g Rosinen	verlesen, mit
100 ml (1/10 l) Rum	beträufeln, mehrere Stunden (am besten über Nacht) stehenlassen
500 g Weizenmehl	mit
1 Päckchen Backpulver	mischen, in eine Rührschüssel sieben
150 g Zucker 1 Päckchen Vanillin-Zucker Salz 4 Tropfen Backöl Bittermandel 1 Messerspitze gemahlene Nelken 1 Messerspitze gemahlenen Kardamom 1 Messerspitze gemahlenen Ingwer 1 Messerspitze gemahlene Muskatnuß 1 Messerspitze gemahlenen Zimt etwas abgeriebene gelbe Apfelsinenschale (unbehandelt) 2 Eier 175 g weiche Butter 250 g Speisequark	hinzufügen die Zutaten mit einem Handrührgerät mit Knethaken zunächst kurz auf niedrigster, dann auf höchster Stufe gut durcharbeiten, anschließend auf der Tischplatte
250 g abgezogene, gemahlene Mandeln 150 g gewürfeltes Zitronat (Sukkade) z. B. v. Schwartau 100 g gewürfeltes	

Orangeat	und die Rosinen unterkneten, alles zu einem glatten Teig verkneten, den Teig zu einem Stollen formen, auf ein mit Papier belegtes Backblech legen
Strom:	Vorheizen 250, backen 160 – 180
Gas:	5 Minuten vorheizen 2 – 3, backen 2 – 3
Backzeit:	50 – 60 Minuten den Stollen sofort nach dem Backen mit
100 g zerlassener Butter	bestreichen, mit
50 g Puderzucker	bestäuben.

Mohnrolle

FÜR DEN TEIG

250 g Weizenmehl	in eine Rührschüssel sieben,
75 g Zucker 1 Ei, Salz	sorgfältig vermischen
1 Teel. abgeriebene Schale von 1 Zitrone (unbehandelt) 50 g geriebene Haselnußkerne 125 g weiche Butter	hinzufügen alle Zutaten mit einem Handrührgerät mit Knethaken zunächst kurz auf niedrigster, dann auf höchster Stufe gut durcharbeiten, anschließend auf der Tischplatte zu einem glatten Teig verkneten, sollte er kleben, ihn eine Zeitlang kalt stellen
250 ml (¼ l) Milch	zum Kochen bringen, über
250 g gemahlenen Mohn	gießen, verrühren, quellen lassen, bis eine geschmeidige Masse entstanden ist
200 g Marzipan-Rohmasse	in kleine Würfel schneiden, unter den Mohn rühren, bis das Marzipan sich mit dem Mohn verbunden hat
50 g Honig 50 g verlesene Sultaninen 100 g feingehacktes Zitronat (Sukkade) abgeriebene Schale von 1 Zitrone (unbehandelt) 1 – 2 Teel. gemahlenen Zimt 1 – 2 Teel. gemahlene Nelken 50 g abgezogene, gemahlene Mandeln	unterrühren
4 Zwiebäcke	fein reiben, mit
3 Eiern 2 Eßl. Rum	unter die Mohnmasse rühren den Teig zu einem Rechteck von 35×30 cm ausrollen, die Füllung bergartig auf die Mitte geben, an den Seiten einen 1 – 2 cm breiten Rand frei lassen, den Teig über der Füllung zusammenschlagen die Teigenden gut zusammendrücken die Teigrolle mit der Nahtseite nach unten auf ein mit Back-Trennpapier belegtes Backblech legen, die Mohnrolle auf der Oberfläche mit einem Messer zickzackförmig einschneiden, das Backblech in den vorgeheizten Backofen schieben
Strom:	Etwa 175, Gas: 2 – 3
Backzeit:	Etwa 70 Minuten die Mohnrolle sofort nach dem Backen auf einen Kuchenrost setzen
30 – 50 g abgezogene, gehobelte Mandeln	auf ein Blech streuen, im vorgeheizten Backofen goldgelb rösten
Strom:	Etwa 200, Gas: Etwa 4
Röstzeit:	Etwa 8 Minuten

ZUM APRIKOTIEREN

4 Eßl. Aprikosen-Konfitüre	durch ein Sieb streichen, mit
4 Eßl. Wasser	verrühren, aufkochen lassen den erkalteten Kuchen damit bestreichen, mit den gerösteten Mandeln bestreuen.

Luisenkuchen

(Foto oben)

FÜR DEN KNETTEIG

250 g Weizenmehl mit
1 gestrichenen Teel. Backpulver mischen, in eine Rührschüssel sieben
100 g Zucker
1 Päckchen Vanillin-Zucker
1 Ei
125 g weiche Margarine oder Butter hinzufügen
die Zutaten mit einem Handrührgerät mit Knethaken zunächst kurz auf niedrigster, dann auf höchster Stufe gut durcharbeiten, anschließend auf der Tischplatte zu einem glatten Teig verkneten
den Teig auf einem gefetteten Backblech ausrollen, mehrmals mit einer Gabel einstechen, in den vorgeheizten Backofen schieben

Strom: 200 – 225
Gas: 3 – 4
Backzeit: Etwa 10 Minuten

FÜR DEN RÜHRTEIG

200 g weiche Margarine oder Butter mit einem Handrührgerät mit Rührbesen auf höchster Stufe in etwa ½ Minute geschmeidig rühren, nach und nach
200 g Zucker
1 Päckchen Vanillin-Zucker
Salz
abgeriebene Schale von 1 Zitrone (unbehandelt) unterrühren, so lange rühren, bis eine gebundene Masse entstanden ist
5 Eier nach und nach unterrühren (jedes Ei etwa ½ Minute)
200 g Weizenmehl mit
50 g Speisestärke
1 gestrichenen Teel. Backpulver mischen, sieben, eßlöffelweise auf mittlerer Stufe unterrühren
50 g gemahlene Mandeln auf mittlerer Stufe unterrühren

FÜR DIE FÜLLUNG

den vorgebackenen Knetteigboden mit
5 Eßl. Sauerkirsch oder Schwarze Johannisbeer-Konfitüre bestreichen
den Rührteig gleichmäßig darauf verteilen, glattstreichen, in den vorgeheizten Backofen schieben

Strom: 175 – 200
Gas: 3 – 4
Backzeit: Etwa 25 Minuten
den Kuchen nach dem Backen etwas abkühlen lassen

ZUM BESTREICHEN

den Kuchen mit
50 g zerlassener Butter bestreichen, mit

25 g Zucker	bestreuen nach Belieben 30 g Kuvertüre in einem kleinen Topf im heißen Wasserbad zu einer geschmeidigen Masse verrühren, das erkaltete Gebäck damit besprenkeln das Gebäck in Dreiecke, Rauten oder in Rechtecke schneiden
Tip:	In Alufolie verpackt oder in einer gut schließenden Blechdose kann das Gebäck mehrere Tage aufbewahrt werden.

OBSTKUCHEN MIT KROKANTBODEN

(Foto oben rechts)

FÜR DEN TEIG

125 g weiche Margarine, z. B. Sanella	mit einem Handrührgerät mit Rührbesen auf höchster Stufe in etwa ½ Minute geschmeidig rühren, nach und nach
75 g Rohrzucker Salz	unterrühren, so lange Rühren, bis eine gebundene Masse entstanden ist
3 Eigelb	nach und nach unterrühren (jedes Ei etwa ½ Minute)
125 g Weizenmehl	mit
1 Messerspitze Backpulver	mischen, sieben, eßlöffelweise auf mittlerer Stufe unterrühren
100 g Haselnuß-Krokant, z. B. von Schwartau	unterrühren
3 Eiweiß	steif schlagen, vorsichtig unterheben, den Teig auf ein gefettetes Backblech streichen, das Blech in den vorgeheizten Backofen schieben
Strom:	Etwa 200
Gas:	Etwa 4
Backzeit:	Etwa 35 Minuten das Gebäck etwas abkühlen lassen, stürzen die Gebäckplatte mit
25 g Haselnuß-Krokant	bestreuen
etwa 1 kg Aprikosenhälften (aus der Dose)	abtropfen lassen, das Gebäck mit den Aprikosen belegen
100 g Aprikosen-Konfitüre (durch ein Sieb gestrichen)	mit
1 Eßl. Mandellikör	verrühren, die Aprikosen damit bepinseln, mit
25 g Haselnuß-Krokant	bestreuen.

KÄSEKUCHEN, EINMAL ANDERS

	FÜR DEN TEIG
375 g Weizenmehl	in eine Rührschüssel sieben, mit
1 Päckchen Trocken-Backhefe	sorgfältig vermischen
75 g Zucker Salz 1 Ei 200 ml (⅕ l) lauwarme Schlagsahne 100 g zerlassene, abgekühlte Margarine	hinzufügen die Zutaten mit einem Handrührgerät mit Knethaken zunächst auf niedrigster, dann auf höchster Stufe in etwa 5 Minuten zu einem Teig verarbeiten, sollte er kleben, noch etwas Mehl hinzufügen (aber nicht zu viel, Teig muß weich bleiben) den Teig so lange an einem warmen Ort stehenlassen, bis er sich sichtbar vergrößert hat
	FÜR DIE FÜLLUNG
250 g gedünstete Pfirsiche	abtropfen lassen
300 g Doppelrahm-Frischkäse	mit
75 g Zucker 1 Päckchen Vanillin-Zucker 1 Eigelb 3 Eßl. Pfirsichsaft	gut verrühren die Pfirsiche in kleine Würfel schneiden
1 Eiweiß	steif schlagen beide Zutaten unter die Käsecreme rühren den gegangenen Teig auf höchster Stufe nochmals gut durchkneten, die Hälfte des Teiges auf ⅔ eines gefetteten Backblechs (etwa 35 x 30 cm) ausrollen, am Rand etwas hochdrücken, die Füllung gleichmäßig darauf streichen, dabei an der offenen Seite des Blechs etwa 2 cm Teig frei lassen, die überstehenden Teigränder auf die Füllung schlagen, den Rest des Teiges als Decke ausrollen, auf die Füllung legen, die Ränder gut andrücken, den Teig nochmals so lange an einem warmen Ort gehen lassen, bis er sich sichtbar vergrößert hat, in den vorgeheizten Backofen schieben
Strom:	200–225
Gas:	3–4
Backzeit:	Etwa 25 Minuten
	das Gebäck sofort nach dem Backen mit
20 g zerlassener Butter	bestreichen, mit
20 g Zucker	bestreuen.

PFIRSICHKUCHEN

(Foto S.163)

	FÜR DEN RÜHRTEIG
200 g Butter oder Margarine	mit einem Handrührgerät mit Rührbesen auf höchster Stufe in etwa ½ Minute geschmeidig rühren, nach und nach
150 g Zucker 1 Päckchen Vanillin-Zucker Salz Schale von ½ Zitrone (unbehandelt) 1 Eßl. Rum ½ Teel. gemahlenen Zimt oder Koriander	unterrühren, so lange rühren, bis eine gebundene Masse entstanden ist
1 Ei	etwa ½ Minute unterrühren
300 g Weizenmehl	mit
50 g Speisestärke 3 gestrichenen Teel. Backpulver	mischen, sieben, eßlöffelweise auf mittlerer Stufe unterrühren, den Teig auf ein gefettetes Backblech streichen, vor den Teig ein mehrfach umgeknickter Streifen Alufolie legen, das Backblech in den vorgeheizten Backofen schieben, hell vorbacken
Strom:	Etwa 200
Gas:	3–4
Backzeit:	Etwa 15 Minuten
etwa 1 kg gedünstete, abgezogene Pfirsichhälften	abtropfen lassen, den Kuchen in Abständen (Schnittfläche nach unten) damit belegen (Foto 1) in die Zwischenräume
100 g verlesene Sultaninen 50 g abgezogene, gehobelte Mandeln	streuen (Foto 2)
	FÜR DEN BISKUITTEIG
2 Eier	mit
2–3 Eßl. heißem Wasser	mit einem Handrührgerät mit Rührbesen auf höchster Stufe in 1 Minute schaumig rühren
100 g Zucker	mit
1 Päckchen Vanillin-Zucker abgeriebener Schale von ½ Zitrone (unbehandelt)	mischen, in 1 Minute einstreuen, dann noch etwa 2 Minuten schlagen
40 g Weizenmehl	mit
40 g Speisestärke ½ gestrichenen Teel. Backpulver	mischen, die Hälfte davon auf die Eiercreme sieben, kurz auf niedrigster Stufe unterrühren, den Rest des Mehl-Gemisches

1

auf dieselbe Weise unterarbeiten, die Pfirsich-Zwischenräume mit dem Teig ausfüllen (Foto 3), das Backblech in den vorgeheizten Backofen schieben, bei gleicher Temperatur weitere etwa 15 Minuten backen

nach Belieben

2–3 Eßl.
Aprikosen-Konfitüre

erhitzen, durch ein Sieb streichen, die Pfirsichhälften damit bestreichen.

2

3

PUDDINGKUCHEN

(Foto rechts)

FÜR DEN TEIG

500 g Weizenmehl	in eine Schüssel sieben, mit
1 Päckchen Trocken-Hefe	sorgfältig vermischen
75 g Zucker 1 Päckchen Vanillin-Zucker, Salz 75 g zerlassene, lauwarme Butter 1 Ei 250 ml (¼ l) lauwarme Milch	hinzufügen, alles mit einem Handrührgerät mit Knethaken zuerst auf der niedrigsten, dann auf der höchsten Stufe in etwa 5 Minuten zu einem Teig verarbeiten, an einem warmen Ort so lange stehenlassen, bis er etwa doppelt so hoch ist, ihn dann auf der Tischplatte nochmals gut durchkneten, ⅔ des Teiges auf einem gefetteten Backblech ausrollen, an den Rändern etwas hochdrücken

FÜR DIE FÜLLUNG

2 Päckchen Pudding-Pulver Vanille-Geschmack 80 g Zucker	mit 8 Eßl. von
1 l kalter Milch	anrühren, die restliche Milch zum Kochen

	bringen, von der Kochstelle nehmen, das angerührte Pudding-Pulver langsam unter Rühren hineingeben, kurz aufkochen lassen, während des Erkaltens ab und zu durchrühren, die Füllung auf den Teig geben, glattstreichen, den restlichen Teig in Größe des Backblechs ausrollen, auf die Füllung legen, an den Seiten gut andrücken, die Teigplatte mit einer Gabel mehrmals einstechen, den Teig nochmals an einem warmen Ort stehenlassen, bis er etwa doppelt so hoch ist, erst dann in vorgeheizten Backofen schieben
Strom:	200 – 225
Gas:	4 – 5
Backzeit:	15 – 20 Minuten

FÜR DEN GUSS

100 g Zartbitter-Schokolade	in kleine Stücke brechen, mit
25 g Kokosfett	in einem kleinen Topf im heißen Wasserbad zu einer geschmeidigen Masse verrühren, den erkalteten Kuchen damit bestreichen, mit Raspel-Schokolade z. B. von Schwartau bestreuen.

Blech-Streuselkuchen mit Kirschen

(Foto S.164 oben)

FÜR DEN TEIG

250 g weiche Margarine, z. B. Sanella	mit einem Handrührgerät mit Rührbesen auf höchster Stufe in etwa ½ Minute geschmeidig rühren, nach und nach
250 g Zucker 1 Beutel Orange-back	unterrühren, so lange rühren, bis eine gebundene Masse entstanden ist
4 Eier	nach und nach unterrühren (jedes Ei etwa ½ Minute)
300 g Weizenmehl	mit
100 g Speisestärke 3 gestrichene Teel. Backpulver	mischen, sieben, abwechselnd eßlöffelweise mit
4 Eßl. Milch	auf mittlerer Stufe unterrühren, den Teig auf ein gefettetes Backblech streichen, vor den Teig einen mehrfach umgeknickten Streifen Alufolie legen
1 kg Sauerkirschen	waschen, entsteinen
oder 2 Gläser entsteinte Sauerkirschen	abtropfen lassen, die Kirschen auf dem Teig verteilen
100 g Marzipan-Rohmasse	in kleine Stücke teilen, mit
1 Paket Fertig-Streusel	auf die Kirschen geben, mit
3 Eßl. Zucker	bestreuen, das Backblech in den vorgeheizten Backofen schieben
Strom:	200 – 225
Gas:	3 – 4
Backzeit:	etwa 30 Minuten den erkalteten Kuchen mit
Puderzucker	bestäuben.

Bismarck-Eiche

FÜR DEN TEIG

4 Eier 3 – 4 Eßl. heißes Wasser	mit einem Handrührgerät mit Rührbesen auf höchster Stufe in 1 Minute schaumig schlagen
125 g Zucker	mit
1 Päckchen Vanillin-Zucker	mischen, in 1 Minute einstreuen, dann noch etwa 2 Minuten schlagen
75 g Weizenmehl	mit
50 g Speisestärke 1 Messerspitze Backpulver	mischen, die Hälfte davon auf die Eiercreme sieben, kurz auf niedrigster Stufe unterrühren, den Rest des Mehl-Gemisches auf dieselbe Weise unterarbeiten, den Teig etwa 1 cm dick auf ein mit Papier belegtes Backblech streichen, an der offenen Seite des Blechs das Papier unmittelbar vor dem Teig zur Falte knicken, so daß ein Rand entsteht, das Backblech in den vorgeheizten Backofen schieben
Strom:	200 – 225
Gas:	3 – 4
Backzeit:	10 – 15 Minuten den Biskuit nach dem Backen sofort auf ein mit
Zucker	bestreutes Geschirrtuch stürzen, das Backpapier mit kaltem Wasser bestreichen, vorsichtig, aber schnell abziehen, den Biskuit mit dem Geschirrtuch aufrollen, kalt stellen

FÜR DIE FÜLLUNG aus

1 Päckchen Pudding-Pulver Feiner Schokoladen-Pudding 75 – 100 g Zucker 500 ml (½ l) Milch	nach Vorschrift auf dem Päckchen einen Pudding zubereiten, kalt stellen, ab und zu durch rühren
200 g Butter	geschmeidig rühren, den Pudding eßlöffelweise darunter geben (darauf achten, daß weder Butter noch Pudding zu kalt sind, da dann die sogenannte Gerinnung eintritt), die ausgekühlte Rolle vorsichtig auseinanderrollen, mit der Buttercreme (etwas zum Bestreichen zurücklassen) gleichmäßig bestreichen, aufrollen, die äußere braune Haut entfernen, die Rolle zunächst dünn mit etwas Creme bestreichen, dann mit der restlichen Creme bestreichen, die Rolle durch wellenförmige Längsstriche mit einer Gabel verzieren.

BUTTERKUCHEN

FÜR DEN TEIG

500 g Weizenmehl	in eine Rührschüssel sieben, mit
1 Päckchen Trocken-Backhefe	sorgfältig vermischen
75 g Zucker 1 Päckchen Vanillin-Zucker Salz 250 ml (¼ l) lauwarme Milch 75 g zerlassene, abgekühlte Butter oder Margarine	hinzufügen die Zutaten mit einem Handrührgerät mit Knethaken zunächst auf niedrigster, dann auf höchster Stufe in etwa 5 Minuten zu einem Teig verarbeiten, sollte er kleben, noch etwas Mehl hinzufügen (aber nicht zu viel, Teig muß weich bleiben), den Teig so lange an einem warmen Ort stehenlassen, bis er sich sichtbar vergrößert hat, ihn dann auf höchster Stufe nochmals gut durchkneten, auf einem gefetteten Backblech ausrollen, vor den Teig einen mehrfach umgeknickten Streifen Alufolie legen

FÜR DEN BELAG

125 g Butter	in Flöckchen gleichmäßig auf den Teig setzen oder zerlassen, darauf streichen
75 g Zucker	mit
1 Päckchen Vanillin-Zucker	mischen, darüber streuen
50 g abgezogene, gehobelte Mandeln	gleichmäßig darüber verteilen, den Teig nochmals so lange an einem warmen Ort gehen lassen, bis er sich sichtbar vergrößert hat, in den vorgeheizten Backofen schieben
Strom:	200 – 225
Gas:	4 – 5
Backzeit:	Etwa 15 Minuten.
Veränderung:	250 ml (¼ l) Schlagsahne steif schlagen, sofort nach dem Backen gleichmäßig auf den Butterkuchen streichen.

GEDECKTER APFELKUCHEN

FÜR DEN TEIG

500 g Weizenmehl	in eine Schüssel sieben, mit
1 Päckchen Trocken-Hefe	sorgfältig vermischen
75 g Zucker 1 Päckchen Vanillin-Zucker Salz 75 g zerlassene, lauwarme Butter 1 Ei 250 ml (¼ l) lauwarme Milch	hinzufügen, die Zutaten mit einem Handrührgerät mit Knethaken zuerst auf der niedrigsten, dann auf der höchsten Stufe in etwa 5 Minuten zu einem Teig verarbeiten den Teig an einem warmen Ort so lange stehenlassen, bis er sich sichtbar vergrößert hat

FÜR DIE FÜLLUNG

2 kg Äpfel (z. B. Boskop)	schälen, vierteln, entkernen, in Stücke schneiden, mit
75 g verlesenen Rosinen 75 g Zucker 1 Päckchen Vanillin-Zucker 1 gestrichenen Teel. gemahlenem Zimt	unter Rühren gar dünsten, erkalten lassen den Hefeteig dann auf höchster Stufe nochmals gut durchkneten, ⅔ des Teiges auf einem gefetteten Backblech ausrollen, an den Rändern etwas hochdrücken, die Füllung auf dem Teig verteilen, glattstreichen, den restlichen Teig in der Größe des Backblechs ausrollen, auf die Füllung legen, an den Seiten gut andrücken, die Teigplatte mit einer Gabel mehrmals einstechen, den Teig nochmals an einem warmen Ort so lange stehenlassen, bis er etwa doppelt so hoch ist, erst dann in den vorgeheizten Backofen schieben
Strom:	200 – 225
Gas:	4 – 5
Backzeit:	15 – 20 Minuten

FÜR DEN GUSS

125 g Puderzucker	sieben, mit
etwa 2 Eßl. Zitronensaft	glattrühren, so daß eine dickflüssige Masse entsteht den erkalteten Kuchen damit bestreichen.

APRIKOSEN-MANDEL-SCHNITTEN

(Foto S. 167)

FÜR DEN TEIG

300 g Weizenmehl	mit
75 g Speisestärke 1 gestrichenen Teel. Backpulver	mischen, in eine Rührschüssel sieben
175 g Zucker	

1 Päckchen Vanillin-Zucker	
Salz	
1 Ei	
175 g weiche Butter	hinzufügen, die Zutaten mit einem Handrührgerät mit Knethaken zunächst kurz auf niedrigster, dann auf höchster Stufe gut durcharbeiten, anschließend auf der Tischplatte zu einem glatten Teig verkneten, sollte er kleben, ihn eine Zeitlang kalt stellen, den Teig auf einem gefetteten Backblech ausrollen, vor den Teig einen mehrfach umgeknickten Streifen Alufolie legen
	FÜR DEN BELAG
2 Becher (je 150 g) Crème fraîche	mit
75 g Zucker	
1 Päckchen Vanillin-Zucker	
1 Päckchen Soßen-Pulver Vanille-Geschmack	
125 g abgezogenen, gemahlenen Mandeln	
1 Ei	gut verrühren, gleichmäßig auf dem Teig verteilen
etwa 1 kg Aprikosen	waschen, abtrocknen, halbieren, entsteinen, mit der Wölbung nach unten gleichmäßig auf die Crème-fraîche-Masse legen, in jede Aprikosenhälfte eine von
70 g abgezogenen, halbierten Mandeln	legen
	das Backblech in den vorgeheizten Backofen schieben
Strom:	175 – 200
Gas:	3 – 4
Backzeit:	Etwa 40 Minuten
	das Gebäck sofort nach dem Backen mit etwas von
30 g Puderzucker	bestäuben, erkalten lassen, mit dem restlichen Puderzucker bestäuben
	das Gebäck in Schnitten schneiden.

KLEIN ABER OHO!
Ein Törtchen unterscheidet sich von einer ausgewachsenen Torte zwar in der Größe, aber was das geschmackliche Format angeht, kann es meist spielend mithalten.

Zudem haben all die Törtchen, Öhrchen, Eckchen und Schneckchen den unschätzbaren Vorteil, daß man meist zwei bis drei ihrer Art bewältigen kann.
Eine Auswahl der schönsten dieser kleinen, feinen Tiefstapler finden Sie im folgenden Kapitel.

KLEINGEBÄCK AUS VERSCHIEDENEN TEIGEN

CRÈME FRAÎCHE-WAFFELN

(Foto rechts)

2 Becher (je 150 g) Crème fraîche	mit einem Handrührgerät mit Rührbesen auf höchster Stufe in etwa ½ Minute cremig rühren, nach und nach
100 g Zucker abgeriebener Schale von ½ Zitrone (unbehandelt) Salz	unterrühren, so lange rühren, bis eine gebundene Masse entstanden ist
3 Eier	nach und nach unterrühren (jedes Ei etwa ½ Minute)
250 g Weizenmehl	mit
1 Teel. Backpulver	mischen, sieben, eßlöffelweise auf mittlerer Stufe unterrühren ein Waffeleisen mit
1 Speckschwarte	ausfetten den Teig in nicht zu großen Portionen in das erhitzte Waffeleisen füllen, sofort gut verstreichen die Waffeln von beiden Seiten goldbraun backen, einzeln auf einem Kuchenrost erkalten lassen
Beilage:	Geschlagene Sahne, Vanille-Eis, gezuckerte Beerenfrüchte oder Marmelade, Gelee.

SCHWÄNCHEN

FÜR DEN TEIG

250 ml (¼ l) Wasser	mit
50 g Butter	am besten in einem Stieltopf zum Kochen bringen
150 g Weizenmehl	mit
25 g Speisestärke	mischen, sieben, auf einmal in die von der Kochstelle genommene Flüssigkeit schütten, zu einem glatten Kloß rühren, diesen unter Rühren noch etwa 1 Minute erhitzen den heißen Kloß in eine Schüssel geben, nach und nach
4–5 Eier	mit einem Handrührgerät mit Knethaken auf höchster Stufe unterarbeiten, weitere Eizugabe erübrigt sich, wenn der Teig stark glänzt und so vom Löffel fällt, daß lange Spitzen hängenbleiben
1 gestrichenen Teel. Backpulver	in den erkalteten Teig rühren gut walnußgroße Teighäufchen auf ein gefettetes, mit Mehl bestäubtes Backblech setzen (etwa 2 Eßl. Teig zurücklassen), in den vorgeheizten Backofen schieben
Strom:	200–225
Gas:	4–5
Backzeit:	25–30 Minuten

während der ersten 15 Minuten Backzeit die Backofentür nicht öffnen, da das Gebäck sonst zusammenfällt, sofort nach dem Backen von jedem Windbeutel einen Deckel abschneiden, die 2 Eßl. Teig in ein Pergamentpapiertütchen füllen, auf ein gefettetes, mit Weizenmehl bestäubtes Backblech so viele Zweien (Ziffer 2) spritzen, wie Windbeutel vorhanden sind, in den vorgeheizten Backofen schieben

Strom:	200–225
Gas:	4–5
Backzeit:	Etwa 15 Minuten

FÜR DIE FÜLLUNG

2 gestrichene Teel. Gelatine gemahlen, weiß	mit
3 Eßl. kaltem Wasser	in einem kleinen Topf anrühren, 10 Minuten zum Quellen stehenlassen, unter Rühren erwärmen, bis sie gelöst ist

500 ml (½ l)	
Schlagsahne	fast steif schlagen, die lauwarme Gelatinelösung darunter schlagen, die Sahne vollkommen steif schlagen
25 g Zucker	
1 Päckchen	
Vanillin-Zucker	unter die steifgeschlagene Sahne geben, die Windbeutel damit füllen bevor die Zweien als Hälse in die Sahne gesteckt werden, von dem unteren Teil jeder Zwei ein kleines Stück abbrechen die Deckel der Windbeutel halbieren, als Flügel in die Sahne stecken, das abgebrochene Stück der Zwei als Schwänzchen in die Sahne stecken die Schwänchen mit
gesiebtem	
Puderzucker	bestäuben.

Mocca-Törtchen

(6 Stück, Foto S. 168 unten)

3 Eiweiß	mit einem Handrührgerät mit Rührbesen auf höchster Stufe steif schlagen, nach und nach
150 g Zucker	
1 Teel. Essig	unterschlagen die Baisermasse in einen Spritzbeutel mit Lochtülle füllen und etwa 12 Böden von 9–10 cm Durchmesser auf ein mit Back-Trennpapier belegtes Backblech spritzen das Backblech in den vorgeheizten Backofen schieben
Strom:	100–125
Gas:	30 Minuten 1, 20 Minuten aus, 15 Minuten 1
Backzeit:	70–80 Minuten

FÜR DIE FÜLLUNG

100 g weiche Butter	mit einem Handrührgerät mit Rührbesen geschmeidig rühren, nach und nach
1 gehäuften Eßl. gesiebten Puderzucker	
3 Eigelb	
50 g aufgelöste, abgekühlte Zartbitter-Schokolade	unterrühren
1 ½–2 Teel. Instant-Kaffee	in
1–1 ½ Eßl. kochendem Wasser	auflösen, unter die Creme rühren, die Mokkacreme in einen Spritzbeutel geben, auf 6 Baiserböden spritzen, die restliche Creme auf die übrigen 6 Baiserböden spritzen, jeweils 2 bespritzte Baiserböden zusammensetzen, die Mokka-Törtchen mit
Mokkabohnen	garnieren.

ROSINEN-NUSSKRAPFEN

FÜR DEN TEIG

375 ml (3/8 l) Wasser 100 g Butter oder Margarine, z. B. Sanella 1 Teel. Zucker Salz	am besten in einem Stieltopf zum Kochen bringen
250 g Weizenmehl	mit
30 g Speisestärke	mischen, sieben, auf einmal in die von der Kochstelle genommene Flüssigkeit schütten, zu einem glatten Kloß rühren, unter Rühren etwa 1 Minute erhitzen, den heißen Kloß sofort in eine Rührschüssel geben, nach und nach
7 Eier	mit einem Handrührgerät mit Knethaken auf höchster Stufe unterarbeiten, weitere Eizugabe erübrigt sich, wenn der Teig stark glänzt und so von einem Löffel abreißt, daß lange Spitzen hängenbleiben
1 gestrichenen Teel. Backpulver	in den erkalteten Teig arbeiten zum Schluß
100 g gehackte Haselnußkerne 100 g gehackte Walnußkerne 150 g Rosinen	unterarbeiten von dem Teig mit einem Eßlöffel Stücke abstechen und schwimmend in
siedendem Ausbackfett	ausbacken
Backzeit:	6 – 8 Minuten die abgetropften Nußkrapfen in einem
Zucker-Zimt- Gemisch	wälzen oder mit
gesiebtem Puder- zucker	bestäuben.

WAFFEL-TÖRTCHEN MIT SCHOKOLADEN-SAHNE

FÜR DIE SCHOKOLADENSAHNE

500 ml (½ l) Schlag- sahne	zum Kochen bringen, von der Kochstelle nehmen
100 g Zartbitter- Schokolade	in Stücke brechen, in der Sahne auflösen, mehrere Stunden kalt stellen (am besten über Nacht)

FÜR DEN TEIG

1 Packung Kuchenmischung Zitronenkuchen	mit
150 g weicher Margarine 3 Eiern 1 Becher (150 g) Crème fraîche	nach Vorschrift auf der Packung (mit den hier angegebenen Zutaten) zubereiten den Teig in nicht zu großer Menge in ein gut erhitztes, gefettetes Waffeleisen füllen, goldbraun backen, einzeln auf einem Kuchenrost erkalten lassen die gut gekühlte Schokoladen-Sahne fast steif schlagen, ⅓ der
Glasurmischung (aus der Packung)	unterrühren, die Sahne vollkommen steif schlagen die Waffeln mit der restlichen Glasurmischung bestäuben jeweils 5 Waffeln mit Sahne zu einer Torte zusammensetzen.

BAISER

(Foto S. 173)

FÜR DIE BAISERMASSE

6 Eiweiß	mit einem Handrührgerät mit Rührbesen auf höchster Stufe steif schlagen (Foto 1), nach und nach
300 g sehr feinen Zucker	unterschlagen, so steif schlagen, daß ein Messerschnitt sichtbar bleibt

FÜR DIE BAISERTÖRTCHEN

Kreise von 8 – 10 cm Durchmesser auf Backpapier zeichnen, einen Teil der Baisermasse in einen Spritzbeutel mit glatter Tülle füllen, die Kreise spiralförmig ausspritzen
die restliche Baisermasse in einen Spritzbeutel mit gezackter Tülle füllen, auf jedes Törtchen einen Tupfenrand spritzen

FÜR DIE BAISER-EISKUGELN

Kreise von etwa 8 cm Durchmesser auf Alufolie zeichnen
die Baisermasse in einen Spritzbeutel mit großer glatter oder gezackter Tülle füllen, die Kreise kuppelförmig ausspritzen (Foto 2)
das Backblech in den vorgeheizten Backofen schieben

Strom:	Etwa 100
Gas:	Etwa 1
Backzeit (Trockenzeit):	Etwa 3 Stunden die Halbkugeln gleich nach dem Trocknen von dem Back-Trennpapier lösen, die Unterseiten mit einem Löffel vorsichtig eindrücken (Foto 3)
500 g Eiscreme	mit einem Eisportionierer zu Kugeln

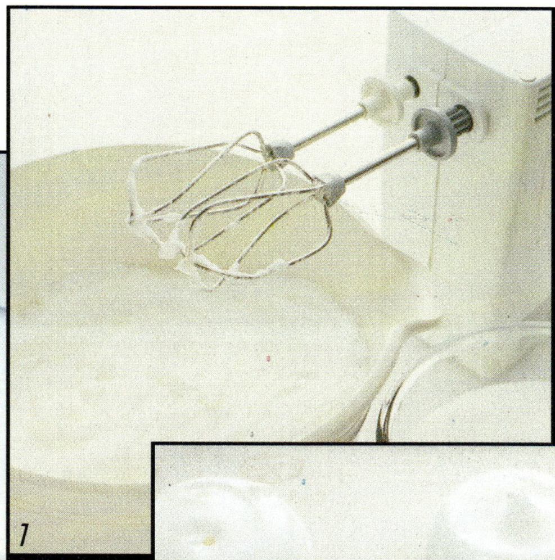

1

2

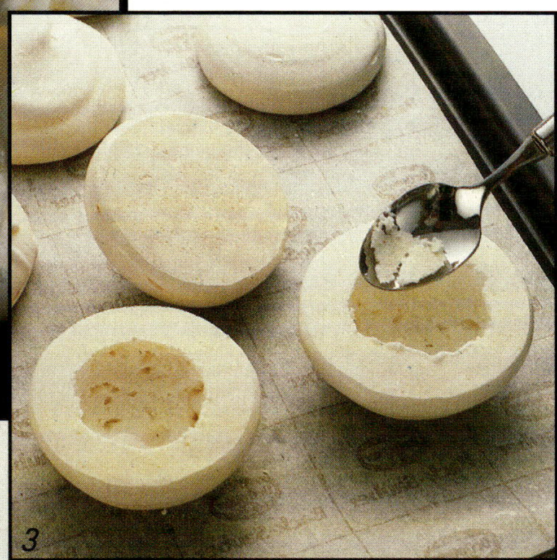

3

4

	formen, die Hälfte der Baiserkugeln mit Eiskugeln füllen, jeweils mit einer Halbkugel bedecken die Baiser-Eiskugeln mit
200 ml (⅕ l) steifgeschlagener Schlagsahne	verzieren
	FÜR DIE BAISER-TÖRTCHEN
etwa 50 g Halbbitter-Kuvertüre	im heißen Wasserbad geschmeidig rühren (sie sollte nicht zu warm sein, die Törtchen innen damit bestreichen (Foto 4)
200 ml (⅕ l) Schlagsahne	steif schlagen, in die Törtchen spritzen
500–750 g Obst (z. B. Himbeeren, Erdbeeren, Mandarinen, Kiwi)	vorbereiten, die Törtchen damit belegen.

LÖFFELBISKUITS

2 Eier	mit
50 g Zucker 1 Päckchen Vanillin-Zucker	mit einem Handrührgerät mit Rührbesen auf höchster Stufe in 1 Minute cremig schlagen
50 g Weizenmehl	mit
30 g Speisestärke 1 gestrichenen Teel. Backpulver	mischen, auf die Eiercreme sieben, kurz auf niedrigster Stufe unterrühren den Teig in einen Spritzbeutel (mit Lochtülle) füllen, in Form von Löffel-Biskuits (nicht zu groß, Teig geht noch auf) auf ein gefettetes, leicht mit Weizenmehl bestäubtes Backblech spritzen, in den vorgeheizten Backofen schieben
Strom:	175 – 200
Gas:	2 – 3
Backzeit:	Etwa 10 Minuten.

WINDBEUTEL ECLAIRS UND BANANEN-WINDBEUTEL

(Foto S. 175)

FÜR DEN TEIG

200 ml (⅕ l) Wasser 40 g Butter oder Margarine, z.B. Sanella 20 g Zucker 1 Päckchen Vanillin-Zucker	am besten in einem Stieltopf zum Kochen bringen
125 g Weizenmehl 20 g Speisestärke	mischen, sieben, auf einmal in die von der Kochstelle genommene Flüssigkeit schütten, zu einem glatten Kloß rühren, unter Rühren etwa 1 Minute erhitzen, den heißen Kloß sofort in eine Rührschüssel geben, nach und nach
4 Eier	mit einem Handrührgerät mit Knethaken auf höchster Stufe unterarbeiten
1 gestrichenen Teel. Backpulver	in den erkalteten Teig arbeiten den Teig in einen Spritzbeutel mit großer gezackter Tülle füllen ein Backblech mit Backpapier belegen, Teighäufchen für die Windbeutel oder etwa 6 cm lange Streifen für die Eclairs oder leichte runde Streifen für die Bananen-Schiffchen spritzen (Foto 1) das Backblech in den vorgeheizten Backofen schieben
Strom:	200 – 225
Gas:	4 – 5
Backzeit Eclairs und Bananen-Schiffchen:	Etwa 20 Minuten
Backzeit Windbeutel:	25 – 30 Minuten das Gebäck sofort nach dem Backen quer durchschneiden (Foto 2)

FÜR DIE ERDBEERFÜLLUNG

6 Blatt weiße Gelatine	etwa 10 Minuten in kaltem Wasser einweichen, gut ausdrücken
1 Päckchen Soßenpulver Vanille-Geschmack 250 ml (¼ l) Milch 2 Eßl. Zucker	nach Vorschrift auf dem Päckchen zubereiten die Gelatine unter den heißen Pudding rühren
250 g Erdbeeren	waschen, gut abtropfen lassen, entstielen, pürieren, zu dem abgekühlten Pudding geben, kalt stellen
250 g Schlagsahne	mit
1 Eßl. Zucker	steif schlagen, unter den Erdbeerpudding heben die unteren Windbeutel-Hälften mit der Erdbeer-Sahne bespritzen, jeweils einen Deckel darauf legen, mit
1 Eßl. Puderzucker	bestäuben (Foto 3)

ODER FÜR DIE PISTAZIENFÜLLUNG

375 g Schlagsahne 1 Eßl. Puderzucker	steif schlagen
100 g Pistazienkerne	fein hacken, mit
1 Eßl. Mandellikör	unter die Schlagsahne heben, in einen Spritzbeutel mit gezackter Tülle füllen, auf die untere Hälfte der Eclairs spritzen, die obere Hälfte darauf legen (Foto 4) oder

FÜR DIE BANANENFÜLLUNG

375 g Schlagsahne	mit
1 Teel. Zucker	steif schlagen, in einen Spritzbeutel mit gezackter Tülle füllen, auf die untere Hälfte der Bananen-Schiffchen spritzen
4 Bananen	schälen, in Scheiben schneiden, auf der Sahne verteilen (Foto 5)

FÜR DEN GUSS

75 – 100 g Puderzucker	mit
etwa 3 Eßl. Wasser	glattrühren, mit
gelber Lebensmittelfarbe	zartgelb einfärben, auf die Oberseite der Bananen-Schiffchen streichen, etwas trocknen lassen
30 g Kuvertüre	im heißen Wasserbad geschmeidig rühren, in ein Pergamentpapiertütchen geben, die Spitze des Tütchens abschneiden, die gelbgefärbten Windbeutel-Hälften mit der Kuvertüre verzieren (Foto 6) die Bananen-Schiffchen zusammensetzen.

1

2

3

4

5

6

FEIGENTÖRTCHEN

(Foto oben)

FÜR DEN TEIG

1 Packung Grundteigmischung Obst-Kuchenteig	mit
125 g weicher Margarine z. B. Sanella	
1 Ei	
30 ml (2 Eßl.) Wasser	nach Vorschrift auf der Packung zubereiten den Teig in einen Spritzbeutel (mit gezackter Tülle) füllen, spiralförmig (Durchmesser etwa 6 cm) auf ein gefettetes Backblech spritzen
etwa 375 g frische Feigen	vorsichtig waschen, trockentupfen, Stiele und Blüten entfernen, die Feigen in

	Scheiben schneiden, auf dem Teig verteilen das Backblech in den vorgeheizten Backofen schieben
Strom:	Etwa 200
Gas:	3–4
Backzeit:	Etwa 15 Minuten
	ZUM APRIKOTIEREN
2 Eßl. Aprikosen-Konfitüre	durch ein Sieb streichen, mit
1 Eßl. Wasser	unter Rühren aufkochen lassen, sofort nach dem Backen die Törtchen damit bestreichen, mit
Hagelzucker	bestreuen.

SÜSSE SCHNITTEN

(Foto S. 176 unten rechts)

	FÜR DEN TEIG
125 g weiche Margarine, z. B. Sanella	mit einem Handrührgerät mit Rührbesen auf höchster Stufe in etwa ½ Minute geschmeidig rühren, nach und nach
250 g braunen Zucker (Rohrzucker) 1 Päckchen Vanillin-Zucker	unterrühren, so lange rühren, bis eine gebundene Masse entstanden ist
2 Eigelb	nach und nach unterrühren (jedes Eigelb etwa ½ Minute)
250 g Weizenmehl	mit
2 gestrichenen Teel. Backpulver	mischen, sieben, abwechselnd eßlöffelweise mit
100 g Schlagsahne	auf mittlerer Stufe unterrühren
1 Teel. gemahlenen Zimt 100 g Walnuß-Stücke, kandiert, z. B. von Schwartau	unterrühren
2 Eiweiß	steif schlagen, auf niedrigster Stufe unterrühren den Teig in eine gefettete, mit Backpapier ausgelegte Kastenform füllen die Form auf dem Rost in den vorgeheizten Backofen schieben
Strom:	175–200
Gas:	3–4
Backzeit:	etwa 1 Stunde den Kuchen auf einem Kuchenrost stürzen, abkühlen lassen das Gebäck, falls notwendig, oben und an den Seiten begradigen den Kuchen quer in etwa 3 cm breite Scheiben schneiden
	ZUM APRIKOTIEREN
300g Aprikosen-Konfitüre	durch ein Sieb streichen, erwärmen, die Kuchenstücke damit bestreichen
	ZUM BELEGEN
200 g Feine Marzipan-Rohmasse	mit
150 g gesiebtem Puderzucker 1 Beutel Rum-back, z. B. von Schwartau	verkneten, in 3 Teile teilen, jeweils rosa, lindgrün und zartblau mit
Back- und Speisefarbe „Farbenfreude“, z. B. von Schwartau	einfärben Marzipan zwischen Klarsichtfolie in Größe der Schnitten ausrollen, die Schnitten damit belegen, zusammensetzen und andrücken die Schnitten nach Belieben mit
Zuckerschrift	verzieren, mit
bunten Schokoladen-Plätzchen	garnieren

FETTKRAPFEN

	FÜR DEN TEIG
125 ml (⅛ l) Wasser 30 g Margarine oder Butter	am besten in einem Stieltopf zum Kochen bringen
100 g Weizenmehl	mit
15 g Speisestärke	mischen, sieben, auf einmal in die von der Kochstelle genommene Flüssigkeit schütten, zu einem glatten Kloß rühren, unter Rühren etwa 1 Minute erhitzen, den heißen Kloß sofort in eine Rührschüssel geben, nach und nach
2–3 Eier	mit einem Handrührgerät mit Knethaken auf höchster Stufe unterarbeiten, weitere Eizugabe erübrigt sich, wenn der Teig stark glänzt und so von einem Löffel abreißt, daß lange Spitzen hängenbleiben
1 Messerspitze Backpulver	in den erkalteten Teig arbeiten
40 g Rosinen	verlesen, kurz unterarbeiten
Ausbackfett (Speiseöl oder Kokosfett)	erhitzen, mit einem in das heiße Fett getauchten Teelöffel Teigbällchen abstechen, schwimmend in dem siedenden Ausbackfett hellbraun backen, mit einem Schaumlöffel herausnehmen, auf einem Kuchenrost abtropfen lassen, mit
Puderzucker	bestäuben.

JOHANNISBEER-MANDEL-SCHNITTEN

FÜR DEN TEIG

4 Eier 3–4 Eßl. heißes Wasser	mit einem Handrührgerät mit Rührbesen auf höchster Stufe in 1 Minute schaumig schlagen
150 g Zucker	in 1 Minute einstreuen, dann noch etwa 2 Minuten schlagen
1 gehäuften Eßl. Weizenmehl	mit
1 Teel. Backpulver ½ Teel. gemahlenem Zimt 200 g mit der Schale gemahlenen Mandeln	mischen, die Hälfte davon auf die Eiercreme sieben, kurz auf niedrigster Stufe unterrühren den Rest des Mehl-Gemisches auf dieselbe Weise unterarbeiten den Teig auf ein gefettetes mit Pergamentpapier ausgelegtes Backblech geben, glattstreichen, das Papier an der offenen Seite des Blechs zur Falte knicken das Backblech in den vorgeheizten Backofen schieben
Strom:	Etwa 200
Gas:	3–4
Backzeit:	Etwa 15 Minuten sofort nach dem Backen die Biskuitplatte auf ein mit Zucker bestreutes Stück Pergamentpapier stürzen, das Backpapier abziehen die Gebäckplatte erkalten lassen

FÜR DIE FÜLLUNG

500 g Johannisbeeren	vorsichtig waschen, abtropfen lassen die Beeren mit einer Gabel von den Stielen streifen, pürieren, durch ein Sieb streichen, mit
5 Eßl. Zucker	süßen
6 Blatt Gelatine gemahlen, weiß	in kaltem Wasser einweichen, etwa 5 Minuten zum Quellen stehenlassen, gut ausdrücken, in einem kleinen Topf auflösen, unter das Fruchtpüree rühren sobald die Masse beginnt dicklich zu werden,
500 ml (½ l) Schlagsahne	steif schlagen, unterheben die Gebäckplatte halbieren, gut die Hälfte der Frucht-Sahnemasse auf eine Gebäckplatte streichen, mit der anderen Gebäckplatte bedecken, etwas andrücken, mit der restlichen Fruchtsahne bestreichen, mit
1 Eßl. Schokoblättchen	bestreuen das Gebäck mehrere Stunden kalt stellen, in 16 Schnitten teilen
125 ml (⅛ l) Schlagsahne	mit
1 Päckchen Sahnesteif 1 Teel. Zucker	steif schlagen, in einen Spritzbeutel mit Sterntülle füllen, die Johannisbeerschnitten damit verzieren, jede Schnitte mit einer von
16 kleinen Johannisbeertrauben	garnieren.

EBERSWALDER SPRITZKUCHEN

(Foto S. 179)

250 ml (¼ l) Wasser 50 g Margarine, z. B. Sanella	am besten in einem Stieltopf zum Kochen bringen
150 g Weizenmehl	mit
30 g Speisestärke	mischen, sieben, auf einmal in die von der Kochstelle genommene Flüssigkeit schütten, zu einem glatten Kloß rühren, unter Rühren etwa 1 Minute erhitzen (Foto 1), den heißen Kloß sofort in eine Rührschüssel geben, nach und nach
25 g Zucker 1 Päckchen Vanillin-Zucker 4–6 Eier	mit einem Handrührgerät mit Knethaken auf höchster Stufe unterarbeiten (Foto 2) weitere Eizugabe erübrigt sich, wenn der Teig stark glänzt und so von einem Löffel abreißt, daß lange Spitzen hängenbleiben
1 gestrichenen Teel. Backpulver	in den erkalteten Teig arbeiten, ihn in einen Spritzbeutel (weite Tülle) füllen, auf gefettete Pergamentpapiere (etwa 10 x 10 cm groß) in Form von Kränzen spritzen (Foto 3) durch Eintauchen der Papiere in siedendes
Ausbackfett (Speiseöl oder Kokosfett)	die Kränzchen lösen, schwimmend auf beiden Seiten hellbraun backen (Foto 4), mit einem Schaumlöffel herausnehmen, auf einem Kuchenrost abtropfen lassen

FÜR DEN GUSS

200 g Puderzucker	sieben, mit
2 Eßl. Zitronensaft etwa 2 Eßl. heißem Wasser	glattrühren, so daß eine dickflüssige Masse entsteht das Gebäck damit überziehen.

1

2

3

4

FLORENTINER SCHNITTEN

FÜR DEN TEIG

200 g Weizenmehl	mit
½ gestrichenen Teel. Backpulver	mischen, in eine Rührschüssel sieben
75 g Zucker 1 Päckchen Vanillin-Zucker Salz 2 Eßl. Wasser 100 g weiche Butter	hinzufügen die Zutaten mit einem Handrührgerät mit Knethaken zunächst kurz auf niedrigster, dann auf höchster Stufe gut durcharbeiten, anschließend auf der Tischplatte zu einem glatten Teig verkneten, sollte er kleben, ihn eine Zeitlang kalt stellen den Teig in der Größe von etwa 28 x 36 cm ausrollen, die Teigplatte halbieren, so daß 2 Teigstreifen von etwa 14 x 36 cm entstehen, die Teigstreifen jeweils an den Längsseiten 1–2 cm nach innen klappen, die Teigstreifen auf ein gut gefettetes Backblech legen, das Backblech in den vorgeheizten Backofen schieben
Strom:	Etwa 200
Gas:	3–4
Backzeit:	Etwa 10 Minuten

FÜR DEN BELAG

50 g Butter	zerlassen
100 g Zucker 1 Päckchen Vanillin-Zucker 2 Eßl. Honig	hinzufügen, unter Rühren karamelisieren lassen
250 ml (¼ l) Schlagsahne	hinzugießen, rühren, bis sich der Zucker gelöst hat
100 g abgezogene, gehobelte Mandeln 100 g gehobelte Haselnußkerne 25 g kandierte Kirschen (in kleine Stückchen geschnitten)	hinzufügen, so lange unter Rühren erhitzen, bis die Masse gebunden ist, die Masse auf die beiden Gebäckstreifen verteilen, wieder in den Backofen schieben, bei gleicher Einstellung backen lassen
Backzeit:	10–12 Minuten das Gebäck etwas abkühlen lassen, in etwa 2–3 cm breite Streifen schneiden
etwa 75 g Kuvertüre	in einem kleinen Topf im heißen Wasserbad geschmeidig rühren, Randstreifen und Unterseite der Florentiner Schnitten damit bestreichen.

MARZIPANWÜRFEL

FÜR DEN TEIG

150 g Weizenmehl	mit
½ gestrichenen Teel. Backpulver	mischen, in eine Rührschüssel sieben
65 g Zucker 1 Päckchen Vanillin-Zucker 1 Ei	(die Hälfte des Eiweiß zurücklassen)
65 g weiche Butter	hinzufügen, die Zutaten mit einem Handrührgerät mit Knethaken zunächst kurz auf niedrigster, dann auf höchster Stufe gut durcharbeiten, anschließend auf der Tischplatte zu einem glatten Teig

	verkneten, sollte er kleben, ihn eine Zeitlang kalt stellen den Teig in der Größe von 25×25 cm auf einem Backblech ausrollen, mehrmals mit einer Gabel einstechen, das Backblech in den vorgeheizten Backofen schieben
Strom:	175–200
Gas:	3–4
Backzeit:	10–15 Minuten
etwa 100 g Aprikosen-Konfitüre	durch ein Sieb streichen und die gut ausgekühlte Gebäckplatte damit bestreichen
	FÜR DEN BELAG
100 g gesiebten Puderzucker	mit
200 g Marzipan-Rohmasse	verkneten, auf
gesiebtem Puderzucker	in der Größe von 25×25 cm ausrollen die Marzipanplatte auf die Gebäckplatte legen, gut andrücken, mit einem Messerrücken Verzierungen eindrücken die obere Gebäckseite mit dem zurückgelassenen Eiweiß leicht bestreichen, das Backblech auf die oberste Schiene in den vorgeheizten Backofen schieben, leicht überbacken
Strom:	Etwa 250
Gas:	Etwa 8
Backzeit:	Etwa 5 Minuten das erkaltete Gebäck in Würfel schneiden
	FÜR DEN GUSS
etwa 200 g dunkle Kuvertüre	in einem kleinen Topf im heißen Wasserbad zu einer geschmeidigen Masse verrühren, die Marzipanwürfel bis zur Hälfte hineintauchen.

MARZIPAN-KAFFEESCHNITTEN

FÜR DEN TEIG

250 g Weizenmehl	mit
½ gestrichenen Teel. Backpulver	mischen, in eine Rührschüssel sieben
75 g Zucker 1 Päckchen Vanillin-Zucker 1 Ei 125 g weiche Butter oder Margarine, z. B. Sanella	hinzufügen die Zutaten mit einem Handrührgerät mit Knethaken zunächst kurz auf niedrigster, dann auf höchster Stufe gut durcharbeiten, anschließend auf der Tischplatte zu einem glatten Teig verkneten, sollte er kleben, ihn eine Zeitlang kalt stellen den Teig zu einem Rechteck von 40 x 32 cm ausrollen, 8 Streifen (20 x 8 cm) daraus schneiden, auf ein Backblech legen, in den vorgeheizten Backofen schieben
Strom:	175 – 200
Gas:	3 – 4
Backzeit:	Etwa 15 Minuten die Gebäckstreifen mit
4 Eßl. Konfitüre	bestreichen

FÜR DEN BELAG

125 g Butter 125 g Marzipan-Rohmasse z. B. von Schwartau	mit einem Handrührgerät mit Rührbesen zu einer geschmeidigen Masse verrühren, nach und nach
100 g Zucker 1 Päckchen Vanillin-Zucker 2 Eier abgeriebene Schale von ½ Zitrone (unbehandelt)	unterrühren
250 g Weizenmehl	mit
1 Messerspitze Backpulver	mischen, sieben, eßlöffelweise unterrühren die Masse in einen Spritzbeutel mit gezackter Tülle füllen, beliebige Muster auf die Gebäckstreifen spritzen das Backblech in den vorgeheizten Backofen schieben
Strom:	175 – 200
Gas:	3 – 4
Backzeit:	Etwa 20 Minuten das Gebäck sofort nach dem Backen in schmale Streifen schneiden.

MAILÄNDER MARZIPAN-TÖRTCHEN

(Foto S. 183)

FÜR DEN TEIG

200 g Weizenmehl	in eine Rührschüssel sieben
65 g Zucker abgeriebene Schale von ½ Zitrone (unbehandelt) 125 g weiche Butter	hinzufügen die Zutaten mit einem Handrührgerät zunächst kurz auf niedrigster, dann auf höchster Stufe gut durcharbeiten anschließend auf der Tischplatte zu einem glatten Teig verkneten, ihn eine Zeitlang kalt stellen den Teig etwa 3 mm dick ausrollen, runde Plätzchen (Durchmesser etwa 8 cm) ausstechen (Foto 1) die Plätzchen auf ein gefettetes, mit Back-Trennpapier belegtes Backblech legen

FÜR DEN BELAG

125 g Marzipan-Rohmasse	mit dem Rührbesen des Handrührgeräts gut verrühren nach und nach
30 g gesiebten Puderzucker 1 Eigelb 1 Eßl. Zitronensaft	unterrühren, so lange rühren, bis eine cremige Masse entstanden ist die Masse in einen Spritzbeutel mit kleiner, gezackter Tülle geben, auf die Hälfte der Plätzchen Tuffs spritzen (Foto 2) das Backblech in den vorgeheizten Backofen schieben
Strom:	175 – 200
Gas:	3 – 4
Backzeit:	Etwa 15 Minuten die gebackenen Plätzchen erkalten lassen

FÜR DIE FÜLLUNG

75 g Marzipan-Rohmasse	mit dem Rührbesen des Handrührgeräts verrühren
1 – 2 Eßl. Rum oder Arrak 1 Eßl. Aprikosen-Konfitüre	unterrühren die unbelegten Plätzchen damit bestreichen, mit den bespritzten Plätzchen zu Törtchen zusammensetzen (Foto 3)
3 – 4 kandierte Kirschen	vierteln, jedes Törtchen mit einem Stück Kirsche garnieren.

ZUM APRIKOTIEREN

1 ½ Eßl. Aprikosen-Konfitüre	durch ein Sieb streichen, mit
2 Eßl. Wasser	verrühren, aufkochen lassen
	die Marzipan-Törtchen damit bestreichen, nach Belieben mit
geschlagener Sahne	verzieren.

1

2

3

APRIKOSEN-TEILCHEN

(Foto links)

1 Packung (300 g) tiefgekühlten Blätterteig	bei Zimmertemperatur auftauen lassen (nicht durchkneten), den Teig zu einem Rechteck (45 x 20 cm) ausrollen, Quadrate für Windmühlen und Kuverts (10 x 10 cm), Rechtecke und Kreise daraus schneiden
etwa 400 g gedünstete Aprikosenhälften	gut abtropfen lassen, die Teigstücke damit belegen, auf ein mit Wasser abgespültes Backblech legen, mit
abgezogenen Mandeln und ausgestochenen Teigmotiven	garnieren
1 Eigelb	mit
1 Eßl. Milch	verschlagen, die Teigstücke damit bestreichen (an den Rändern darf keine Eigelbmilch herunterlaufen)

	das Backblech in den vorgeheizten Backofen schieben
Strom:	200 – 225
Gas:	4 – 5
Backzeit:	Etwa 15 Minuten

ZUM APRIKOTIEREN

2 Eßl. Aprikosen-Konfitüre	durch ein Sieb streichen, mit
1 Eßl. Wasser	unter Rühren aufkochen lassen, sofort nach dem Backen die Gebäckstücke damit bestreichen.

Brombeer-Schiffchen

(Foto S. 184 unten)

FÜR DEN TEIG

125 g Weizenmehl	mit
1 Messerspitze Backpulver	mischen, in eine Rührschüssel sieben
25 g Zucker 1 Päckchen Vanillin-Zucker 1 Eigelb ½ Eßl. Milch 65 g weiche Butter	hinzufügen die Zutaten mit einem Handrührgerät mit Knethaken zunächst kurz auf niedrigster, dann auf höchster Stufe gut durcharbeiten, anschließend auf der Tischplatte zu einem glatten Teig verkneten, sollte er kleben, ihn eine Zeitlang kalt stellen den Teig ausrollen, in der Größe von 12 Schiffchen-Förmchen ausstechen, die Förmchen damit auslegen die Förmchen auf ein Backblech setzen, in den vorgeheizten Backofen schieben
Strom:	Etwa 200
Gas:	Etwa 4
Backzeit:	Etwa 12 Minuten die gebackenen Schiffchen sofort aus den Förmchen lösen, erkalten lassen
40 g Zartbitter-Schokolade	mit
etwas Kokosfett	in einem kleinen Topf im heißen Wasserbad zu einer geschmeidigen Masse verrühren, die Schiffchen damit ausstreichen

FÜR DIE FÜLLUNG

2 Teel. Speisestärke	mit
1 Eßl. Zucker 1 Päckchen Vanillin-Zucker 1 Becher (150 g) Crème fraîche	in einem Topf gut verrühren
1 Ei	hinzufügen, die Masse unter ständigem Schlagen einmal aufkochen lassen, von der Kochstelle nehmen
3 Eßl. Kirschwasser	unterrühren, die Masse erkaltet in die Schiffchen geben, glattstreichen
250 g Brombeeren	vorsichtig waschen, abtropfen lassen, mit
1 – 2 Eßl. Zucker	bestreuen, einige Zeit stehenlassen, abtropfen lassen, den Saft auffangen, mit
1 gehäuften Eßl. Brombeer- oder Johannisbeer-Gelee	verrühren, zum Kochen bringen, etwas einkochen lassen die Brombeeren auf die Schiffchen verteilen, mit dem flüssigen Gelee bestreichen
1 Eiweiß	steif schlagen
50 g Zucker	unterschlagen, den Eischnee in einen Spritzbeutel mit großer, gezackter Tülle geben, auf die Brombeeren spritzen, unter den vorgeheizten Grill schieben, in 1 – 2 Minuten hell bräunen lassen.

Quarktaschen

FÜR DEN TEIG

150 g Weizenmehl	in eine Rührschüssel sieben
1 Päckchen Vanillin-Zucker Salz 150 g Magerquark 150 g weiche Butter	hinzufügen die Zutaten mit einem Handrührgerät mit Knethaken zunächst kurz auf niedrigster, dann auf höchster Stufe gut durcharbeiten, anschließend auf der Tischplatte zu einem glatten Teig verkneten, den Teig etwa 1 Stunde kalt stellen

FÜR DIE FÜLLUNG

250 g Speisequark	mit
50 g Zucker 1 Päckchen Vanillin-Zucker 1 Eiweiß	verrühren
30 g Rosinen	unterrühren die Hälfte des Teiges zu einem Viereck von 30 x 30 cm ausrollen, in Quadrate von 10 x 10 cm schneiden, jedes Teigstück in der Mitte mit etwas von der Füllung belegen
1 Eigelb	mit
1 ½ Eßl. Milch	verschlagen, die Teigränder damit bestreichen die Teigstücke zu Taschen zusammenschlagen, mit dem verschlagenen Eigelb bestreichen, den restlichen Teig ebenso verarbeiten, die Teigreste ausrollen, in schmale Streifen schneiden, je 2 davon über Kreuz auf jede Taschen lagen, ebenfalls mit der Eigelbmilch bestreichen
Strom:	200 – 225
Gas:	3 – 4
Backzeit:	Etwa 25 Minuten.

HIMBEERSAHNE IN PASTETEN

(Foto S. 169)

	FÜR DIE PASTETEN
1 Packung (300 g) tiefgekühlten Blätterteig	bei Zimmertemperatur auftauen lassen (nicht durchkneten) den Teig zu einem Rechteck (etwa 43 x 18 cm) ausrollen, mit einer Sternform (Durchmesser etwa 8,5 cm) 10 Sterne ausstechen, die Sterne nochmals so ausstechen (Durchmesser etwa 5 cm), daß Sternringe und Deckel entstehen 10 Sternringe und 4 Deckel beiseite legen, die restlichen Innensterne übereinanderlegen, nochmals zu einem Rechteck (etwa 25,5 x 18,5 cm) ausrollen, mit einer Sternform (Durchmesser etwa 8,5 cm) 6 Sterne und davon wieder 6 Sternringe ausstechen, diese wieder beiseite legen, den restlichen Teig nochmals zu einer Platte (4 x 8,5 cm) ausrollen, 4 Sternplatten (Durchmesser etwa 8,5 cm) ausstechen, diese auf ein mit kaltem Wasser abgespültes Backblech legen, mehrmals mit einer Gabel einstechen, den Rand dieser Sternplatten dünn mit
Kondensmilch	bestreichen, je 3 Sternringe mit Kondensmilch bestreichen, jeweils 4 Sternringe auf eine Sternplatte legen (an den Rändern darf keine Milch herunterlaufen), nach Belieben aus dem restlichen Teig mit einer kleinen Sternform Plätzchen ausstechen, auf die mit Kondensmilch bestrichenen Deckel legen, das Backblech in den vorgeheizten Backofen schieben
Strom:	200–225
Gas:	4–5
Backzeit:	15–20 Minuten (die Deckel etwas früher herausnehmen)
	FÜR DIE FÜLLUNG
250 g Himbeeren	sorgfältig verlesen, je 1 Eßl. davon in die erkalteten Pasteten füllen, die übrigen (einige zum Garnieren zurücklassen) durch ein Sieb streichen
250 ml (¼ l) Schlagsahne	½ Minute schlagen
25 g Puderzucker	sieben, mit
1 Päckchen Sahnesteif	mischen, einstreuen, die Sahne steif schlagen, die Himbeeren unterheben die Himbeersahne in die Pasteten füllen, mit zurückgelassenen Himbeeren garnieren, die Deckel darauf legen.
Tip:	Anstelle von Himbeeren Erdbeeren, Johannisbeeren, Brombeeren oder gedünstete Preiselbeeren verwenden.

LINZER SCHNITTEN

500 g Weizenmehl	mit
½ Päckchen Backpulver	
1 ½ – 2 Eßl. Kakao	mischen, in eine Rührschüssel sieben
300 g Zucker	mit
1 Ei	
1 Eiweiß	
1 Fläschchen Rum-Aroma	
1 Fläschchen Arrak-Aroma	
6 Tropfen Backöl Bittermandel	
abgeriebener Schale von 1 Zitrone (unbehandelt)	
Saft von der ½ Zitrone	
2–3 Teel. gemahlenem Zimt	
2 Messerspitzen gemahlenen Nelken	
300 g weicher Butter	
300 g gemahlenen Haselnußkernen	hinzufügen die Zutaten mit einem Handrührgerät mit Knethaken zunächst kurz auf niedrigster, dann auf höchster Stufe gut durcharbeiten, anschließend auf der Tischplatte zu einem glatten Teig verkneten, den Teig mehrere Stunden kalt stellen gut die Hälfte des Teiges auf einem gefetteten Backblech ausrollen, jeweils zur Hälfte dick mit
festem Pflaumenmus	und
Himbeer-Johannisbeer-Konfitüre	bestreichen die restliche Teighälfte portionsweise etwa 3 mm dick ausrollen, in etwa 1 cm breite Streifen rädern, die Teigstreifen als Gitter auf den bestrichenen Teig legen
1 Eigelb	mit
1 ½ Eßl. Milch	verschlagen, das Teiggitter damit bestreichen, das Backblech in den vorgeheizten Backofen schieben
Strom:	Etwa 200
Gas:	3–4
Backzeit:	25–30 Minuten den erkalteten Kuchen in beliebig große Stücke schneiden.
Tip:	Die Teigschnitten können – in eine gut schließende Blechdose geschichtet – etwa 3 Wochen aufbewahrt werden.

Schweine-Öhrchen

(Foto unten)

FÜR DEN TEIG

1 Packung (300 g) tiefgekühlten Blätterteig	bei Zimmertemperatur auftauen lassen den Teig zu einem Rechteck (55 x 22 cm) ausrollen (Foto 1), mit
25 g zerlassener, abgekühlter Butter	bestreichen
50 g Zucker 1 Päckchen Vanillin-Zucker	mischen, den Teig damit bestreuen, von der Teigplatte den linken Teil der langen Seite zu ⅔ und den rechten zu ⅓ zusammenlegen, so daß die Kanten aneinanderstoßen (Foto 2), dann den Teig an der längeren Seite zur Hälfte überschlagen, so vor sich liegen lassen, dieses Teigstück zu einer Platte (30 x 30 cm) ausrollen (Foto 3), die linke und die rechte Seite so zur Mitte überschlagen, daß in der Mitte 2 cm Teig frei bleiben, die linke breite Kante auf die rechte legen, den Teig so lange kalt stellen, bis er schnittfest geworden ist, knapp 1 cm dicke Scheiben davon abschneiden, auf ein mit kaltem Wasser abgespültes Backblech legen (Foto 4), in den vorgeheizten Backofen schieben
Strom:	175–200
Gas:	3–4
Backzeit:	15–20 Minuten die heißen Schweine-Öhrchen mit
Zucker	bestreuen.
Tip:	Schweine-Öhrchen können – in gut schließenden Dosen geschichtet – 2–3 Wochen aufbewahrt werden.

1

2

3

4

MUTZEN-MANDELN

(Foto rechts)

500 g Weizenmehl	mit
2 gestrichenen Teel. Backpulver	mischen, in eine Rührschüssel sieben
150 g Zucker 1 Beutel Rum-Aroma 3 Eier Salz 150 g weiche Margarine, z. B. Sanella oder Butter	hinzufügen die Zutaten mit einem Handrührgerät mit Knethaken zunächst kurz auf niedrigster, dann auf höchster Stufe gut durcharbeiten, anschließend auf der Tischplatte zu einem glatten Teig verkneten, sollte er kleben, ihn eine Zeitlang kalt stellen den Teig etwa 1 cm dick ausrollen, Mutzenmandeln ausstechen, schwimmend in siedendem
Ausbackfett	goldgelb backen, mit einem Schaumlöffel herausnehmen, auf einem Kuchenrost gut abtropfen lassen, noch heiß in
Zucker	wälzen.

ISCHELER BÄCKEREI

250 g Weizenmehl	mit
2 gestrichenen Teel. Backpulver	mischen, in eine Rührschüssel sieben
100 g Zucker 1 Päckchen Vanillin-Zucker Salz 5 Tropfen Backöl Zitrone 1 Ei 125 g weiche Butter	hinzufügen die Zutaten mit einem Handrührgerät mit Knethaken zunächst kurz auf niedrigster, dann auf höchster Stufe gut durcharbeiten, anschließend auf der Tischplatte zu einem glatten Teig verkneten, sollte er kleben, ihn eine Zeitlang kalt stellen den Teig dünn ausrollen, mit einer runden Form (Durchmesser etwa 8 cm) ausstechen die Hälfte der Teigplätzchen mit einer kleineren Form so ausstechen, daß 3 „Augen" entstehen die Teigplätzchen auf ein Backblech legen, in den vorgeheizten Backofen schieben
Strom:	175 – 200
Gas:	3 – 4
Backzeit:	8 – 10 Minuten die ungelochten Plätzchen auf der Unterseite mit
roter Konfitüre	bestreichen, die anderen mit
Puderzucker	bestäuben, auf die mit Konfitüre bestrichenen Plätzchen legen.

RHABARBER-TÖRTCHEN

(Foto S. 189)

FÜR DEN TEIG

150 g Weizenmehl	mit
1 gestrichener Teel. Backpulver	mischen, in eine Rührschüssel sieben
75 g Zucker 1 Päckchen Vanillin-Zucker 1 Ei 75 g weiche Butter	hineingeben die Zutaten mit einem Handrührgerät mit

Knethaken zunächst kurz auf niedrigster, dann auf höchster Stufe gut durcharbeiten, anschließend auf der Tischplatte zu einem glatten Teig verkneten, sollte er kleben, ihn eine Zeitlang kalt stellen den Teig etwa 3 mm dick ausrollen, mit einer runden Form (Durchmesser etwa 10 cm) ausstechen, auf ein gefettetes Backblech legen, mehrmals mit einer Gabel einstechen, in den vorgeheizten Backofen schieben

Strom: 175–200, Gas: 3–4
Backzeit: 10–15 Minuten

ZUM BESTREICHEN

30 g Kuvertüre — in einem kleinen Topf im heißen Wasserbad zu einer geschmeidigen Masse verrühren, die erkalteten Plätzchen am Rand etwa 1 cm breit damit bestreichen

FÜR DEN BELAG

750 g Rhabarber — waschen, abtrocknen, in etwa 2 cm lange Stücke schneiden (nicht abziehen), mit
150 g Zucker — bestreuen
sobald der Rhabarber Saft gezogen hat, ihn zum Kochen bringen, bei schwacher Hitze weich dünsten (er darf nicht zerfallen), etwas abkühlen lassen
250 ml (¼ l) von dem Saft abmessen

FÜR DEN GUSS

1 Päckchen Tortenguß, rot
250 ml (¼ l) Rhabarbersaft
Zucker — nach der Vorschrift zubereiten
den Rhabarber in die Mitte der Plätzchen geben, den Guß darüber verteilen

ZUM VERZIEREN

250 ml (¼ l) Schlagsahne — ½ Minute schlagen
1 Päckchen Vanillin-Zucker — mit
1 Päckchen Sahnesteif — mischen, einstreuen, die Sahne steif schlagen, um den Rhabarber spritzen.

GEROLLTE SCHNITTEN

(Foto unten)

FÜR DEN TEIG

300 g Weizenmehl	mit
1 Päckchen Backpulver	mischen, in eine Rührschüssel sieben
150 g Speisequark 6 Eßl. Milch 6 Eßl. Speiseöl 1 Päckchen Vanillin-Zucker Salz	hinzufügen die Zutaten mit einem Handrührgerät mit Knethaken auf höchster Stufe etwa 1 Minute verarbeiten, anschließend auf der Tischplatte zu einer Rolle formen den Teig zu einem Rechteck (60 x 30 cm) ausrollen, mit der Hälfte von
100 g weicher Butter	bestreichen

FÜR DIE FÜLLUNG

200 g Marzipan-Rohmasse	gut durchkneten, halbieren, 2 Vierecke (29 x 29 cm) daraus rollen, nebeneinander auf die Teigplatte legen, mit dem restlichen Fett bestreichen
250 g Rosinen	verlesen
100 g Haselnußkerne	hacken die Zutaten mit
75 g gewürfeltem Zitronat (Sukkade) 1 gut gehäuften Eßl. Zucker 1 Päckchen Vanillin-Zucker 1 Fläschchen Rum-Aroma 1 Messerspitze gemahlenem Zimt	mischen, auf der mit Butter bestrichenen Platte verteilen, etwas andrücken den Teig in der Mitte durchschneiden, so daß 2 Vierecke (30 x 30 cm) entstehen jedes Teigstück für sich aufrollen, beide nebeneinander auf ein gefettetes Backblech legen die Rollen der Länge nach (etwa 25 cm) etwa 2 cm tief einschneiden, mit
Milch	bestreichen, das Backblech in den vorgeheizten Backofen schieben
Strom:	175 – 200
Gas:	3 – 4
Backzeit:	20 – 35 Minuten

ZUM APRIKOTIEREN

3 Eßl. Aprikosen-Konfitüre	mit
1 Eßl. Wasser	unter Rühren aufkochen lassen, die Rollen sofort nach dem Backen damit bestreichen

FÜR DEN GUSS

100 g Puderzucker	sieben, mit
etwa 1 Eßl. Apfelsinensaft	glattrühren, so daß eine dickflüssige Masse entsteht, die Rollen sofort damit bestreichen, mit
abgezogenen, gehobelten, gebräunten Mandeln	bestreuen.

MARZIPAN-BERLINER

(Foto S. 191)

FÜR DEN TEIG

500 g Weizenmehl	in eine Rührschüssel sieben, mit
1 Päckchen Trocken-Backhefe	sorgfältig vermischen
100 g Zucker Salz 125 ml (⅛ l)	

lauwarme Milch 200 g zerlassene, abgekühlte Margarine, z. B. Sanella	hinzufügen
	die Zutaten mit einem Handrührgerät mit Knethaken zunächst auf niedrigster, dann auf höchster Stufe in etwa 5 Minuten zu einem Teig verarbeiten, sollte er kleben, noch etwas Mehl hinzufügen (aber nicht zu viel, Teig muß weich bleiben) den Teig so lange an einem warmen Ort stehenlassen, bis er sich sichtbar vergrößert hat, ihn dann nochmals kurz durchkneten, den Teig zu einer Rolle formen, in 20 Portionen teilen
	FÜR DIE FÜLLUNG
100 g Feine Marzipan-Rohmasse	mit
2 Eßl. Orangenlikör	verrühren
	in jedes Teigstück eine Vertiefung drücken, etwas Marzipan hineingeben, die Teigstücke rund formen, nochmals so lange an einem warmen Ort gehen lassen, bis sie sichtbar vergrößert haben die Bällchen schwimmend in siedendem
Ausbackfett (etwa 1 ½ kg)	auf beiden Seiten goldbraun backen, mit einem Schaumlöffel herausnehmen, auf einem Kuchenrost abtropfen, erkalten lassen
	FÜR DEN GUSS
2 Beutel Kuchenglasur, Zitrone	im heißen Wasserbad erwärmen, die Berliner damit überziehen auf die Oberfläche kleine Förmchen (Herzen, Sterne, Pilze) setzen, mit
Regenbogen-Zucker z. B. von Schwartau	ausstreuen, Förmchen abnehmen, die Berliner trocknen lassen.

FLACHSZÖPFCHEN

FÜR DEN TEIG

1 Päckchen Frischhefe (42 g)	mit
1 Teel. Zucker 5 Eßl. lauwarmer Milch	sorgfältig verrühren, etwa 15 Minuten bei Zimmertemperatur gehen lassen
250 g weiche Butter	mit dem Handrührgerät geschmeidig rühren, nach und nach
50 g Zucker 1 Päckchen Vanillin-Zucker Salz abgeriebene Schale von 1 Zitrone (unbehandelt) 2 Eier	unterrühren
500 g Weizenmehl	sieben, mit dem Handrührgerät mit Knethaken auf niedrigster Stufe unterkneten, die angesetzte Hefe hinzufügen, alles in etwa 5 Minuten auf höchster Stufe zu einem Teig verarbeiten, den Teig sofort zu einer Rolle formen, in 16 Stücke schneiden jedes Teigstück zu einem etwa 35 cm langen Strang ausrollen, in
Zucker	wälzen, die einzelnen Teigstränge in Hufeisenform nebeneinanderlegen und jeweils die Enden zweimal umeinanderschlingen, so daß Zöpfchen entstehen, die Zöpfchen auf ein gefettetes Backblech legen, an einem warmen Ort stehenlassen, bis sie sich sichtbar vergrößert haben (etwa 30 Minuten), das Backblech in den vorgeheizten Backofen schieben
Strom:	Etwa 200
Gas:	Etwa 4
Backzeit:	15 – 20 Minuten.

BUCHTELN

500 g Weizenmehl	in eine Rührschüssel sieben, mit
1 Päckchen Trocken-Backhefe	sorgfältig vermischen
125 g Zucker 1 Päckchen Vanillin-Zucker 4 Tropfen Backöl Zitrone Salz 1 Ei 200 ml (⅕ l) lauwarme Milch 100 g zerlassene, abgekühlte Butter oder Margarine	hinzufügen die Zutaten mit einem Handrührgerät mit Knethaken zunächst auf niedrigster, dann auf höchster Stufe in etwa 5 Minuten zu einem Teig verarbeiten den Teig so lange an einem warmen Ort stehenlassen, bis er sich sichtbar vergrößert hat, ihn dann auf höchster Stufe nochmals gut durchkneten den Teig zu einer Rolle formen, in 12 gleich große Stücke schneiden, zu Bällchen formen
50 g Butter	in einer rechteckigen Auflaufform (etwa 20 x 30 cm) zerlassen, die Teigbällchen von allen Seiten darin werden (nicht zu dicht legen), sie nochmals an einem warmen Ort stehenlassen, bis sie sich sichtbar vergrößert haben, die Form auf dem Rost in den vorgeheizten Backofen schieben
Strom:	200 – 225
Gas:	3 – 4
Backzeit:	20 – 30 Minuten die garen Buchteln nach Belieben mit
Puderzucker	bestäuben.
Beigabe:	Kompott oder Vanille-Soße.
Tip:	Buchteln als Kaffeegebäck oder auch als leichte, sommerliche Mittagsmahlzeit reichen.

HAHNENKÄMME

(Foto S. 193)

FÜR DEN TEIG

375 g Weizenmehl	in eine Schüssel sieben, mit
1 Päckchen Trocken-Backhefe	sorgfältig vermischen
50 g Zucker 1 Päckchen Vanillin-Zucker 50 g zerlassene, lauwarme Butter 1 Ei 125 ml (⅛ l) lauwarme Milch	hinzufügen, die Zutaten mit einem Handrührgerät mit Knethaken zunächst auf niedrigster, dann auf höchster Stufe in etwa 5 Minuten zu einem Teig verarbeiten, auf der gut mit
Weizenmehl	bestäubten Tischplatte zu einem Rechteck von 50 x 40 cm ausrollen, die Hälfte von
125 g weicher Butter	darauf streichen (Foto 1), von der Teigplatte den linken Teil der langen Seite zu ⅔ und den rechten Teil zu ⅓ so zusammenlegen, daß beide Kanten aneinanderstoßen (Foto 2) dann den Teig von der längeren Seite zur Hälfte übereinanderschlagen, 15 Minuten im Kühlschrank ruhen lassen, den Vorgang unter Verarbeitung der restlichen Butter wiederholen, den Teig nochmals 15 Minuten in den Kühlschrank stellen, den Teig halbieren, jede Hälfte zu einem Quadrat von 36 x 36 cm ausrollen jeweils in 12 x 12 cm große Quadrate schneiden (Foto 3)

	FÜR DIE FÜLLUNG
200 g Marzipan-Rohmasse	*mit*
50 g weicher Butter	
1 Ei	*gut verrühren auf die Mitte jedes Teigquadrates etwas von der Füllung geben die Teigränder mit*
verschlagenem Eiweiß	*bestreichen, über die Füllung klappen, etwas andrücken die Teigtaschen in Abständen von etwa 1 ½ cm leicht einschneiden, etwas auseinanderbiegen (Foto 4), auf ein gut gefettetes Backblech legen, etwa 30 Minuten bei Zimmertemperatur stehen lassen*
1 Eigelb	*mit*
1 Eßl. Milch	*verschlagen, die Hahnenkämme damit bestreichen*

	das Backblech in den vorgeheizten Backofen schieben
Strom:	*Etwa 200*
Gas:	*3–4*
Backzeit:	*Etwa 15 Minuten*
	ZUM APRIKOTIEREN
2 Eßl. Aprikosen-Konfitüre	*durch ein Sieb streichen, mit*
2 Eßl. Wasser	*unter Rühren zum Kochen bringen die Hahnenkämme sofort nach dem Backen damit bestreichen, etwas abkühlen lassen*
	ZUM GLASIEREN
60 g gesiebten Puderzucker	*mit*
etwa 2 Eßl. Zitronensaft	*verrühren, die Hahnenkämme damit bestreichen.*

APFELTASCHEN

(Foto links)

FÜR DIE FÜLLUNG

750 g Äpfel	schälen, vierteln, entkernen, in kleine Stücke schneiden, mit
50 g verlesenen Rosinen	
50–70 g Zucker	unter Rühren leicht dünsten, erkalten lassen, mit
3–4 Tropfen Backöl Zitrone	abschmecken

FÜR DEN TEIG

300 g Weizenmehl	mit
1 Päckchen Backpulver	mischen, in eine Rührschüssel sieben
150 g Speisequark (Magerstufe)	
6 Eßl. Milch	
6 Eßl. Speiseöl	
75 g Zucker	
1 Päckchen Vanillin-Zucker	
Salz	hinzufügen die Zutaten mit einem Handrührgerät mit Knethaken auf höchster Stufe etwa 1 Minute verarbeiten, auf der Tischplatte zu einer Rolle formen

den Teig dünn ausrollen, runde Platten (Durchmesser etwa 10 cm) ausstechen, die eine Hälfte jeder Teigplatte mit etwas Apfelfüllung belegen, den Rand jeder Teigplatte mit

Milch bestreichen, die andere Teighälfte darüber klappen
die Taschen gut an den Rändern andrücken, auf ein gefettetes Backblech legen, in den vorgeheizten Backofen schieben

Strom: 175 – 200
Gas: 3 – 4
Backzeit: Etwa 15 Minuten

FÜR DEN GUSS

100 g Puderzucker sieben, mit so viel
heißem Wasser glattrühren, daß eine dickflüssige Masse entsteht
sofort nach dem Backen die Apfel-Taschen damit bestreichen.

Tip: Anstelle von Äpfeln, Sauerkirschen, Pfirsiche oder Aprikosen verwenden. Das Obst nach Belieben mit 50 – 100 g gestiftelten Mandeln bestreuen.

Weizenmehl bestäubtes Backblech legen, nochmals so lange an einem warmen Ort stehen lassen, bis sie etwa doppelt so hoch sind, die Halbmonde schwimmend in siedendem

Ausbackfett (Speiseöl, Schweineschmalz oder Kokosfett) auf beiden Seiten hellbraun backen, mit einem Schaumlöffel herausnehmen, abtropfen und erkalten lassen

FÜR DIE FÜLLUNG aus

300 ml Milch
1 Packung Torten-Creme-Pulver Vanille-Geschmack
100 – 200 g Butter oder Margarine bester Qualität, z. B. Sanella eine Torten-Creme nach der Vorschrift auf der Packung zubereiten
die „Halbmonde" jeweils an der äußeren Seite bis gut zur Mitte aufschneiden, die Creme hineinspritzen, das Gebäck mit

Puderzucker bestäuben.

Gefüllte Halbmonde

(Foto S. 194 unten)

FÜR DEN TEIG

300 g Weizenmehl in eine Schüssel sieben, mit
1 Päckchen Trocken-Backhefe sorgfältig vermischen
50 g Zucker
1 Päckchen Vanillin-Zucker
3 Tropfen Backöl Zitrone
Salz
50 g zerlassene, lauwarme Butter oder Margarine, z. B. Sanella
1 Ei
125 ml (⅛ l) lauwarme Milch hinzufügen, die Zutaten mit einem Handrührgerät mit Knethaken zuerst auf der niedrigsten, dann auf der höchsten Stufe in etwa 5 Minuten zu einem Teig verarbeiten, sollte er kleben, noch etwas Mehl hinzufügen (aber nicht zu viel, Teig muß weich bleiben)
den Teig an einem warmen Ort so lange stehenlassen, bis er sich sichtbar vergrößert hat, ihn dann auf der höchsten Stufe nochmals gut durchkneten
den Teig gut 1 cm dick ausrollen, mit einem Metallring (Durchmesser etwa 10 cm) so ausstechen, daß Halbmonde (etwa 12 Stück) entstehen, sie auf ein mit

Hefe-Quarkbällchen

200 g Weizenmehl in eine Rührschüssel sieben, mit
1 Päckchen Trocken-Backhefe sorgfältig vermischen
75 g Zucker
1 Päckchen Vanillin-Zucker
Salz
3 Tropfen Backöl Zitrone
1 Ei
200 g Speisequark
50 g zerlassene, abgekühlte Margarine hinzufügen, die Zutaten mit einem Handrührgerät mit Knethaken zunächst auf niedrigster, dann auf höchster Stufe in etwa 5 Minuten zu einem Teig verarbeiten, sollte er kleben, noch etwas Mehl hinzufügen (aber nicht zu viel, Teig muß weich bleiben)
den Teig so lange an einem warmen Ort stehenlassen, bis er sich sichtbar vergrößert hat, ihn dann auf höchster Stufe nochmals kurz durchkneten

75 g verlesene Rosinen kurz auf mittlerer Stufe unterkneten
Ausbackfett erhitzen, mit einem in das Fett getauchten Teelöffel Teigbällchen abstechen, schwimmend in dem siedenden Fett hellbraun backen, mit einem Schaumlöffel herausnehmen, auf einem Kuchenrost abtropfen lassen.

PLUNDER-ROSETTEN

(25 Stück – Foto oben)

FÜR DEN TEIG

375 g Weizenmehl	in eine Rührschüssel sieben, mit
1 Päckchen Trocken-Backhefe	sorgfältig vermischen
50 g Zucker 1 Päckchen Vanillin-Zucker Salz 1 Ei 50 g weiche Butter 200 ml (⅕ l) kalte Milch	hinzufügen, alles mit einem Handrührgerät mit Knethaken zuerst auf niedrigster, dann auf höchster Stufe in etwa 5 Minuten zu einem Teig verarbeiten (Foto 1), 5 Minuten bei Zimmertemperatur ruhen lassen den Teig auf der mit
Weizenmehl	bestäubten Tischplatte zu einem Rechteck (25 x 40 cm) ausrollen
150 g kalte Butter	in Scheiben schneiden die Hälfte der Teigplatte (25 x 20 cm) damit belegen, die andere Teighälfte darauf klappen, mit der Teigrolle leicht andrücken, das Teigpaket mit der breiten Seite zur Tischkante legen, wieder zu einem Rechteck (25 x 40 cm) ausrollen, von den kürzeren Seiten her zur Mitte hin so zusammenklappen, daß die Teigkanten aneinanderstoßen den Teig nochmals von der längeren Seite her so überschlagen, daß 4 Teiglagen entstehen, 15 Minuten in den Kühlschrank legen, das Teigpaket mit der breiten Seite zur Tischkante legen, noch einmal ausrollen und zusammenschlagen, wie oben beschrieben den Teig nochmals 15 Minuten kühl stellen

FÜR DIE FÜLLUNG

gut 125 ml (⅛ l) Milch	mit
100 g Zucker 1 Päckchen Vanillin-Zucker Salz	zum Kochen bringen
250 g gemahlene Haselnußkerne 25 g Semmelmehl ½ Teel. gemahlenen Zimt	

2 Eßl. Rum	unterrühren, die Masse abkühlen lassen
1 Ei	unterrühren
	den Teig zu einem Rechteck von 40 x 50 cm ausrollen
	die Füllung darauf streichen (Foto 2), die Teigplatte aufrollen, in etwa 2 cm dicke Scheiben schneiden (Foto 3), die Teigscheiben auf ein gefettetes Backblech legen, an einem warmen Ort so lange gehen lassen, bis sie sicht sichtbar vergrößert haben
	jede Teigscheiben-Oberfläche fünfmal mit einer Schere einschneiden (Foto 4)
	das Backblech in den vorgeheizten Backofen schieben
Strom:	200 – 225
Gas:	Etwa 4
Backzeit:	Etwa 20 Minuten
	die Plunderrosetten sofort nach dem Backen mit
50 g zerlassener Butter	bestreichen, mit
Zucker	bestreuen.
Tip:	Die gebackenen, abgekühlten Plunderrosetten anstatt mit Zucker- mit Puderzuckerguß besprenkeln.

FRIESISCHE PÖFFERCHEN

(Foto oben)

500 g Weizenmehl	in eine Schüssel sieben, mit
1 Päckchen Trocken-Hefe	sorgfältig vermischen
30 g Zucker 1 Päckchen Vanillin-Zucker einige Tropfen Backöl Zitrone 1 gestrichenen Teel. Salz 100 g zerlassene, lauwarme Butter 2 Eier 250 ml (¼ l) lauwarme Milch	hinzufügen, die Zutaten mit einem Handrührgerät mit Knethaken zuerst auf der niedrigsten, dann auf der höchsten Stufe in etwa 5 Minuten zu einem Teig verarbeiten, an einem warmen Ort so lange stehenlassen, bis er sich sichtbar vergrößert hat, ihn dann auf der höchsten Stufe nochmals gut durchkneten
	mit 2 Teelöffeln Teigbällchen abstechen, schwimmend in siedendem
Ausbackfett (Speiseöl oder Kokosfett)	in einer Pöfferchen-Pfanne (eiserne Pfanne mit runden Vertiefungen) oder in einem Topf hellbraun backen.
Beigabe:	Zucker und Zimt, Kompott.

IGELFAMILIE ODER GEBURTSTAGSHERZ

125 g Butter oder Margarine	mit einem Handrührgerät mit Rührbesen auf höchster Stufe in etwa ½ Minute geschmeidig rühren, nach und nach
75 g Zucker 1 Päckchen Vanillin-Zucker Salz	unterrühren, so lange rühren, bis eine gebundene Masse entstanden ist
3 Eier	nach und nach unterrühren (jedes Ei etwa ½ Minute)
75 g Weizenmehl	mit
50 g Speisestärke 2 gestrichenen Teel. Backpulver 15 g Kakao	mischen, sieben, abwechselnd eßlöffelweise mit
75 g gemahlenen Haselnußkernen 100 g geriebener Schokolade	auf mittlerer Stufe unterrühren den Teig in eine große und 5–6 kleine gefettete Igelformen oder in eine gefettete Herzform füllen, glattstreichen die Formen auf dem Rost in den vorgeheizten Backofen schieben
Strom:	150–175, Gas: 2-3
Backzeit	
für den großen Igel:	Etwa 1 Stunde
für die kleinen Igel:	Etwa 30 Minuten
für das Herz:	Etwa 50 Minuten Igel oder Herz aus den Formen stürzen

FÜR DIE IGEL-FAMILIE

125–150 g Zartbitter-Schokolade	mit
etwas Kokosfett	in einem kleinen Topf im heißen Wasserbad geschmeidig rühren, die Igel-Figuren damit bestreichen als Augen und Schnauze
Korinthen	eindrücken, jeweils die Igel-Oberfläche dicht nebeneinander mit einem Holzstäbchen einstechen
etwa 50 abgezogene, gestiftelte Mandeln	in die Einstiche stecken

FÜR DAS HERZ

100 g Zartbitter-Schokolade	mit
etwas Kokosfett	in einem kleinen Topf im Wasserbad geschmeidig rühren, das Herz damit bestreichen, mit
Zuckerblumen	garnieren, nach Belieben
1–2 Eßl. gesiebten Puderzucker	mit
etwas Eiweiß	zu einem dickflüssigen Guß verrühren, in ein Pergamentpapiertütchen füllen, das Herz mit dem Guß verzieren oder mit Namen, Glückwünschen beschriften.

GEBÄCKTANNEN

(Foto S. 199)

FÜR DEN TEIG

300 g Weizenmehl	mit
1 gestrichenen Teel. Backpulver	mischen, in eine Rührschüssel sieben
50 g Zucker 3 Eigelbe 175 g weiche Butter	hinzufügen die Zutaten mit einem Handrührgerät mit Knethaken zunächst kurz auf niedrigster, dann auf höchster Stufe gut durcharbeiten, anschließend auf der Tischplatte zu einem glatten Teig verkneten, sollte er kleben, ihn eine Zeitlang kalt stellen eine Tannenbaum-Schablone aus Papier ausschneiden den Teig knapp ½ cm dick ausrollen, mit Hilfe der Schablone oder mit einem Tannenbaum-Förmchen Tannenbäume ausschneiden (Foto 1), auf ein gefettetes Backblech legen (Foto 2), in den vorgeheizten Backofen schieben
Strom:	Etwa 200
Gas:	3–4
Backzeit:	Etwa 10 Minuten

FÜR DEN BELAG

2–3 Eßl. Apfelsinen-Marmelade	durch ein Sieb streichen, die heißen Gebäck-Tannen damit bestreichen
3 Eiweiß	mit
150 g Zucker ½ Teel. gemahlenem Zimt	steif schlagen
150 g Kokosraspeln	unterheben, die Gebäck-Tannen damit bestreichen (Foto 3), das Backblech in den vorgeheizten Backofen schieben
Strom:	130–150
Gas:	1–2
Backzeit:	20–25 Minuten die erkalteten Gebäcktannen nach Belieben mit
Puderzucker-Guß	bestreichen, mit
Regen-Zucker, z. B. von Schwartau	bestreuen oder mit
gesiebtem Puderzucker	mit
Liebesperlen	garnieren.
Tip:	Auf die Gebäck-Tannen mit flüssiger Kuvertüre oder mit Puderzucker - oder Kakao-Guß Namen oder "Frohe Weihnachten" o.ä. spritzen oder die Gebäck-Tannen mit grünem Guß bestreichen. Dazu gesiebten Puderzucker mit etwas Eiweiß und Lebensmittelfarbe verrühren.

1

2

3

TRAUM-HÄUSCHEN

(Foto links)

Als Vorarbeit für das Knusper-Häuschen für die Bodenfläche Karton ind er Größe von 20 x 32 cm schneiden, entsprechend den Zeichnungen Muster aus Papier in der in mm angegebenen Größe schneiden, danach auf Karton übertragen

FÜR DEN TEIG

100 g Honig	mit
50 g Zucker, Salz	
25 g Butter	langsam erwärmen, zerlassen, in eine Rührschüssel geben, kalt stellen, unter die fast erkaltete Masse
1 Ei	
½ Teel.	
gemahlenen Zimt	
2 Tropfen	

Backöl Bittermandel	mit einem Handrührgerät mit Rührbesen rühren
250 g Weizenmehl 3 gestrichenen Teel. Backpulver	mischen, sieben, ⅔ davon eßlöffelweise auf mittlerer Stufe unterrühren, den Rest des Mehls unter den Teigbrei kneten, sollte er kleben, noch etwas Mehl hinzugeben den Teig auf einem gefetteten Backblech (30 x 30 cm) ausrollen, in den vorgeheizten Backofen schieben
Strom:	175 – 200
Gas:	3 – 4
Backzeit:	10 – 20 Minuten sofort nach dem Backen aus der Honigkuchenplatte mit einem spitzen Messer zweimal die tatsächlich sichtbaren Flächen der 4 Hauswände ausschneiden
etwa 175 g gesiebten Puderzucker	mit so viel
Eiweiß	verrühren, daß ein dickflüssiger Guß entsteht, die Gebäckteile für die Wände auf die bereits zugeschnittene Kartonwände kleben, mit Puderzuckerguß auf die gebackene Honigkuchenplatte kleben die Gebäckteile für das Dach mit Puderzuckerguß bestreichen, auf den in der Mitte geknickten Karton kleben, mit auf das Haus kleben, etwas andrücken, mit
Gebäck-Schmuck	bestreuen, auf eine Dachseite ein garniertes Plätzchen kleben, den Dachfirst mit
Haselnußkernen	belegen, in die Mitte
Dekor-Schoko-Borke	als Schornstein setzen das Traum-Häuschen mit
grüner und gelber Zuckerschrift Puderzuckerguß	verzieren, mit
Plätzchen-Schmuck Zuckerblümchen halbierten, mit weißem Puderzuckerguß verzierten roten Belegkirschen Mandeln	garnieren.

Honigkuchen-Pärchen

(Foto S. 200)

250 g Honig	mit
100 g Zucker 1 Päckchen Vanillin-Zucker 1 Ei 1 gestrichenen Eßl. gemahlenem Zimt 1 Messerspitze gemahlenen Nelken 1 Messerspitze gemahlener Muskatblüte 3 Tropfen Backöl Zitrone ½ Fläschchen Rum-Aroma	mit einem Rührlöffel gut verrühren
500 g Weizenmehl	mit
1 Päckchen Backpulver	mischen, zu ⅓ unterrühren, den Rest unterkneten, den Teig gut 1 cm dick ausrollen Figuren ausschneiden (am besten nach Papierschablonen), auf ein gefettetes Backblech legen, mit
Kondensmilch	bestreichen, mit
Gebäck-Schmuck Zuckerblümchen Mandeln Belegkirschen Rosinen Pistazienkernen Schoko-Blättchen Zitronat (Sukkade)	garnieren, in den vorgeheizten Backofen schieben
Strom:	175 – 200, Gas: 3 – 4
Backzeit:	Etwa 25 Minuten.

Neujahrs-Brezel

1 Päckchen Trocken-Backhefe	mit
1 Teel. Zucker 125 ml (⅛ l) lauwarmer Milch	verrühren, 15 Minuten gehen lassen
500 g Weizenmehl	in eine Rührschüssel sieben, mit
50 g Zucker 1 Päckchen Vanillin-Zucker Salz 1 Ei 250 g weicher Butter	und der gegangenen Hefe hinzufügen, die Zutaten mit einem Handrührgerät mit Knethaken zunächst auf niedrigster, dann auf höchster Stufe in etwa 5 Minuten zu einem Teig verarbeiten, etwas Teig zum Garnieren beiseite legen, den restlichen Teig in 3 gleich große Stücke teilen, zu Rollen formen, diese zu einem Zopf flechten und zu einer Brezel zusammenlegen, aus dem zurückgelegten Teig eine Blume formen, auf die Brezel legen, mit
Kondensmilch	bestreichen, die Brezel auf ein gefettetes Backblech legen, an einem warmen Ort etwa 30 Minuten stehenlassen, das Backblech in den vorgeheizten Backofen schieben
Strom:	Etwa 200, Gas: 3 – 4
Backzeit:	Etwa 40 Minuten.
Verpackungsvorschlag zum Verschenken:	Die Neujahrs-Brezel auf ein Holzbrett legen, in grobes, kariertes Leinentuch einpacken, mit Schleifenband verzieren.

HEFETEIG-FIGUREN

(für 8 – 10 Stutenkerle oder 8 Martinsgänse oder Brötchen) (Foto unten)

500 g Weizenmehl (Type 550)	in eine Rührschüssel sieben, mit
1 Päckchen Trocken-Backhefe	sorgfältig vermischen
2 Eßl. Zucker	
1 gestrichenen	

Teel. Salz	
1 Ei	
1 Eiweiß	
100 g zerlassene, abgekühlte Butter oder Margarine, z. B. Sanella	
gut 125 ml (⅛ l) lauwarme Milch	hinzufügen, alle Zutaten mit einem Handrührgerät mit Knethaken zuerst auf der niedrigsten, dann auf der höchsten Stufe in etwa 5 Minuten zu einem glatten Teig verarbeiten, den Teig an einem warmen Ort so lange stehenlassen, bis er etwa doppelt so hoch ist, ihn dann auf der Tischplatte nochmals gut durchkneten

FÜR DIE STUTENKERLE
(8 – 10 Stück) den Teig etwa 1 cm dick ausrollen, aus Pappe eine Stutenkerl-Schablone (etwa 18 cm hoch und gut 8 cm breit) ausschneiden, auf den Teig legen, Stutenkerle ausschneiden, auf ein gefettetes Backblech legen, als Augen

Rosinen oder Korinthen	eindrücken
1 Eigelb	mit
1 – 2 Eßl. Milch	verschlagen, die Stutenkerle damit bestreichen
8 – 10 Tonpfeifen (vom Bäcker)	in die Stutenkerle drücken, sie auf ein gefettetes Backblech legen, abgedeckt nochmals etwa 20 Minuten gehen lassen das Backblech in den vorgeheizten Backofen schieben
Strom:	Etwa 200
Gas:	3 – 4
Backzeit:	15 – 20 Minuten

FÜR DIE MARTINSGÄNSE
(etwa 8 Stück) den Teig knapp 1 cm dick ausrollen, mit Hilfe einer Pappschablone Gänse- Körperlänge etwa 14 cm, Körperbreite etwa 10 cm und Gesamthöhe etwa 20 cm - ausschneiden, die Gänse auf ein gefettetes Backblech legen

1 Eigelb	mit
1 – 2 Eßl. Milch	verschlagen, die Gänse damit bestreichen
Rosinen	als Augen eindrücken, die Gänse mit
Hagelzucker	bestreuen, abgedeckt an einem warmen Ort nochmals etwa 20 Minuten gehen lassen, das Backblech in den vorgeheizten Backofen schieben
Strom:	Etwa 200
Gas:	3 – 4
Backzeit:	15 – 20 Minuten.

(1 Quadrat entspricht 1 cm)

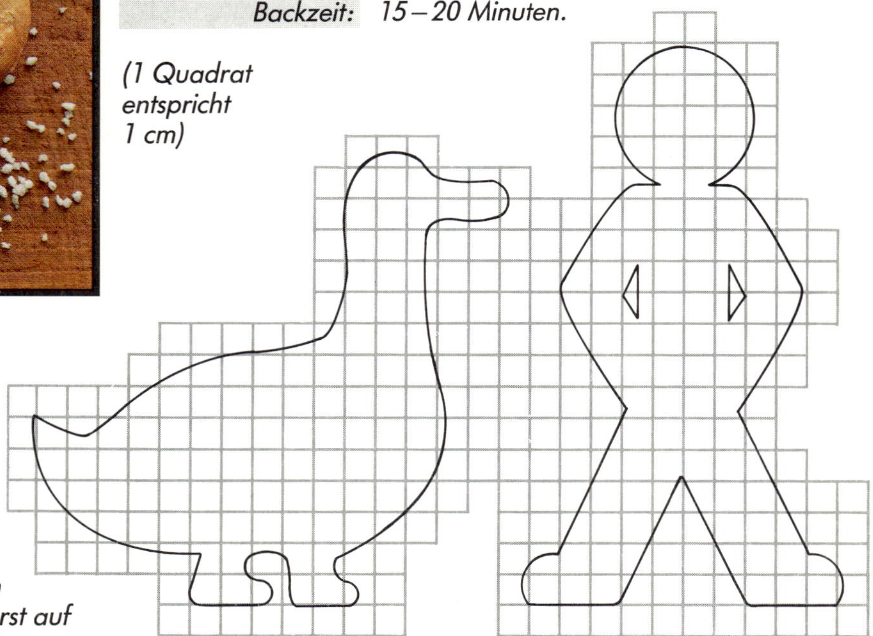

Nikolausstiefel

(Foto unten)

FÜR DEN TEIG

125 g Honig	mit
50 g Zucker 1 Päckchen Vanillin-Zucker 60 g Butter	langsam erwärmen, zerlassen (Foto 1), in eine Rührschüssel geben, kalt stellen, unter die fast erkaltete Masse mit einem Handrührgerät mit Rührbesen
1 Eigelb 1 Messerspitze gemahlenen Zimt 1 Messerspitze gemahlene Nelken	rühren (Foto 2)
250 g Weizenmehl	mit
2 gestrichenen Teel. Backpulver 1 gestrichenen Teel. Kakao	mischen, sieben, ⅔ davon eßlöffelweise auf mittlerer Stufe unterrühren, den Rest des Mehls unterkneten, den Teig gut ½ cm dick ausrollen, Stiefel von gewünschter Größe (am besten nach Papierschablone) ausschneiden (Foto 3), aus dem restlichen Teig Plätzchen ausstechen, die Teigstücke auf ein gefettetes Backblech legen, in den vorgeheizten Backofen schieben
Strom:	175 – 200, Gas: 3 – 4
Backzeit:	Etwa 15 Minuten

ZUM VERZIEREN

100 g Puderzucker	mit so viel
Eiweiß	verrühren, daß eine spritzfähige Masse entsteht, die Stiefel mit dem Guß verzieren, mit
Schwartau-Gebäckschmuck, Belegkirschen, abgezogenen, halbierten Mandeln	garnieren.

1

2

3

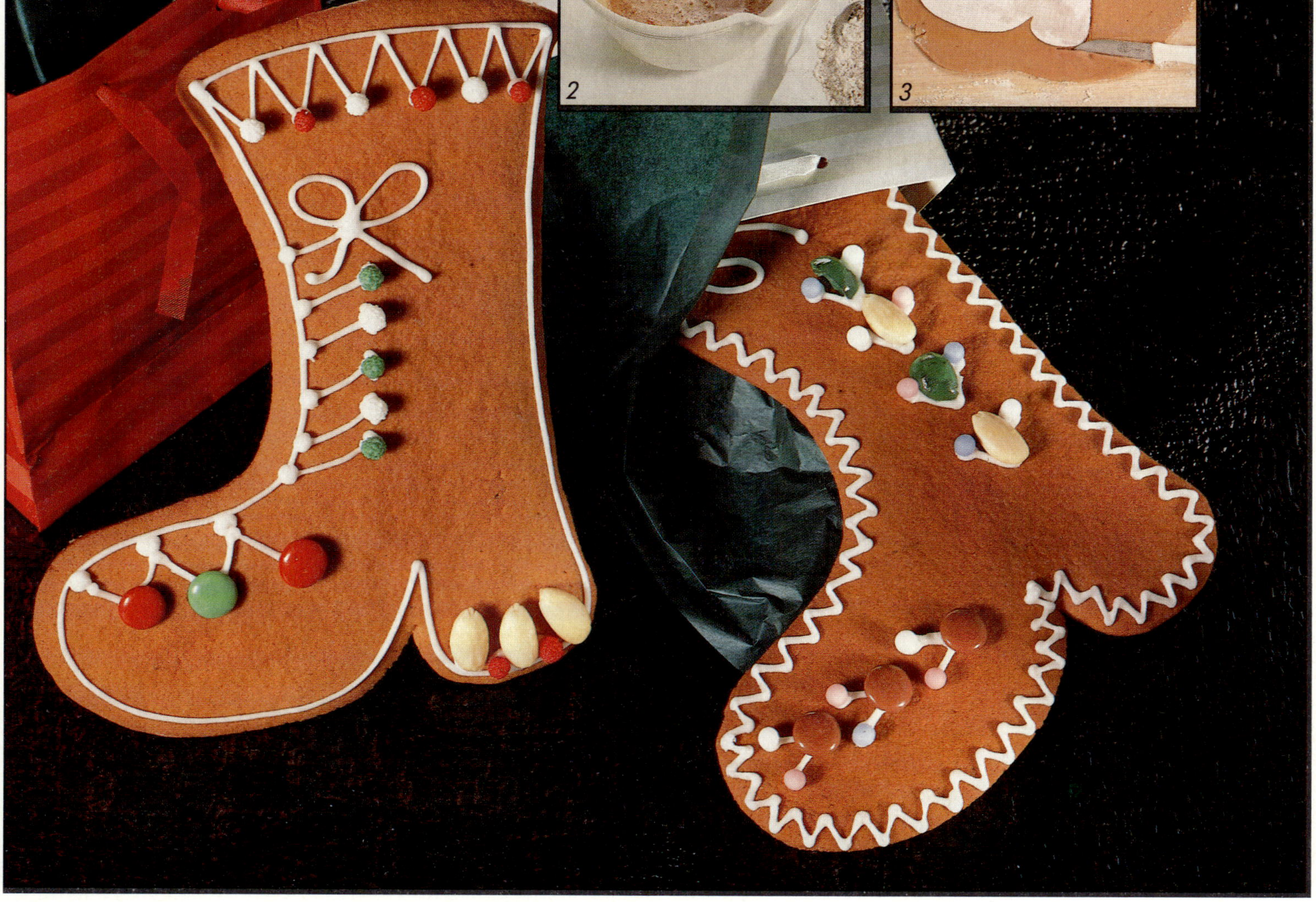

WEIHNACHTSMÄNNER

500 g Weizenmehl	in eine Schüssel sieben, mit
1 Päckchen Trocken-Hefe	sorgfältig vermischen
75 g Zucker 1 Päckchen Vanillin-Zucker Salz 75 g zerlassene, lauwarme Butter 250 ml (¼ l) lauwarme Milch	hinzufügen die Zutaten mit einem Handrührgerät mit Knethaken zuerst auf niedrigster, dann auf höchster Stufe in etwa 5 Minuten zu einem Teig verarbeiten den Teig an einem warmen Ort so lange stehenlassen, bis er etwa doppelt so hoch ist, ihn dann auf höchster Stufe nochmals gut durchkneten den Teig in 4 gleichgroße Stücke teilen, diese zu etwa 22 cm langen, ovalen Stücken ausrollen, Figuren daraus schneiden, je zwei auf ein gefettetes Backblech legen, die Teigstücke mit
Kondensmilch	bestreichen, nach Belieben mit
Rosinen Korinthen kandierten Kirschen oder abgezogenen Mandeln Sukkade	garnieren (Teigreste mitverwenden) den Teig nochmals so lange an einem warmen Ort gehen lassen, bis er sich sichtbar vergrößert hat, in den vorgeheizten Backofen schieben
Strom:	200 – 225
Gas:	4 – 5
Backzeit pro Blech:	15 – 20 Minuten nach Belieben das Gebäck sofort nach dem Backen mit
heißem Zuckerwasser	bestreichen.

KUCHENHERZ „FÜR DICH"

(Foto S. 205 oben)

FÜR DEN TEIG

200 g weiche Margarine	mit einem Handrührgerät mit Rührbesen auf höchster Stufe in etwa ½ Minute geschmeidig rühren, nach und nach
175 g Zucker	unterrühren, so lange rühren, bis eine gebundene Masse entstanden ist
3 Eier	nach und nach unterrühren (jedes Ei etwa ½ Minute)
100 g Weizenmehl 100 g Speisestärke 1 Beutel Back-Kakao, z. B. von Schwartau 1 ½ gestrichene Teel. Backpulver	mischen, sieben, mit
1 Eßl. Milch	eßlöffelweise auf mittlerer Stufe unterrühren
50 g Raspel-Schokolade	vorsichtig auf mittlerer Stufe unter den Teig rühren, ihn in eine gut gefettete Springform (Durchmesser etwa 24 cm) füllen die Form auf dem Rost in den vorgeheizten Backofen schieben
Strom:	175 – 200, Gas: 2 – 3
Backzeit:	etwa 50 Minuten das Gebäck auf einen Kuchenrost stürzen, erkalten lassen, aus dem Tortenboden (mit Hilfe einer Schablone) ein Herz ausschneiden, mit
Orangen- oder Aprikosen-Konfitüre	rundherum bestreichen
200 g Marzipan-Rohmasse	mit
150 g gesiebtem Puderzucker	verkneten, zwischen Klarsichtfolie dünn ausrollen, das Kuchenherz damit überziehen die Marzipanreste zu einer Platte ausrollen, ein Schild ausschneiden, dieses auf die Herzoberfläche legen, mit
Zuckerschrift	beschriften

ZUM VERZIEREN

150 g Puderzucker	sieben, mit
etwa 2 Eßl. Wasser etwas Back- und Speisefarbe „Farbenfreude"	verrühren, das Herz damit verzieren, mit
Zuckerblümchen	garnieren.

ENTE IM BUNTEN FEDERKLEID

(Foto S. 205 unten)

FÜR DEN TEIG

175 g weiche Margarine	mit einem Handrührgerät mit Rührbesen auf höchster Stufe in etwa ½ Minute geschmeidig rühren, nach und nach
200 g Zucker 1 Beutel Orange-back	unterrühren, so lange rühren, bis eine gebundene Masse entstanden ist
3 Eier	nach und nach unterrühren (jedes Ei etwa ½ Minute)
150 g Weizenmehl	mit
50 g Speisestärke 2 gestrichenen Teel. Backpulver 1 Doppelbeutel Back-Kakao	mischen, sieben, eßlöffelweise auf mittlerer Stufe unterrühren
50 g gehackte Mandeln, z. B. von Schwartau	

1 Beutel Rum-back	auf mittlerer Stufe unter den Teig rühren den Teig in eine gut gefettete „Entenform" füllen, die Form auf dem Rost in den vorgeheizten Backofen schieben
Strom:	175–200
Gas:	2–3
Backzeit:	50–60 Minuten den gebackenen Kuchen 10 Minuten in der Form abkühlen lassen, dann stürzen
	FÜR DEN GUSS
250 g Puderzucker	sieben, mit
3–4 Eßl. Wasser	verrühren, mit
gelber Back- und Speisefarbe	färben, das warme Gebäck damit überziehen die „Ente" mit Puderzuckerguß verzieren, mit
Regenbogen-Zucker Gebäck-Schmuck	garnieren.
Tip:	Die Gebäckente hübsch in Klarsichtfolie verpackt, mit Schleifenband dekorativ zugebunden, ist ein schönes Geschenk zum Kindergeburtstag.

OSTERHASE UND OSTERHENNE

(Foto oben)

500 g Weizenmehl — in eine Schüssel sieben, mit

1 Päckchen Trockenhefe — sorgfältig vermischen

125 g Zucker
1 Päckchen Vanillin-Zucker
Salz
75 g zerlassene, lauwarme Butter
250 ml (¼ l) Milch — hinzufügen, die Zutaten mit dem Handrührgerät mit Knethaken zuerst auf niedrigster, dann auf höchster Stufe in etwa 5 Minuten zu einem Teig verarbeiten

den Teig an einem warmen Ort so lange stehenlassen, bis er etwa doppelt so hoch ist, ihn dann auf der höchsten Stufe nochmals gut durchkneten

aus dem gegangenen Teig 2 Rechtecke von 32× 35 cm auf einem gefetteten Backblech ausrollen

aus dem restlichen Teig lange, etwa ½ cm breite Streifen schneiden, je 2 Streifen zu einer Kordel drehen, den Rand der Teigrechtecke damit umlegen (Foto 1)

jeweils einen Osterhasen und eine Osterhenne auf Papier zeichnen, ausschneiden, die Papier-Schablonen auf die Teig-Rechtecke legen, mit einem Messerrücken

	die Konturen auf dem Teig eindrücken (Foto 2+3)
1 Eigelb	mit
1 Eßl. Milch	verschlagen, die Teigränder (Kordeln) damit bestreichen am oberen Rand der Teigrechtecke ein Loch ausstanzen die Teigrechtecke nochmals 5 Minuten gehen lassen, die Backbleche dann in den vorgeheizten Backofen schieben (nacheinander backen) (Foto 4)
Strom:	200 – 225
Gas:	4 – 5
Backzeit:	Etwa 15 Minuten

FÜR DEN GUSS

200 g gesiebten Puderzucker	mit so viel
Eiweiß	verrühren, daß eine dickflüssige Masse entsteht den Puderzuckerguß in 3 Teile teilen unter einen Teil
etwas gesiebten Kakao	rühren
etwas gelbe Farbenfreude (Speisefarbe)	rühren den Oserhasen und die Osterhenne mit dem weißen, dem gelben und dem braunen Zuckerguß (mit Hilfe eines Pergamentpapiertütchens) verzieren, mit
Gebäck-Schmuck, z. B. von Schwartau	garnieren.

HEFETEIG-SCHLÜSSEL

500 g Weizenmehl	in eine Rührschüssel sieben, mit
1 Päckchen Trocken-Backhefe	sorgfältig vermischen
50 g Zucker Salz 1 Ei knapp 250 ml (¼ l) lauwarme Milch 50 g zerlassene, abgekühlte Butter	hinzufügen, die Zutaten mit einem Handrührgerät mit Knethaken zunächst auf niedrigster, dann auf höchster Stufe in etwa 5 Minuten zu einem Teig verarbeiten, sollte er kleben, noch etwas Mehl hinzufügen (aber nicht zu viel, Teig muß weich bleiben), den Teig so lange an einem warmen Ort stehenlassen, bis er sich sichtbar vergrößert hat, ihn dann auf höchster Stufe nochmals gut durchkneten den Teig in 4 Teile schneiden, zu 4 Teigsträngen von etwa 45 cm Länge ausrollen, aus den Teigsträngen Schlüssel (ähnlich wie Fragezeichen) formen (damit oben in der Rundung ein Loch bleibt, ein Alufolienbällchen hineinlegen), als „Schlüsselbart" die Teigstränge am unteren Ende seitlich 2 – 3 mal schräg ausschneiden oder etwas Teig abnehmen, 2 runde Kugeln formen und diese ansetzen
1 kleines Ei	verschlagen, die Teigschlüssel damit bestreichen, mit
Sesamsaat	bestreuen, so lange an einem warmen Ort gehen lassen, bis sie sich sichtbar vergrößert haben, das Backblech in den vorgeheizten Backofen schieben
Strom:	Etwa 200
Gas:	3 – 4
Backzeit:	Etwa 15 Minuten.

SCHILDKRÖTEN

125 g Weizen	fein mahlen, mit
375 g Weizenmehl Type 1050 oder 550 1 Päckchen Trocken-Backhefe	sorgfältig vermischen
1 Teel. Zucker 1 Teel. Salz 1 Ei 1 Eiweiß gut 125 ml (⅛ l) lauwarme Milch 100 g weiche Butter	hinzufügen, die Zutaten mit einem Handrührgerät mit Knethaken zuerst auf der niedrigsten, dann auf der höchsten Stufe in etwa 5 Minuten zu einem glatten Teig verarbeiten den Teig an einem warmen Ort so lange stehenlassen, bis er etwa doppelt so hoch ist, ihn dann auf der Tischplatte nochmals gut durchkneten, den Teig zu einer Rolle formen, in so viele Stücke schneiden, wie Schildkröten gewünscht werden (10 – 12 Stück und zusätzlich 1 Teigstück zum Formen der Beine beiseite legen), die übrigen Teigstücke rund formen, für den Kopf etwas Teig herausziehen, aus dem Teigstück für die Beine bleistiftdicke Rollen formen, in etwa 4 cm lange Stücke schneiden, jeweils 4 Stück unter jeden Körper legen, etwas andrücken, die Schildkröten auf ein gefettetes Backblech legen, für den Panzer der Schildkröte den Körper rundherum einschneiden und die Oberfläche rautenförmig einschneiden, abgedeckt an einem warmen Ort nochmals so lange gehen lassen, bis sich die Teigstücke sichtbar vergrößert haben
1 Eigelb	mit
1 – 2 Eßl. Milch	verschlagen, die Schildkröten damit bestreichen, das Backblech in den vorgeheizten Backofen schieben
Strom:	Etwa 200
Gas:	3 – 4
Backzeit:	25 – 30 Minuten.

DAS SCHMECKT NICHT NUR ZUR WEIHNACHTSZEIT:
Die Plätzchen in diesem Kapitel haben nur einen Nachteil: sie sind viel zu schnell wieder weg.
Egal, ob sie für die bunten Teller oder eine gemütliche Teestunde vorgesehen sind – oft verschwinden sie schon lange vor ihrer eigentlichen Bestimmung auf wundersame Weise . . . und keiner weiß wohin.
Dagegen hilft nur eines: die gut gefüllte Keksdose rechtzeitig in Sicherheit bringen vor frechen Fingerchen, neugierigen Nasen und sehnsüchtigen Blicken.
Und dann selber ganz stark sein . . .

ZARTE PLÄTZCHEN

ZITRONEN-DUCHESSE

FÜR DEN TEIG

250 g weiche Butter oder Margarine, z. B. Sanella	mit einem Handrührgerät mit Rührbesen auf höchster Stufe in etwa ½ Minute geschmeidig rühren, nach und nach
150 g gesiebten Puderzucker Schale von 2 Zitronen (unbehandelt) 6 Eßl. Zitronensaft	unterrühren, so lange rühren, bis eine gebundene Masse entstanden ist
2 Eigelb	nach und nach unterrühren (jedes Eigelb etwa ½ Minute)
375 g Weizenmehl	sieben, eßlöffelweise auf mittlerer Stufe unterrühren den Teig in einen Spritzbeutel mit Lochtülle füllen und Tuffs auf ein gefettetes, mit Back-Trennpapier belegtes Backblech spritzen die Tuffs etwas flachdrücken, das Backblech in den vorgeheizten Backofen schieben
Strom:	175–200, Gas: 3–4
Backzeit:	Etwa 12 Minuten die Hälfte der erkalteten Plätzchen auf der Unterseite mit
etwa 2 Eßl. Zitronengelee	bestreichen, mit den übrigen Plätzchen bedecken
50 g Speisefettglasur 50 g Halbbitter-Kuvertüre	in einem kleinen Topf im heißen Wasserbad geschmeidig rühren, die Plätzchen mit einer Seite hineintauchen.

GLÜCKSPILZE

(Foto S. 208 unten)

FÜR DEN TEIG

400 g Weizenmehl	mit
½ gestrichenen Teel. Backpulver	mischen, in eine Rührschüssel sieben
75 g Zucker 1 Päckchen Vanillin-Zucker Salz, 2 Eier 150 g weiche Butter	hinzufügen die Zutaten mit einem Handrührgerät mit Knethaken zunächst kurz auf niedrigster, dann auf höchster Stufe gut durcharbeiten, anschließend auf der Tischplatte zu einem glatten Teig verkneten, ihn eine Zeitlang kalt stellen, den Teig etwa 3 mm dick ausrollen, mit einer runden, gezackten Form (Durchmesser etwa 5 cm) ausstechen, auf ein Backblech legen, mit
Kondensmilch	bestreichen, mit
etwa 200 g roten und 100 g grünen Belegkirschen 100 g abgezogenen, halbierten Mandeln	in Form von Pilzen garnieren, das Backblech in den vorgeheizten Backofen schieben
Strom:	175–200, Gas: 3–4
Backzeit:	10–12 Minuten

ZUM VERZIEREN

50 g Puderzucker	sieben, mit
etwas Wasser	verrühren, so daß eine spritzfähige Masse entsteht, mit Hilfe eines Pergamentpapiertütchens als Tupfen auf die erkalteten „Pilzköpfe" spritzen.

VANILLEKIPFERL

(Foto S. 209 oben)

250 g Weizenmehl	mit
1 Messerspitze Backpulver Backin	mischen, in eine Rührschüssel sieben
125 g Zucker 1 Päckchen Vanillin-Zucker 3 Eigelb 200 g kalte Butter 125 g abgezogene, gemahlene Mandeln	hinzufügen, die Zutaten mit einem Handrührgerät mit Knethaken zunächst kurz auf niedrigster, dann auf höchster Stufe gut durcharbeiten, anschließend auf der Tischplatte zu einem glatten Teig verkneten, sollte er kleben, ihn eine Zeitlang kalt stellen aus dem Teig daumendicke Rollen formen, gut 2 cm lange Stücke davon abschneiden diese zu etwa 5 cm langen Rollen formen, die Enden etwas dünner rollen, als Hörnchen auf ein Backblech legen, in den vorgeheizten Backofen schieben
Strom:	175–200, Gas: 3–4
Backzeit:	Etwa 10 Minuten
etwa 50 g Puderzucker	sieben, mit
1 Päckchen Vanillin-Zucker	mischen, die noch heißen Kipferl darin wälzen.

THORNER KATHRINCHEN

(Foto S. 211)

FÜR DEN TEIG

150 g Honig	mit
125 g Zucker 4–5 Eßl. Wasser 50 g Butter	in einem kleinen Topf langsam erwärmen,

	zerlassen, in eine Rührschüssel geben, kalt stellen, unter die fast erkaltete Masse mit einem Handrührgerät mit Rührbesen auf höchster Stufe
1 Ei 1 Päckchen Honigkuchengewürz abgeriebene Schale von ½ Zitrone (unbehandelt)	rühren
10 g Pottasche	in
1 Eßl. Wasser 1 Eßl. Rum	auflösen, unterrühren
400 g Weizenmehl	mit
150 g Roggenmehl	mischen, sieben, ⅔ davon eßlöffelweise auf mittlerer Stufe unterrühren, den Teigbrei mit dem Rest des Mehls auf der Tischplatte zu einem glatten Teig verkneten, den Teig in Alufolie gewickelt 3–4 Tage

	ruhen lassen, dann dünn ausrollen und Kathrinchen ausstechen oder rechteckige Plätzchen von etwa 10×6 cm ausschneiden, mit
Kondensmilch	bestreichen, mit
abgezogenen, halbierten Mandeln Haselnußkernen Sonnenblumenkernen	belegen, die Nüsse und Mandeln nochmals mit Kondensmilch bestreichen, die Plätzchen auf ein gefettetes Backblech legen, in den vorgeheizten Backofen schieben
Strom:	Etwa 200
Gas:	3–4
Backzeit:	Etwa 12 Minuten.

CHRISTBAUM-RINGE

(Foto S. 213)

3 Eiweiß	mit einem Handrührgerät mit Rührbesen auf höchster Stufe steif schlagen
1 Teel. Zitronensaft	unterrühren
150 g Zucker	nach und nach unterrühren, so lange schlagen, bis eine Messerschnitt sichtbar bleibt die Baisermasse in einen Spritzbeutel mit großer Tülle füllen, Ringe (Durchmesser etwa 6 cm) auf ein mit Backpapier belegtes Backblech spritzen, mit
Zuckerstreusel	bestreuen, die Ringe einige Stunden antrocknen lassen, das Backblech in den vorgeheizten Backofen schieben
Strom:	100–120
Gas:	1–2
Backzeit:	120–140 Minuten die Ringe zum Auskühlen auf einem Kuchenrost legen die Christbaumringe nach Belieben mit
Puderzuckerguß, gefärbt mit Speisefarbe „Farbenfreude"	verzieren, mit
Gebäck-Schmuck	und
Regenbogen-Zucker, z. B. von Schwartau	garnieren.

THORNER GEWÜRZBREZELN

(Foto S. 213)

FÜR DEN TEIG

200 g Honig	mit
125 g Zucker 75 g Butter- oder Schweineschmalz	langsam erwärmen, zerlassen, in eine Rührschüssel geben, erkalten lassen
100 g Frutta-Mix 1 Ei 1 Beutel Orange-back Salz je 1 Messerspitze gemahlene Nelken Piment Zimt Ingwer Kardamom	unterrühren
400 g Weizenmehl	mit
2 gestrichene Teel. Backpulver	mischen, sieben, ⅔ davon eßlöffelweise unterrühren, den Teigbrei mit dem Rest des Mehls auf der Tischplatte zu einem glatten Teig verkneten, aus dem Teig Rollen formen (Durchmesser etwa 1 cm), diese in etwa 15 cm lange Stücke schneiden, zu Brezeln formen, auf ein mit Backpapier belegtes Backblech legen, das Blech in den vorgeheizten Backofen schieben
Strom:	160–180
Gas:	2–3
Backzeit:	15–20 Minuten

FÜR DEN GUSS

1 Beutel Kuchenglasur, dunkel, z. B. von Schwartau	nach Vorschrift auf der Packung erwärmen, das erkaltete Gebäck damit bestreichen oder
250 g Puderzucker	sieben, mit
3–4 Eßl. Wasser	verrühren, die Brezeln sofort nach dem Backen damit bestreichen.

ZIMTSTERNE

(ergibt etwa 30 Stück, Foto S. 213)

2 Eiweiß	mit einem Handrührgerät mit Rührbesen auf höchster Stufe steif schlagen
150 g Puderzucker	sieben, nach und nach unterrühren
1 Teel. gemahlenen Zimt 175 g unabgezogene gemahlene Mandeln	vorsichtig auf niedrigster Stufe unterrühren den Teig kurze Zeit in den Kühlschrank legen, ihn auf einer mit
gesiebtem Puderzucker	bestreuten Tischplatte, gut ½ cm dick ausrollen, Sterne ausstechen, auf ein mit Back-Trennpapier belegtes Backblech legen das Backblech in den vorgeheizten Backofen schieben
Strom:	160–180, Gas: 2–3
Backzeit:	etwa 20 Minuten
1 Beutel Küchenglasur, Zitrone, z. B. von Schwartau	im heißen Wasserbad erwärmen, die abgekühlten Plätzchen damit bepinseln, mit
1 Beutel gehackten Pistazien oder 100 g Haselnuß-Krokant	bestreuen die Zimtsterne auskühlen lassen, in einer Dose mit Apfelstückchen und zwischen Pergamentpapier aufbewahren.

GEBÄCKSTANGEN

(Foto S. 213)

FÜR DEN TEIG

250 g weiche Margarine, z. B. Sanella	mit einem Handrührgerät mit Rührbesen auf höchster Stufe in etwa ½ Minute geschmeidig rühren, nach und nach
150 g Zucker	

Salz	
1 Beutel	
Orange-back	unterrühren, so lange rühren, bis eine gebundene Masse entstanden ist
1 Ei	
1 Eigelb	unterrühren (jedes Ei - Eigelb etwa ½ Minute)
300–375 g	
Weizenmehl	mit
½ gestrichenen Teel.	
Backpulver	mischen, sieben, ⅔ davon eßlöffelweise auf mittlerer Stufe unterrühren den Teigbrei mit dem Rest des Mehls auf der Tischplatte zu einem glatten Teig verkneten, in eine Gebäckspritze oder Fleischwolf mit Teigvorsatzscheibe geben, 6 cm lange Stangen spritzen, abschneiden, auf ein mit Back-Trennpapier belegtes Backblech legen
	das Backblech in den vorgeheizten Backofen schieben
Strom:	200–225
Gas:	3–4
Backzeit:	12–15 Minuten
	FÜR DEN GUSS
150 g Halbbitter-	
Kuvertüre,	
z. B. Schwartau	im heißen Wasserbad geschmeidig rühren, die Gebäckstücke zur Hälfte hineintauchen, mit
gehackten Pistazien	
Regenbogen-Zucker	
Zuckerstreusel	bestreuen.

HAFER-PLÄTZCHEN

(Foto S. 213)

FÜR DEN TEIG

250 g weiche Margarine – mit einem Handrührgerät mit Rührbesen auf höchster Stufe in etwa ½ Minute geschmeidig rühren, nach und nach

175 g Zucker
1 Beutel Orange-back – unterrühren, so lange rühren, bis eine gebundene Masse entstanden ist

1 Ei – unterrühren (etwa ½ Minute)

1 gestrichenen Teel. gemahlenen Zimt
1 gestrichenen Teel. gemahlenen Ingwer
1 Messerspitze gemahlenen Kardamom
200 g feine Haferflocken
100 g gemahlene Haselnußkerne, z. B. von Schwartau – auf mittlerer Stufe unterrühren

100 g Weizenmehl – darauf sieben, unterkneten

den Teig kurze Zeit in den Kühlschrank stellen, etwa 1 cm dick ausrollen, Tannenbäume, Glocken oder runde Plätzchen ausstechen, auf ein mit Back-Trennpapier belegtes Backblech legen das Backblech in den vorgeheizten Backofen schieben

Strom: etwa 200, Gas: etwa 4
Backzeit: 10 – 12 Minuten

die Plätzchen auf einem Kuchenrost erkalten lassen

FÜR DEN GUSS

1 – 2 Beutel Kuchenglasur Zitrone – nach Vorschrift auf der Packung erwärmen, die Plätzchen damit bestreichen, mit

Gebäck-Schmuck – garnieren.

PRINZESSBREZELN

(Foto S. 215)

FÜR DEN TEIG

375 g Weizenmehl – mit
40 g Kakao – mischen, in eine Rührschüssel sieben

175 g Zucker
1 Päckchen Vanillin-Zucker
Salz
1 Ei
250 g weiche Butter – hinzufügen

die Zutaten mit einem Handrührgerät mit Knethaken zunächst kurz auf niedrigster, dann auf höchster Stufe gut durcharbeiten, anschließend auf der Tischplatte zu einem glatten Teig verkneten, sollte er kleben, ihn eine Zeitlang kalt stellen

den Teig zu bleistiftdicken Rollen formen (Foto 1), in etwa 17 cm lange Stücke schneiden, zu Brezeln formen

die Brezeln auf ein mit Back-Trennpapier belegtes Backblech legen (Foto 2), in den vorgeheizten Backofen schieben

Strom: 175 – 200
Gas: 3 – 4
Backzeit: 12 – 15 Minuten

ZUM BESTREICHEN

100 g Halbbitter-Kuvertüre – mit
100 g Speisefettglasur – in einem kleinen Topf im heißen Wasserbad geschmeidig rühren, die Brezeln damit bestreichen (Foto 3), mit

etwa 60 g abgezogenen, gehackten, gebräunten Mandeln – bestreuen.

ZIMT-BAISER-PLÄTZCHEN

(Foto links)

FÜR DEN TEIG

125 g Weizenmehl – in eine Rührschüssel sieben

50 g Zucker
1 Päckchen Vanillin-Zucker
2 Eigelb
65 g weiche Butter – hinzufügen

1

2

3

die Zutaten mit einem Handrührgerät mit Knethaken zunächst kurz auf niedrigster, dann auf höchster Stufe gut durcharbeiten, anschließend auf der Tischplatte zu einem glatten Teig verkneten, sollte er kleben, ihn eine Zeitlang kalt stellen
den Teig etwa 2 mm dick ausrollen, mit einer runden Form (Durchmesser 3–4 cm) ausstechen, auf ein gefettetes Backblech legen

FÜR DIE BAISERMASSE

2 Eiweiß 100 g Zucker 1 Teel. gemahlenem Zimt	verrühren, im Wasserbad so lange schlagen, bis der Eierschnee schnittfest ist nach Belieben
100 g abgezogene, gemahlene Mandeln	unterheben auf jedes Plätzchen etwas (etwa ¾ Teel.) von der Baisermasse streichen
kandierte Kirschen	halbieren, die Plätzchen jeweils mit einer halben Kirsche garnieren, in den vorgeheizten Backaofen schieben
Strom:	175–200
Gas:	3–4
Backzeit:	Etwa 10 Minuten.

ORANGEN-PLÄTZCHEN

(Foto unten)

FÜR DEN TEIG

175 g weiche Butter	mit einem Handrührgerät mit Rührbesen auf höchster Stufe in etwa ½ Minute geschmeidig rühren, nach und nach
100 g Zucker 1 Päckchen Vanillin-Zucker	unterrühren, so lange rühren, bis eine gebundene Masse entstanden ist
1 Ei	unterrühren (etwa ½ Minute)
Salz 1 Fläschchen Backöl Zitrone	unterrühren
300 g Weizenmehl	sieben, eßlöffelweise auf mittlerer Stufe unterrühren, den Teig auf der Tischplatte kurz durchkneten, ihn einige Zeit kaltstellen den Teig knapp ½ cm dick ausrollen, mit einer runden Form (Durchmesser etwa 4 cm) ausstechen, auf ein gefettetes Backblech legen, in den vorgeheizten Backofen schieben
Strom:	175–200
Gas:	3–4
Backzeit:	10–15 Minuten

FÜR DEN GUSS

175 g Puderzucker	sieben, mit
4–5 Eßl. Orangenlikör oder Zitronensaft	glattrühren, so daß eine dickflüssige Masse entsteht, die erkalteten Plätzchen damit bestreichen
kandierte Orangenscheiben	in Stücke schneiden, die Plätzchen damit garnieren.
Tip:	Für den Guß anstelle von Zitronensaft die gleiche Menge Orangensaft mit Puderzucker verrühren.

1

2

3

NUSSKIPFERL

(Foto oben)

300 g Weizenmehl	*in eine Rührschüssel sieben*
100 g gesiebten Puderzucker	
1 Päckchen Vanillin-Zucker	
Salz	
1 kleines Ei	
100 g gemahlene, leicht geröstete Haselnußkerne	
200 g weiche Butter	*hinzufügen (Foto 1)* *die Zutaten mit einem Handrührgerät mit Knethaken zunächst kurz auf niedrigster, dann auf höchster Stufe gut durcharbeiten, anschließend auf der Tischplatte zu einem glatten Teig verkneten, sollte er kleben, ihn eine Zeitlang kalt stellen* *den Teig portionsweise zu bleistiftdicken Rollen formen, in etwa 6 cm lange Stücke schneiden, an den Enden etwas dünner rollen (Foto 2)* *die Kipferl auf ein gefettetes mit Pergamentpapier ausgelegtes Backblech legen, in den vorgeheizten Backofen schieben*
Strom:	*175 – 200*
Gas:	*3 – 4*
Backzeit:	*Etwa 12 Minuten* *die Nußkipferl sofort nach dem Backen mit*
gesiebtem Puderzucker	*bestäuben (Foto 3).*

WALNUSS-PLÄTZCHEN

(Foto unten)

FÜR DEN TEIG

300 g Weizenmehl	in eine Rührschüssel sieben
200 g Zucker 1 Päckchen Vanillin-Zucker 1 Fläschchen Rum-Aroma 3 Tropfen Backöl Bittermandel 1 Messerspitze gemahlenen Kardamom Salz 200 g weiche Butter 150 g gemahlene Walnußkerne	hinzufügen die Zutaten mit einem Handrührgerät mit Knethaken zunächst kurz auf niedrigster, dann auf höchster Stufe gut durcharbeiten, anschließend auf der Tischplatte zu einem glatten Teig verkneten, sollte er kleben, ihn eine Zeitlang kalt stellen den Teig dünn ausrollen, mit einer runden Form (Durchmesser etwa 4 cm) ausstechen, auf ein Backblech legen, in den vorgeheizten Backofen schieben
Strom:	175 – 200
Gas:	3 – 4
Backzeit:	5 – 10 Minuten die Hälfte der erkalteten Plätzchen auf der Unterseite mit
rotem Johannisbeergelee	bestreichen, die übrigen darauf legen, gut andrücken

ZUM GARNIEREN

50 g Halbbitter-Kuvertüre	in einem kleinen Topf im heißen Wasserbad zu einer geschmeidigen Masse verrühren
200 g halbierte Walnußkerne	jeweils zur Hälfte eintauchen, zum Trocknen auf ein Pergamentpapier legen

FÜR DEN GUSS

200 g Zitronen-Glasur	mit
3 Eßl. Wasser	nach der Vorschrift auf der Packung zubereiten die Plätzchen damit bestreichen, mit den Walnußhälften garnieren.

SPRINGERLE

(Foto S. 219 links)

2 Eier	mit einem Handrührgerät schaumig schlagen nach und nach
200 g Puderzucker	sieben, nach und nach mit
1 Päckchen Vanillin-Zucker	hinzugeben, so lange schlagen, bis eine dicke, cremeartige Masse entstanden ist
225 g Weizenmehl	mit
1 Messerspitze Backpulver	mischen, sieben, so viel davon unter die Masse rühren, daß ein fester Brei entsteht den Rest des Mehls auf die Tischplatte sieben, den Brei darauf geben, mit Mehl bedecken, mit den Händen zu einem glatten Teig verkneten, sollte er kleben, noch bis zu
50 g Weizenmehl	hineinkneten

den Teig etwa 1 cm dick ausrollen, Rechtecke in der Größe des Backmodels herausschneiden, sie mit

Weizenmehl bestäuben, in den bemehlten Model drücken, sie dann abheben, in die aufgeprägten Rechtecke zerschneiden, die Springerle auf ein gefettetes, mit

Anissamen bestreutes Backblech legen, in einem mäßig warmen Raum etwa 24 Stunden trocknen lassen

Backbleche in den vorgeheizten Backofen schieben

Strom: 125 – 150
Gas: 1 – 2
Backzeit: Etwa 30 Minuten

da die Oberfläche des Gebäcks weiß bleiben soll, ist es empfehlenswert, nach dem Aufgehen, sobald sich ein kleiner Sockel gebildet hat, ein kaltes Backblech oben in den Backofen schieben
die Springerle nach dem Backen einige Tage offen (nicht in einer Dose) an der Luft stehen lassen, damit sie weich werden, sie erst dann in eine Blechdose geben, gut geschlossen aufbewahren.

SPEKULATIUS

(Foto oben rechts)

500 g Weizenmehl mit
2 gestrichene Teel. Backpulver mischen, in eine Rührschüssel sieben

250 g Zucker
1 Päckchen Vanillin-Zucker
2 Tropfen Backöl Bittermandeln
2 Messerspitzen gemahlenen Kardamom
2 Messerspitzen gemahlene Nelken
1 gestrichenen Teel. gemahlenen Zimt
Salz
2 Eier
200 g weiche Butter oder Margarine
100 g abgezogene, gemahlene Mandeln oder Haselnußkerne hinzufügen

die Zutaten mit einem Handrührgerät mit Knethaken zunächst kurz auf niedrigster, dann auf höchster Stufe gut durcharbeiten, anschließend auf der Tischplatte zu einem glatten Teig verkneten, sollte er kleben, ihn eine Zeitlang kalt stellen
den Teig dünn ausrollen, mit beliebigen Formen (vor allem Tierformen) ausstechen, auf ein Backblech legen
werden Holzmodel benutzt, den Teig in den gut bemehlten Model drücken, den überstehenden Teig abschneiden, die Spekulatiusstücke aus dem Model schlagen, das Backblech in den vorgeheizten Backofen schieben

Strom: 175 – 200
Gas: 3 – 4
Backzeit: Etwa 10 Minuten.

ZIMTTALER

FÜR DEN TEIG

300 g Weizenmehl	mit
1 gestrichenen Teel. Backpulver	mischen, in eine Rührschüssel sieben
75 g Puderzucker Salz 1 Ei 1 gehäuften Teel. gemahlenen Zimt 200 g weiche Margarine oder Butter 100 g gemahlene, geröstete Haselnußkerne	hinzufügen die Zutaten muit einem Handrührgerät mit Knethaken zunächst kurz auf niedrigster, dann auf höchster Stufe gut durcharbeiten, anschließend auf der Tischplatte zu einem glatten Teig verkneten, sollte er kleben, ihn eine Zeitlang kalt stellen den Teig etwa 3 mm dick ausrollen, mit einer runden Form (Durchmesser etwa 4 cm) Plätzchen ausstechen, auf ein Backblech legen und in den vorgeheizten Backofen schieben
Strom:	175–200
Gas:	3–4
Backzeit:	Etwa 10 Minuten

ZUM BESTREICHEN

25 g Butter	zerlassen, die Hälfte der Plätzchen auf der Oberseite damit bestreichen

ZUM BESTREUEN

40 g Zucker	mit
1 Messerspitze gemahlenen Zimt	vermengen, die bestrichenen Plätzchen sofort damit bestreuen, damit der Zucker gut haftet

FÜR DIE FÜLLUNG

die restlichen Plätzchen auf der Unterseite mit

etwa 3 Eßl. Himbeer-Gelee	bestreichen und die mit Zimt-Zucker bestreuten Plätzchen darauf setzen.

NUSS-PRINTEN

FÜR DEN BELAG

Etwa 200 g enthäutete Haselnußkerne	halbieren

FÜR DEN TEIG

125 g Sirup (Rübenkraut)	mit
50 g Zucker Salz 50 g Margarine oder Butter 2 Eßl. Milch oder Wasser	langsam erwärmen, zerlassen, in eine Rührschüssel geben, kalt stellen, unter die fast erkaltete Masse mit einem Handrührgerät mit Rührbesen auf höchster Stufe
50 g Grümmel (gestoßener brauner Kandis) 3 Tropfen Backöl Zitrone ½ gestrichenen Teel. gemahlenen Anis ½ gestrichenen Teel. gemahlene Nelken ½ gestrichenen Teel. gemahlenen Zimt	rühren
250 g Weizenmehl	mit
3 gestrichenen Teel. Backpulver	mischen, sieben, ⅔ davon eßlöffelweise auf mittlerer Stufe unterrühren, den Teigbrei mit dem Rest des Mehls auf der Tischplatte zu einem glatten Teig verkneten, sollte er kleben, ihn eine Zeitlang kalt stellen den Teig etwa ½ cm dick ausrollen, Rechtecke (etwa 2 ½ x 7 cm) daraus schneiden, auf ein gefettetes Backblech legen, die Haselnußhälften dicht auf die Teigstücke legen, das Backblech in den vorgeheizten Backofen schieben
Strom:	175–200
Gas:	3–4
Backzeit:	Etwa 10 Minuten

FÜR DEN GUSS

200–250 g Kuvertüre	mit
etwas Kokosfett	in einem kleinen Topf im heißen Wasserbad zu einer geschmeidigen Masse verrühren, die erkalteten Printen damit überziehen.

MARZIPAN-MONDE

(Foto S. 221)

200 g Marzipan-Rohmasse	mit
75 g gesiebtem Puderzucker 150 g unabgezogenen, gemahlenen Mandeln 3 gestrichenen Teel. Speisestärke 1 Eiweiß 30 g feingewürfeltem Zitronat	

(Sukkade)	
2 Teel. Orangen- oder Mandellikör	
1 Beutel Zitronen-Aroma	mit einem Handrührgerät mit Knethaken zunächst kurz auf niedrigster, dann auf höchster Stufe zu einer zusammenhängenden Masse verarbeiten, diese auf der mit
Puderzucker	bestäubten Tischplatte knapp 1 cm dick ausrollen, Halbmonde ausstechen, auf ein mit Back-Trennpapier belegtes Backblech legen, in den Backofen schieben
Strom:	175–200
Gas:	2–3
Backzeit:	10–12 Minuten (Plätzchen müssen sich noch feucht anfühlen) die erkalteten Plätzchen mit
Puderzucker	bestäuben.

MARZIPAN-STANGEN

(Foto oben)

FÜR DEN TEIG

200 g Marzipan-Rohmasse	mit einem Handrührgerät mit Rührbesen geschmeidig rühren
125 g weiche Butter	hinzufügen, auf höchster Stufe in etwa ½ Minute geschmeidig rühren, nach und nach
100 g Zucker 1 Päckchen Vanillin-Zucker Salz abgeriebene Schale von 1 Zitrone (unbehandelt)	unterrühren, so lange rühren, bis eine gebundene Masse entstanden ist
2 Eier	nach und nach unterrühren (jedes Ei etwa ½ Minute)

200 g Weizenmehl	mit
1 gestrichenen Teel. Backpulver	mischen, sieben, eßlöffelweise auf mittlerer Stufe unterrühren den Teig in einen Spritzbeutel mit kleiner Lochtülle füllen, 5 cm lange spiralförmige Stangen auf ein mit Back-Trennpapier belegtes Backblech spritzen, in den vorgeheizten Backofen schieben
Strom:	175 – 200
Gas:	3 – 4
Backzeit:	8 – 10 Minuten

FÜR DEN GUSS

100 g Halbbitter-Kuvertüre	mit
etwas Kokosfett	in einem kleinen Topf im heißen Wasserbad zu einer geschmeidigen Masse verrühren die Hälfte der erkalteten Stangen damit verzieren, die übrigen Stangen mit den Enden hineintauchen.

NÜRNBERGER ELISENLEBKUCHEN

(Teig für etwa 40 Oblaten, Durchmesser etwa 6 cm)

FÜR DEN TEIG

75 g Orangeat oder Zitronat (Sukkade)	sehr fein würfeln
125 g Mandeln	mahlen
2 Eier	mit einem Handrührgerät mit Rührbesen auf höchster Stufe in 1 Minute schaumig schlagen
200 g Farin-Zucker	mit
1 Päckchen Vanillin-Zucker	mischen, in 1 Minute einstreuen, dann noch etwa 2 Minuten schlagen
1 Messerspitze gemahlene Nelken ½ Fläschchen Rum-Aroma 1 – 2 Tropfen Backöl Zitrone	unterrühren, die Mandeln mit
1 Messerspitze Backpulver	mischen, mit dem Orangeat (Zitronat) und so viel von
75 – 125 g gemahlenen Haselnußkernen*	kurz auf niedrigster Stufe unter die Eiercreme rühren, daß der Teig noch streichfähig ist, auf jede Oblate einen gehäuften Teelöffel des Teiges geben, mit einem in Wasser getauchten Messer bergförmig auf die ganze Oblate streichen, auf ein Backblech legen, in den vorgeheizten Backofen schieben
Strom:	130 – 150, Gas: 1 – 2
Backzeit:	25 – 30 Minuten

FÜR DEN HELLEN GUSS

150 g Puderzucker	sieben, mit
1 – 2 Eßl. heißem Wasser	glattrühren, so daß eine dickflüssige Masse entsteht

FÜR DEN DUNKLEN GUSS

75 g Schokolade 10 g Kokosfett	in einem kleinen Topf im heißen Wasserbad zu einer geschmeidigen Masse verrühren die Hälfte der Lebkuchen gleich nach dem Backen mit hellem und den Rest mit dunklem Guß bestreichen.

* Die erforderliche Menge Haselnußkerne hängt von der Größe der Eier ab.

BUSSERL

(Foto unten)

2 Eiweiß	steif schlagen, der Schnee muß so fest sein, daß ein Messerschnitt sichtbar bleibt, nach und nach
100 g feinkörnigen Zucker	unterschlagen
1 gestrichenen Eßl. Kakao	sieben, mit
50 g Zartbitter-Schokolade feingeschnittenen	vorsichtig unterheben mit 2 Teelöffeln walnußgroße Häufchen auf ein gefettetes Backblech setzen, in den vorgeheizten Backofen schieben
Strom:	130 – 150
Gas:	1 – 2
Backzeit:	25 – 35 Minuten.

VANILLE-MÜRBCHEN

250 g Weizenmehl	in eine Rührschüssel sieben
1 Beutel Vanille-Aroma 1 Becher (150 g) Crème fraîche 175 g weiche Butter	hinzufügen die Zutaten mit einem Handrührgerät mit Knethaken zunächst kurz auf niedrigster, dann auf höchster Stufe gut durcharbeiten, anschließend auf der Tischplatte zu einem glatten Teig verkneten, sollte er kleben, ihn eine Zeitlang kalt stellen den Teig etwa ½ cm dick ausrollen, zunächst mit einer runden Form (Durchmesser etwa 6 cm) ausstechen, die Teigplättchen mit einer kleineren Form (Durchmesser etwa 4 cm) dann so ausstechen, daß Ringe und Plätzchen entstehen, diese mit
Kondensmilch	bestreichen, in
etwa 75 g Hagelzucker	drücken, mit der unteren Seite auf ein Backblech legen, in den vorgeheizten Backofen schieben
Strom:	175 – 200
Gas:	3 – 4
Backzeit:	10 – 15 Minuten.

INGWERBROT

250 g Sirup 100 g Kandisfarin 50 g zerlassener Butter	mit einem Handrührgerät mit Rührbesen mit
½ Ei	verrühren
50 g feingehackten Ingwer (aus dem Glas) 1 gestrichenen Teel. gemahlenen Kümmel	unterrühren
400 g Weizenmehl	mit
1 Päckchen Backpulver	mischen, sieben, knapp die Hälfte unter die Sirupmasse rühren, den Rest des Mehls unterkneten aus dem Teig Stangen von 2 – 3 cm Durchmesser formen, über Nacht kühl stellen die Gebäckstangen in knapp 1 cm dicke Scheiben schneiden, auf ein mit Back-Trennpapier belegtes Backblech legen, mit
½ verschlagenem Ei	bestreichen, das Backblech in den vorgeheizten Backofen schieben
Strom:	175 – 200
Gas:	3 – 4
Backzeit:	Etwa 15 Minuten.

STREUSEL-PLÄTZCHEN MIT PFIFF

(Foto S. 225)

FÜR DEN TEIG

250 g Weizenmehl	mit
1 gestrichenen Teel. Backpulver	mischen, in eine Rührschüssel sieben
100 g Zucker 1 Päckchen Vanillin-Zucker Salz 175 g weiche Margarine oder Butter 75 g abgezogene, gemahlene Mandeln	hinzufügen die Zutaten mit einem Handrührgerät mit Knethaken zunächst kurz auf niedrigster, dann auf höchster Stufe gut durcharbeiten, anschließend auf der Tischplatte zu einem glatten Teig verkneten, sollte er kleben, ihn eine Zeitlang kalt stellen den Teig etwa 2 mm dick ausrollen, mit einer runden Form (Durchmesser etwa 6 cm) ausstechen, auf ein Backblech legen

FÜR DIE STREUSEL

250 g Weizenmehl	in eine Rührschüssel sieben
125 g Zucker 1 Päckchen Vanillin-Zucker 1 Messerspitze gemahlenen Zimt 125 g weiche Butter	hinzufügen die Zutaten mit dem Handrührgerät mit Knethaken zu Streuseln von gewünschter Größe verarbeiten, gleichmäßig auf die Teigplätzchen verteilen, mit
kandierten Kirschen	belegen, das Backblech in den vorgeheizten Backofen schieben
Strom:	175 – 200
Gas:	3 – 4
Backzeit:	Etwa 15 Minuten.
Veränderung:	Anstelle von kandierten Kirschen die Plätzchen mit gedünsteten Sauerkirschen belegen.

SCHOKO-STÄBCHEN

(Foto S. 225 unten)

FÜR DEN TEIG

1 Ei 1 Eigelb	mit
125 g Zucker 1 Päckchen	

Vanillin-Zucker Salz 1 gestrichenen Teel. Instant- Kaffee-Pulver	auf mittlerer Stufe schaumig schlagen
60 g Zartbitter- Schokolade	in kleine Stücke brechen, in einem kleinen Topf im heißen Wasserbad geschmeidig, unter die Eiermasse rühren
200 g gemahlene Mandeln	mit
1 Messerspitze Backpulver	mischen, ⅔ davon unterrühren, den Rest unterkneten den Teig kalt stellen
	FÜR DEN GUSS
1 Eiweiß	steif schlagen
60 g Puderzucker	sieben, eßlöffelweise unter den Eierschnee schlagen, den Teig zu einem Rechteck (12×40 cm) ausrollen, die Teigplatte gleichmäßig mit dem Guß bestreichen, daraus Stäbchen (6 × 1 cm) schneiden die Stäbchen auf ein gefettetes Backblech legen, in den vorgeheizten Backofen schieben
Strom:	175 – 200
Gas:	3 – 4
Backzeit:	10 – 15 Minuten.

1

2

3

APFELSINEN-SCHOKOLADEN-PLÄTZCHEN

(Foto oben)

200 g Weizenmehl	mit
60 g Speisestärke 1 gestrichenen Teel. Backpulver	mischen, in eine Rührschüssel sieben
100 g Zucker 1 Päckchen Vanillin-Zucker abgeriebene Schale von 1 Orange (unbehandelt) 1 Ei 125 g weiche Butter	hinzufügen (Foto 1) die Zutaten mit einem Handrührgerät mit Knethaken zunächst kurz auf niedrigster, dann auf höchster Stufe gut durcharbeiten
100 g Zartbitter-Schokolade	in kleine Stücke schneiden, kurz auf mittlerer Stufe unterkneten, anschließend alles auf der Tischplatte zu einem glatten Teig verkneten

	aus dem Teig 3 etwa 3 cm dicke Rollen formen, breitdrücken (Foto 2), so daß die Teigstreifen etwa 5 cm breit und gut 1 cm hoch sind, kalt stellen, bis der Teig hart geworden ist, ihn dann mit einem scharfen Messer in knapp ½ cm dicke Scheiben schneiden die Teigscheiben auf ein Backblech legen (Foto 3), in den vorgeheizten Backofen schieben
Strom:	175 – 200
Gas:	3 – 4
Backzeit:	Etwa 10 Minuten.

HASELNUSS-BRÖTCHEN

3 Eiweiß	mit einem Handrührgerät mit Rührbesen steif schlagen, es muß so fest sein, daß ein Messerschnitt sichtbar bleibt, nach und nach
200 g Zucker	unterschlagen, 3 – 4 Eßl. davon abnehmen unter den restlichen Eierschnee
1 Messerspitze gemahlenen Zimt 200 g gemahlene, geröstete Haselnußkerne	heben die Masse in einen Spritzbeutel mit gezackter Tülle füllen, in Form von Tuffs auf ein mit gut gefettetem Pergamentpapier belegtes Backblech spritzen den zurückgelassenen Eierschnee in den gesäuberten Spritzbeutel mit Lochtülle füllen, etwas davon auf jeden Tuff spritzen, von
etwa 100 g Haselnußkernen	je 1 Kern hineindrücken, das Backblech in den vorgeheizten Backofen schieben
Strom:	130 – 150
Gas:	1 – 2
Backzeit:	Etwa 25 Minuten das Gebäck muß sich beim Herausnehmen aus dem Backofen noch etwas weich anfühlen.

GLASIERTE HERZEN

FÜR DEN TEIG

300 g weiche Butter	mit einem Handrührgerät mit Rührbesen auf höchster Stufe in etwa ½ Minute geschmeidig rühren, nach und nach
200 g Zucker Salz 2 Tropfen Bittermandelöl Mark von 1 Vanillestange	unterrühren, so lange rühren, bis eine gebundene Masse entstanden ist
1 Eigelb 1 Ei	in etwa 1 Minute unterrühren
400 g Weizenmehl 200 g abgezogene, gemahlenen Mandeln	mischen, eßlöffelweise auf mittlerer Stufe unterrühren den Teig über Nacht kalt stellen den Teig knapp ½ cm dick ausrollen, mit Ausstechförmchen Herzen ausstechen die Teigherzen auf ein mit Back-Trennpapier belegtes Backblech legen

FÜR DEN GUSS

125 g gesiebten Puderzucker	mit
1 Eiweiß	verrühren, evtl.
Zitronensaft	hinzufügen, so daß ein dünnflüssiger Guß entsteht die Plätzchen damit bestreichen das Backblech in den vorgeheizten Backofen schieben
Strom:	Etwa 200
Gas:	3 – 4
Backzeit:	8 – 10 Minuten.

SPRITZGEBÄCK

375 g weiche Margarine oder Butter	mit einem Handrührgerät mit Rührbesen auf höchster Stufe in etwa ½ Minute geschmeidig rühren, nach und nach
250 g Zucker 2 Päckchen Vanillin-Zucker Salz	unterrühren, so lange rühren, bis eine gebundene Masse entstanden ist
500 g Weizenmehl	sieben, ⅔ davon eßlöffelweise auf mittlerer Stufe unterrühren den Teigbrei mit dem Rest des Mehls,
125 g abgezogenen gemahlenen Mandeln	auf der Tischplatte zu einem glatten Teig verkneten, zu Rollen formen, diese in eine Gebäck-Presse geben, auf ein Backblech spritzen nach Belieben
10 g Kakao	sieben, mit
10 g Zucker	mischen, unter knapp ⅓ des Teiges kneten, etwas von dem dunklen Teig mit hellem Teig in die Gebäck-Presse geben, auf ein Backblech spritzen, in den vorgeheizten Backofen schieben
Strom:	175 – 200
Gas:	3 – 4
Backzeit:	Etwa 10 Minuten.
Veränderung:	Den Teig durch einen Fleischwolf mit Spezialvorsatz drehen, als Stangen, S-Formen oder Kränzchen auf ein Backblech legen, die Enden in aufgelöste Schokolade tauchen oder zur Hälfte damit bestreichen.

MARZIPAN-ZUCKER-PLÄTZCHEN

(Foto rechts)

FÜR DEN TEIG

200 g Marzipan-Rohmasse	mit
125 g weicher Butter	mit einem Handrührgerät mit Rührbesen auf höchster Stufe in etwa ½ Minute geschmeidig rühren, nach und nach
75 g Zucker 1 Päckchen Vanillin-Zucker 3 Tropfen Backöl Zitrone	unterrühren, so lange rühren, bis eine gebundene Masse entstanden ist
1 Ei	in etwa ½ Minute unterrühren
250 g Weizenmehl	mit
125 g Speisestärke 1 gestrichenen Teel. Backpulver	mischen, sieben, eßlöffelweise auf mittlerer Stufe unterrühren, sollte er kleben, ihn eine Zeitlang kalt stellen den Teig dünn ausrollen, mit beliebigen Formen ausstechen, auf ein gefettetes Backblech legen, mit
Milch	bestreichen

ZUM BESTREUEN

etwa 125 g Zucker 1 gestrichenen Teel. gemahlenen Zimt	mischen, die Teigplätzchen damit bestreuen, in den vorgeheizten Backofen schieben
Strom:	175 – 200, Gas: 3 – 4
Backzeit:	8 – 10 Minuten.

PRAGER PLÄTZCHEN

(Foto S. 229 unten)

FÜR DEN TEIG

375 g Weizenmehl	mit
1 gestrichenen Teel. Backpulver	mischen, in eine Rührschüssel sieben
50 g Zucker 1 Päckchen Vanillin-Zucker 3 Eigelb 250 g weiche Butter	hinzufügen die Zutaten mit einem Handrührgerät mit Knethaken zunächst kurz auf niedrigster, dann auf höchster Stufe gut durcharbeiten, anschließend auf der Tischplatte zu einem glatten Teig verkneten, sollte er kleben, ihn eine Zeitlang kalt stellen, den Teig dünn ausrollen, mit einer runden Form (Durchmesser etwa 4 cm) ausstechen, auf ein Backblech legen

FÜR DEN BELAG

3 Eiweiß	steif schlagen, es muß so fest sein, daß ein Messerschnitt sichtbar bleibt
200 g Puderzucker	sieben, nach und nach unterschlagen die Masse in einen Spritzbeutel mit Lochtülle füllen, als Tuffs auf die Teigplätzchen spritzen, mit
75 g abgezogenen, gehackten Mandeln	bestreuen
175 g Korinthen	waschen, gut abtropfen lassen, in jedes Plätzchen einige hineindrücken, in den vorgeheizten Backofen schieben
Strom:	175 – 200
Gas:	3 – 4
Backzeit:	10 – 15 Minuten.

ERDNUSS-PLÄTZCHEN

125 g weiche Margarine, z. B. Sanella oder Butter	mit einem Handrührgerät mit Rührbesen auf höchster Stufe in etwa ½ Minute geschmeidig rühren, nach und nach
125 g braunen Rohrzucker 125 g Zucker 1 Päckchen	

Vanillin-Zucker Salz	unterrühren, so lange rühren, bis eine gebundene Masse entstanden ist
2 Eier	nach und nach unterrühren (jedes Ei etwa ½ Minute)
1 Glas (etwa 330 g) Erdnußmus aus gerösteten Erdnußkernen	auf mittlerer Stufe unterrühren
250 g Weizenmehl	mit
1 gestrichenen Teel. Backpulver	mischen, sieben, eßlöffelweise auf mittlerer Stufe unterrühren mit 2 Teelöffeln kleine Häufchen von dem Teig abstechen, auf ein Backblech setzen, etwas flachdrücken, so daß die Plätzchen die Größe eines Fünfmarkstückes erhalten (die Löffel zwischendurch in lauwarmes Wasser tauchen), das Backblech in den vorgeheizten Backofen schieben
Strom:	175 – 200
Gas:	3 – 4
Backzeit:	Etwa 10 Minuten.

SCHOKOLADEN-MANDELTUFFS

	FÜR DEN TEIG
3 Eiweiß	mit einem Handrührgerät mit Rührbesen steif schlagen, nach und nach
250 g gesiebten Puderzucker	unterschlagen
300 g unabgezogene, gemahlene Mandeln 50 g gemahlene Halbbitter-Kuvertüre 50 g gesiebten Kakao	vorsichtig unterheben den Teig in einen Spritzbeutel mit Sterntülle (Gr. 10) füllen und Tuffs auf ein mit Back-Trennpapier belegtes Backblech spritzen, die Tuffs leicht mit
Zucker	bestreuen das Backblech in den vorgeheizten Backofen schieben
Strom:	200 – 225
Gas:	Etwa 4
Backzeit:	Etwa 10 Minuten
	ZUM VERZIEREN
150 g Kuvertüre	fein schneiden, mit
etwas Kokosfett	in einem kleinen Topf im heißen Wasserbad geschmeidig rühren die erkalteten Plätzchen zur Hälfte hineintauchen, zum Trocknen auf Pergamentpapier legen.

SCHWARZ-WEISS-GEBÄCK

(Foto oben)

FÜR DEN HELLEN TEIG

250 g Weizenmehl	mit
1 gestrichenen Teel. Backpulver	mischen, in eine Rührschüssel sieben
150 g Zucker 1 Päckchen Vanillin-Zucker Salz 1 Fläschchen Rum-Aroma 1 Ei 125 g weiche Margarine oder Butter	hinzufügen die Zutaten mit einem Handrührgerät mit Knethaken zunächst kurz auf niedrigster, dann auf höchster Stufe gut durcharbeiten, anschließend auf der Tischplatte zu einem glatten Teig verkneten, sollte er kleben, ihn eine Zeitlang kalt stellen

FÜR DEN DUNKLEN TEIG

15 g Kakao	mit
15 g Zucker 1 Eßl. Milch	verrühren, unter die Hälfte des Teiges kneten

die beiden Teige folgendermaßen zusammensetzen:

FÜR EIN SCHNECKEN-MUSTER
den hellen und den dunklen Teig zu gleichmäßig großen Rechtecken ausrollen, eines dünn mit

Eiweiß	bestreichen, das zweite darauf legen (Foto 1), ebenfalls bestreichen, fest zusammenwickeln

FÜR EIN SCHACHBRETT-MUSTER
aus dem je 1 cm dick ausgerollten hellen Teig 6, aus dem dunklen Teig 6 je 1 cm breite Streifen von gleicher Länge schneiden, mit Eiweiß bestreichen, abwechselnd je 4 und 3 übereinanderlegen, in dünn ausgerollten Teig wickeln (Foto 2)
folgende Plätzchen lassen sich leichter herstellen: aus dem 1 cm dick ausgerollten dunklen Teig 1 cm breite Streifen schneiden, sie mit Eiweiß bestreichen
hellen und dunklen Teig jeweils etwa ½ cm dick ausrollen, um die dunklen Teigstreifen wickeln
den restlichen Teig kurz zusammenkneten, zu einer Rolle (Durchmesser etwa 2 ½ cm) formen, sämtliche Teigstangen eine Zeitlang kalt stellen, in gleichmäßige Scheiben schneiden (Foto 3), auf ein Backblech legen, in den vorgeheizten Backofen schieben

Strom:	175–200
Gas:	3–4
Backzeit:	10–15 Minuten.

ENGLISCHES TEEGEBÄCK

(Foto unten links)

100 g Marzipan-Rohmasse	mit
250 g weicher Butter	mit einem Handrührgerät mit Rührbesen auf höchster Stufe in etwa ½ Minute geschmeidig rühren, nach und nach
100 g braunen Rohrzucker	unterrühren, so lange rühren, bis eine gebundene Masse entstanden ist
250 g Weizenmehl	sieben, eßlöffelweise auf mittlerer Stufe unterrühren, den Teig zu einer Rolle formen, 2–3 Stunden kalt stellen den Teig etwa 1–1 ½ cm dick ausrollen, in Streifen von etwa 1 ½ × 6 cm schneiden, die Teigstreifen etwa 30 Minuten kalt stellen, auf ein gut gefettetes Backblech legen auf jeden Teigstreifen mit einer Gabel ein Muster einstechen, die Teigstreifen mit
Rohrzucker oder Zucker	bestreuen, das Backblech in den vorgeheizten Backofen schieben
Strom:	150–175
Gas:	Etwa 2
Backzeit:	25–30 Minuten.

SCHOTTISCHE BUTTERPLÄTZCHEN

375 g Weizenmehl	in eine Rührschüssel sieben
200 g braunen Rohrzucker 1 Päckchen Vanillin-Zucker 250 g weiche Butter	hinzufügen die Zutaten mit einem Handrührgerät mit Knethaken zunächst kurz auf niedrigster, dann auf höchster Stufe gut durcharbeiten, anschließend auf der Tischplatte zu einem glatten Teig verkneten aus dem Teig 2–2 ½ cm dicke Rollen formen, so lange kalt stellen, bis sie hart geworden sind die Rollen in etwa ½ cm dicke Scheiben schneiden, auf ein Backblech legen, in den vorgeheizten Backofen schieben und hellbraun backen lassen
Strom:	175–200
Gas:	3–4
Backzeit:	Etwa 10 Minuten.

GEFÜLLTE PLÄTZCHEN

FÜR DEN TEIG

250 g Weizenmehl	mit
½ gestrichenen Teel. Backpulver	mischen, in eine Rührschüssel sieben
75 g Zucker 1 Päckchen Vanillin-Zucker Salz 1 Ei 125 g weiche Butter oder Margarine, z. B. Sanella	hinzufügen die Zutaten mit einem Handrührgerät mit Knethaken zunächst kurz auf niedrigster, dann auf höchster Stufe gut durcharbeiten, anschließend auf der Tischplatte zu einem glatten Teig verkneten, sollte er kleben, ihn eine Zeitlang kalt stellen den Teig messerrückendick ausrollen, mit einer ovalen Form ausstechen, auf ein gefettetes Backblech legen das Backblech in den vorgeheizten Backofen schieben, die Plätzchen goldgelb backen
Strom:	175–200
Gas:	3–4
Backzeit:	7–10 Minuten

FÜR DIE FÜLLUNG

50 g Kokosfett	zerlassen, mit
35 g gesiebtem Puderzucker 1 Päckchen Vanillin-Zucker 75 g geriebener Schokolade 50 g abgezogenen, gemahlenen Mandeln ½ Fläschchen Rum-Aroma 1 Ei	verrühren die Hälfte der Plätzchen auf der Unterseite mit der Füllung bestreichen, die andere Hälfte mit der Unterseite darauf legen

FÜR DEN GUSS

150 g Puderzucker	mit
1 gehäuften Eßl. Kakao	mischen, sieben, mit
2–3 Eßl. heißem Wasser	glattrühren, so daß eine dickflüssige Masse entsteht die gefüllten Plätzchen zur Hälfte mit dem Guß überziehen, auf Pergamentpapier trocknen lassen.

NUSS- ODER KOKOSECKEN

(Foto S. 233 links)

FÜR DEN TEIG

150 g Weizenmehl	mit
½ gestrichenen Teel. Backpulver	mischen, in eine Rührschüssel sieben
65 g Zucker 1 Päckchen Vanillin-Zucker Salz 1 Ei 65 g weiche Margarine, z. B. Sanella	hinzufügen die Zutaten mit einem Handrührgerät mit Knethaken zunächst kurz auf niedrigster, dann auf höchster Stufe kurz durcharbeiten, anschließend auf der Tischplatte zu einem glatten Teig verkneten, sollte er kleben, ihn eine Zeitlang kalt stellen den Teig zu einem Rechteck (32×24 cm) auf einem Backblech ausrollen, mit
2 Eßl. Aprikosen-Konfitüre	bestreichen

FÜR DEN BELAG

100 g Butter 100 g Zucker 1 Päckchen Vanillin-Zucker 2 Eßl. Wasser	langsam erwärmen, zerlassen
75 g gemahlene Haselnußkerne 125 g gehobelte Haselnußkerne oder 200 g Kokosraspeln	unterrühren, etwas abkühlen lassen die Masse gleichmäßig auf dem Teig verteilen, vor den Teig einen mehrfach umgeknickten Streifen Alufolie legen das Backblech in den vorgeheizten Backofen schieben
Strom:	175–200
Gas:	3–4
Backzeit:	20–30 Minuten das Gebäck etwas abkühlen lassen, in Vierecke (8×8 cm) schneiden, diese so in Hälften teilen, daß Dreiecke entstehen

FÜR DEN GUSS

50 g Kuvertüre	mit
etwas Kokosfett	in einem kleinen Topf im heißen Wasserbad zu einer geschmeidigen Masse verrühren die beiden spitzen Ecken des Gebäcks damit bestreichen.
Tip:	Nuß- oder Kokosecken können – kühl in gut schließenden Dosen aufbewahrt – 4–6 Wochen aufbewahrt werden.

DUKATEN-PLÄTZCHEN

(Foto oben rechts)

FÜR DEN TEIG

250 g Weizenmehl	mit
1 gestrichenen Teel. Backpulver	mischen, in eine Rührschüssel sieben
75 g Zucker 1 Päckchen Vanillin-Zucker Salz 1 Ei 1 Eßl. Milch 125 g weiche Margarine, z. B. Sanella oder Butter	hinzufügen
	die Zutaten mit einem Handrührgerät mit Knethaken zunächst kurz auf niedrigster, dann auf höchster Stufe gut durcharbeiten, anschließend auf der Tischplatte zu einem glatten Teig verkneten, sollte er kleben, ihn eine Zeitlang kalt stellen
	den Teig dünn ausrollen, mit einer runden Form (Durchmesser etwa 4 cm) ausstechen, auf ein Backblech legen
	das Backblech in den vorgeheizten Backofen schieben
Strom:	175 – 200
Gas:	3 – 4
Backzeit:	Etwa 10 Minuten

FÜR DIE FÜLLUNG

125 g Kokosfett	zerlassen, kalt stellen
75 g Puderzucker 30 g Kakao	mischen, in eine Rührschüssel sieben
1 Päckchen Vanillin-Zucker einige Tropfen Rum-Aroma	hinzufügen, nach und nach mit
1 Ei	und den lauwarmen Kokosfett verrühren
	die Füllung kalt stellen, sobald sie etwas fester ist, die Hälfte der Plätzchen auf der Unterseite damit bestreichen, die übrigen darauf legen

FÜR DEN GUSS

etwa 75 g Kuvertüre	mit
etwas Kokosfett	in einem kleinen Topf im heißen Wasserbad zu einer geschmeidigen Masse verrühren, die Plätzchen (wenn die Füllung etwas fester geworden ist) bis knapp zur Hälfte hineintauchen.

1

2

3

GRAZER MANDELRAUTEN

(Foto oben)

FÜR DEN TEIG

300 g Weizenmehl	in eine Rührschüssel sieben
100 g gesiebten Puderzucker 1 Päckchen Vanillin-Zucker Salz 1 Ei abgeriebene Schale von ½ Zitrone (unbehandelt) 200 g weiche Butter	hinzufügen die Zutaten mit einem Handrührgerät mit Knethaken zunächst kurz auf niedrigster, dann auf höchster Stufe gut durcharbeiten, anschließend auf der Tischplatte zu einem glatten Teig verkneten, den Teig eine Zeitlang kalt stellen, ihn dann etwa 3 mm dick ausrollen, in etwa 2 ½ cm breite Streifen, dann in Rauten schneiden (Foto 1) die Teigrauten auf ein gefettetes Backblech legen, mit
Kondensmilch	bestreichen, mit
etwa 60 g abgezogenen, gehackten Mandeln	bestreuen (Foto 2), das Backblech in den vorgeheizten Backofen schieben
Strom:	175 – 200
Gas:	3 – 4
Backzeit:	Etwa 12 Minuten

FÜR DIE FÜLLUNG

50 ml Schlagsahne	zum Kochen bringen
100 g feingeschnittene Halbbitter-Kuvertüre	hinzufügen, von der Kochstelle nehmen,

	mit einem Schneebesen zu einer einheitlichen Masse verrühren, die Masse unter Rühren erkalten lassen die erkaltete Kuvertüre-Masse mit dem Handrührgerät mit Rührbesen gut durchrühren
25 g weiche Butter	unterrühren die Hälfte der erkalteten Plätzchen mit der Masse bestreichen (Foto 3), mit den übrigen Plätzchen bedecken, etwas andrücken.

KNUSPER-FLOCKEN-RIEGEL

(Foto unten)

40 g Margarine, z. B. Sanella	mit einem Handrührgerät mit Rührbesen auf höchster Stufe in etwa ½ Minute geschmeidig rühren, nach und nach
200 g Zucker 1 Päckchen Vanillin-Zucker Salz ½ Teel. gemahlenen Zimt	unterrühren, so lange rühren, bis eine gebundene Masse entstanden ist
1 Ei	in etwa ½ Minute unterrühren
225 g Weizenmehl ½ Teel. Backpulver	mit mischen, sieben, abwechselnd eßlöffelweise auf mittlerer Stufe unterrühren, zuletzt
150 g Knusperflocken 2 Päckchen Schokoladen-Tröpfchen, z. B. von Schwartau	unterheben den Teig auf ein gut gefettetes Backblech geben, etwas glattstreichen, festdrücken, das Backblech in den vorgeheizten Backofen schieben
Strom:	Etwa 175
Gas:	2–3
Backzeit:	20–25 Minuten (das Gebäck muß leicht aufgegangen und hellbraun gebacken sein), die Gebäckplatte erkalten lassen, in mundgerechte Stücke schneiden
150 g Vollmilch-Kuvertüre	in einem kleinen Topf im heißen Wasserbad geschmeidig rühren die Gebäckstangen zur Hälfte in die Kuvertüre tauchen, auf Pergamentpapier trocknen lassen.

HEIDESAND

250 g Butter	zerlassen, bräunen, in eine Rührschüssel geben, kalt stellen die wieder festgewordene Butter mit einem Handrührgerät mit Rührbesen in etwa ½ Minute geschmeidig rühren, nach und nach
200 g Zucker 1 Päckchen Vanillin-Zucker Salz 2–3 Eßl. Milch	unterrühren, so lange rühren, bis eine gebundene Masse entstanden ist
375 g Weizenmehl 1 gestrichenen Teel. Backpulver	mit mischen, sieben, ⅔ davon eßlöffelweise auf mittlerer Stufe unterrühren den Teigbrei mit dem Rest des Mehls auf der Tischplatte zu einem glatten Teig verkneten, daraus etwa 3 cm dicke Rollen formen, kalt stellen, bis sie hart geworden sind die Rollen in etwa ½ cm dicke Scheiben schneiden, auf ein Backblech legen, das Backblech in den vorgeheizten Backofen schieben
Strom:	175–200
Gas:	2–3
Backzeit:	10–15 Minuten.

ZITRONEN-HERZEN

(Eigelbverwendung)

FÜR DEN TEIG

3 Eigelb 125 g Zucker 1 Päckchen Vanillin-Zucker	mit einem Handrührgerät mit Rührbesen auf höchster Stufe in etwa 1 Minute cremig schlagen
abgeriebene gelbe Schale von einer halben Zitrone (unbehandelt) 1 Messerspitze Backpulver	und so viel von
200–250 g abgezogenen gemahlenen Mandeln*	unterrühren, daß ein fester Brei entsteht von dem Rest der Mandeln so viel unterkneten, daß der Teig kaum noch klebt, ihn auf einer mit
abgezogenen, gemahlenen Mandeln oder Puderzucker	bestäubten Tischplatte etwa ½ cm dick ausrollen, Herzen ausstechen, auf ein mit Papier belegtes Backblech legen, in den vorgeheizten Backofen schieben
Strom:	175–200
Gas:	3–4
Backzeit:	Etwa 10 Minuten

FÜR DEN GUSS

100 g Puderzucker	sieben, mit
1–1 ½ Eßl. Zitronensaft	glattrühren, so daß eine dickflüssige Masse entsteht sofort nach dem Backen die Plätzchen damit bestreichen.

*Die erforderliche Menge Mandeln hängt von der Größe der Eier ab.

ROSINEN-STANGEN

275 g Weizenmehl	in eine Rührschüssel sieben
2 Päckchen Vanillin-Zucker Salz 4 Eßl. Milch 250 g weiche Butter	hinzufügen die Zutaten mit einem Handrührgerät mit Knethaken zunächst kurz auf niedrigster, dann auf höchster Stufe gut durcharbeiten, anschließend auf der Tischplatte zu einem glatten Teig verkneten, sollte er kleben, ihn eine Zeitlang kalt stellen

FÜR DIE FÜLLUNG

200 g Rosinen 3–4 Eßl. Rum	verlesen, nach Belieben kurz in tränken, gut abtropfen lassen den Teig dünn ausrollen, in Rechtecke von etwa 5 x 4 cm schneiden oder rädern, auf jedes Teigstück einige Rosinen legen, darin einwickeln die Rosinenstangen auf ein Backblech legen, in den vorgeheizten Backofen schieben
Strom:	175–200
Gas:	3–4
Backzeit:	Etwa 15 Minuten nach Belieben das erkaltete Gebäck mit
gesiebtem Puderzucker Schokoladenguß	bestäuben oder mit (in kleine Stücke gebrochene Schokolade mit Kokosfett im heißen Wasserbad zu einer geschmeidigen Masse verrührt) bestreichen.

MANDELGEBÄCK

(Foto S. 237 links)

FÜR DEN TEIG

375 g Weizenmehl	mit
1 gestrichenen Teel. Backpulver	mischen, in eine Rührschüssel sieben
125 g Zucker 1 Päckchen Vanillin-Zucker Salz abgeriebene Schale von ½ Zitrone (unbehandelt) 1 Ei 250 g weiche Butter	hinzufügen die Zutaten mit einem Handrührgerät mit Knethaken zunächst kurz auf niedrigster, dann auf höchster Stufe gut durcharbeiten, zum Schluß
100 g abgezogene, gehobelte Mandeln	unterheben, den Teig auf der Tischplatte nochmals gut durchkneten aus den Teig gut 2 ½ cm dicke Rollen formen, so lange kalt stellen, bis sie hart geworden sind die Rollen in etwa ½ cm dicke Scheiben schneiden, auf ein Backblech legen, in den vorgeheizten Backaofen schieben
Strom:	175–200
Gas:	3–4
Backzeit:	10–15 Minuten

FÜR DEN GUSS

etwa 150 g Kuvertüre	mit
etwas Kokosfett	in einem kleinen Topf im heißen Wasserbad bei schwacher Hitze zu einer geschmeidigen Masse verrühren die erkalteten Plätzchen zur Hälfte hineintauchen.

Zimt-Knusperchen

(Foto rechts)

2 Eier	mit
250 g grobkörnigem Zucker	1 – 1 ½ Minuten mit einem Handrührgerät auf höchster Stufe rühren
3 schwach gehäufte Teel. gemahlenem	
Zimt	mit
1 Messerspitze	

gemahlenen Nelken oder gemahlenem Piment	
65 g feingehacktem Zitronat	
75 – 100 g abgezogenen, gemahlenen	
Mandeln	unterrühren
250 g Weizenmehl	mit
½ Päckchen	
Backpulver	mischen, sieben, eßlöffelweise auf mittlerer Stufe unterrühren den Teig knapp 3 mm ausrollen Rechtecke von etwa 3x5 cm schneiden oder rädeln, die Rechtecke auf ein mit Back-Trennpapier oder Pergamentpapier belegtes Backblech legen
1 kleines Ei	verschlagen, die Teig-Rechtecke damit bestreichen, mit
75 – 100 g abgezogenen, halbierten	
Mandeln	belegen das Backblech in den vorgeheizten Backofen schieben
Strom:	175 – 200
Gas:	3 – 4
Backzeit:	12 – 15 Minuten die erkalteten Zimt-Knusperchen in gut schließende Dosen geben, etwa 10 Tage durchziehen lassen.

KOKOSPLÄTZCHEN

(Foto oben)

FÜR DEN TEIG

250 g Weizenmehl mit
1 gestrichenen Teel. Backpulver mischen, in eine Rührschüssel sieben
75 g Zucker
1 Päckchen Vanillin-Zucker
2 Eigelb
125 g weiche Butter hinzufügen
die Zutaten mit einem Handrührgerät mit Knethaken zunächst kurz auf niedrigster, dann auf höchster Stufe gut durcharbeiten, anschließend auf der Tischplatte zu einem glatten Teig verkneten, sollte er kleben, ihn eine Zeitlang kalt stellen
den Teig dünn ausrollen, mit zwei verschiedenen großen Formen (Durchmesser etwa 4,5 cm und 3 cm) ausstechen
die größeren Plätzchen auf ein gefettetes Backblech legen

FÜR DEN BELAG

3 Eiweiß zu steifem Schnee schlagen, er muß so fest sein, daß ein Messerschnitt sichtbar bleibt
100 g Zucker
175 g Kokosraspeln
3 Tropfen Backöl Bittermandel unterheben, die Kokosmasse in Häufchen auf die Teigplätzchen geben, jeweils ein kleines Teigplätzchen schräg daran legen

1 Eigelb mit
1 Teel. Kondensmilch verschlagen, die kleinen Teigplätzchen damit bestreichen, in den vorgeheizten Backofen schieben
Strom: 175–200, Gas: 3–4
Backzeit: 10–15 Minuten.

KIRSCHSTERNE UND MOKKABOHNEN

(Foto S. 239)

FÜR DEN TEIG

300 g weiche Butter
100 g Marzipan-Rohmasse mit einem Handrührgerät mit Rührbesen auf höchster Stufe in etwa ½ Minute geschmeidig rühren, nach und nach
200 g gesiebten Puderzucker
1 Päckchen Vanillin-Zucker
abgeriebene Schale von ½ Zitrone (unbehandelt)
Salz unterrühren, so lange rühren, bis eine gebundene Masse entstanden ist
2 Eier nach und nach unterrühren (jedes Ei etwa ½ Minute)
500 g Weizenmehl mit
2 gestrichenen Teel. Backpulver mischen, sieben, eßlöffelweise auf mittlerer Stufe unterrühren

FÜR DIE KIRSCHSTERNE

die Hälfte des Teiges in einen Spritzbeutel mit Sterntülle füllen, Sterne auf ein mit Back-Trennpapier belegtes Backblech spritzen (Foto 1), die Hälfte der Sterne mit Stückchen von
2–3 kandierten Kirschen belegen, das Backblech in den vorgeheizten Backofen schieben
Strom: 175–200, Gas: 3–4
Backzeit: 13–15 Minuten

FÜR DIE FÜLLUNG

100 g Marzipan-Rohmasse mit
1 Eßl. Aprikosen-Konfitüre
1–2 Eßl. Kirschwasser zu einer geschmeidigen Masse verrühren, die unbelegten Sterne damit bestreichen (Foto 2), mit den belegten Sterne zusammensetzen

FÜR DIE MOKKABOHNEN

die andere Teighälfte in einen Spritzbeutel mit Lochtülle füllen, bohnenförmig (kleine Bögen auf ein mit Back-Trennpapier belegtes Backblech spritzen

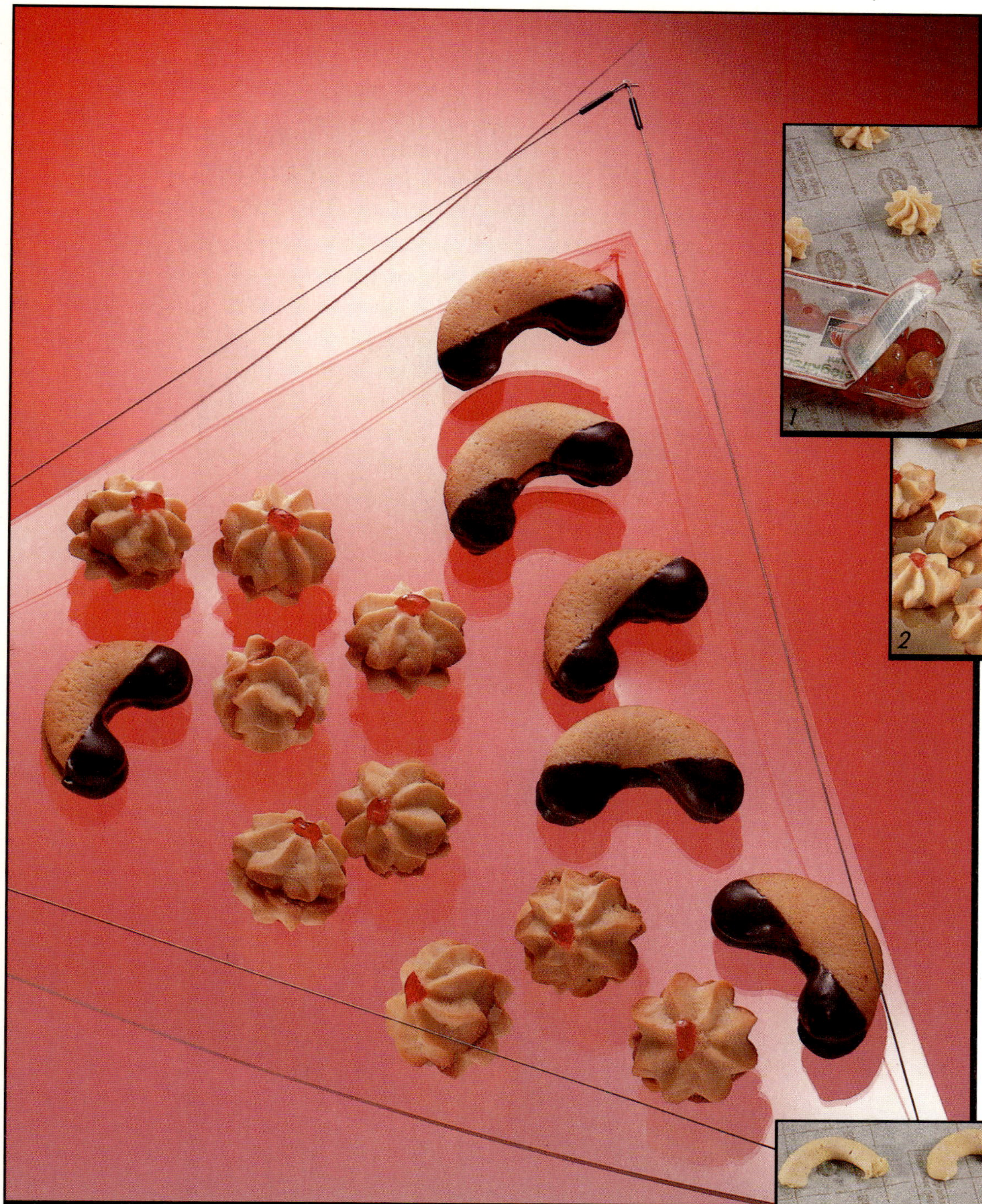

	(Foto 3), das Backblech in den vorgeheizten Backofen schieben
Strom:	175–200, Gas: 3–4
Backzeit:	13–15 Minuten
	FÜR DIE FÜLLUNG
100 g Nuß-Nougatmasse	in einem kleinen Topf im heißen Wasserbad geschmeidig rühren
1 ½ Teel. Instant-Kaffee	in
1 ½ Eßl. kochendem Wasser	auflösen, unter die Nougatmasse rühren, die Masse in einen Spritzbeutel mit kleiner Lochtülle füllen, die Hälfte des erkalteten, bohnenförmigen Gebäcks damit bespritzen oder bestreichen, mit der anderen Hälfte des Gebäcks bedecken, etwas andrücken mit den Enden in
etwa 60 g flüssige Speisefettglasur	tauchen.

WENN DIE PHANTASIE KAPRIOLEN SCHLÄGT:
Petits Fours sind sozusagen die Paradiesvögel der Backszene: umhüllt von Zuckerguß in den gewagtesten Farben und meist abenteuerlich dekoriert, sind sie eine reine Augenweide – zum Essen eigentlich zu schade.
Das Konfekt dagegen treibt's etwas weniger bunt ... äußerlich zumindest. Sein Innenleben jedoch ist stets für eine Überraschung gut. –

PETITS FOURS UND KONFEKT

Petits Fours verschieden gefüllt

(Foto S. 240 unten)

FÜR DEN TEIG

3 Eier 3 Eßl. heißes Wasser	mit einem Handrührgerät mit Rührbesen auf höchster Stufe in 1 Minute schaumig schlagen
100 g Zucker 1 Päckchen Vanillin-Zucker	mischen, in 1 Minute einstreuen, dann noch etwa 2 Minuten schlagen
100 g Weizenmehl	mit
1 gestrichenen Teel. Backpulver	mischen, die Hälfte davon auf die Eiercreme sieben, kurz auf niedrigster Stufe unterrühren, den Rest des Mehl-Gemisches auf dieselbe Weise unterarbeiten, dabei nach und nach
75 g zerlassene, abgekühlte Butter	hinzufügen den Teig etwa 1 mm dick auf ein mit Pergamentpapier belegtes Backblech streichen damit der Teig an der offenen Seite des Backblechs nicht auslaufen kann, das Papier unmittelbar vor dem Teig zu einer Falte knicken, so daß ein Rand entsteht das Backblech in den vorgeheizten Backofen schieben
Strom:	200–225
Gas:	3–4
Backzeit:	15–20 Minuten den Biskuit sofort nach dem Backen auf ein mit Zucker bestreutes Papier stürzen, das Pergamentpapier mit kaltem Wasser bestreichen, vorsichtig, aber schnell abziehen aus dem Biskuit mit einer kleinen Form etwa 32 Herzen ausstechen, mit einem Ring (Durchmesser etwa 4 cm) etwa 36 Törtchen ausstechen, mit einem Messer etwa 22 Quadrate und Rhomben (3×3 cm) ausschneiden

FÜR DIE HERZEN

50 g Puderzucker	mit
100 g Marzipan-Rohmasse	verkneten, knapp ½ cm dick ausrollen, 16 Herzen (in der Größe der Biskuitherzen) ausstechen
150 g Zartbitter-Schokolade	in kleine Stücke brechen, in einem kleinen Topf im heißen Wasserbad zu einer geschmeidigen Masse verrühren die Hälfte der Biskuitherzen mit etwas von der Schokolade bestreichen, die Marzipanherzen darauf legen, mit etwas von der Schokolade bestreichen, die restlichen Biskuitherzen darauf legen das restliche Marzipan und die Schokoladenmasse aufheben
100 g Puderzucker	sieben, mit
3 Eßl. rotem Johannisbeergelee etwa 3 Teel. Wasser	zu einem dickflüssigen Guß verrühren, die Herzen damit überziehen

FÜR DIE TÖRTCHEN

75 - 100 Nuß-Nougatmasse	in einem kleinen Topf im heißen Wasserbad zu einer geschmeidigen Masse verrühren, die Hälfte der Törtchen damit bestreichen, die restlichen Törtchen darauf legen die restliche Nußnougatmasse aufheben die restliche Schokoladenmasse mit
20 g Kokosfett	in einem kleinen Topf im heißen Wasserbad zu einer geschmeidigen Masse verrühren, die Törtchen damit überziehen

FÜR QUADRATE

das restliche Marzipan dünn ausrollen, in 11 Quadrate (3×3 cm) schneiden, die Hälfte der Biskuitquadrate (Rhomben) mit Nußnougatmasse bestreichen, die Marzipanplättchen darauf legen, mit Nußnougatmasse bestreichen, die restlichen Biskuitquadrate (Rhomben) darauf legen

125 g Puderzucker	sieben, mit
1 - 2 Eßl. Zitronensaft	zu einem dickflüssigen Guß verrühren, die Hälfte der Quadrate (Rhomben) damit überziehen, die andere Hälfte mit
gelber Lebensmittelfarbe	bestreichen die Herzen und die Törtchen mit übriggebliebener Zironen- oder Schokoladenglasur bespritzen, mit
Liebesperlen oder kandierten Früchten	garnieren

FÜR DIE KUGELN

die Biskuitreste zerkrümeln, in eine Rührschüssel geben, mit

2 Eßl. Curaçao	beträufeln
35 g Kokosfett	zerlassen, abkühlen lassen
25 g Puderzucker	mit
1 gestrichenen Eßl. Kakao	in eine Rührschüssel geben
1 Päckchen Vanillin-Zucker	hinzufügen
1 Ei	und nach und nach das Kokosfett unterrühren die Masse mit den Biskuitkrümeln verrühren, etwa 10 Kugeln daraus formen, in
Schokoladenstreuseln	wenden (am besten in einem Kaffeesieb), kalt stellen, damit sie fest werden.
Tip:	Die Petits-fours-Herzen anstatt mit verrührtem roten Johannisbeergelee mit roter Lebensmittelfarbe bestreichen.

PETITS FOURS NACH ART DES HAUSES

(Foto unten)

FÜR DEN TEIG

100 g gemahlene Mandeln	mit
1 Ei	verrühren
250 g feinen Zucker	
2 Eier	unterrühren
250 g Weizenmehl	darauf sieben, ebenfalls unterrühren
150 g Butter	zerlassen, abgekühlt mit
3 Eigelb	unterrühren
3 Eiweiß	mit
etwas Salz	steif schlagen, vorsichtig unter den Teig ziehen den Teig auf ein mit Back-Trennpapier belegtes Backblech streichen (1 cm dick), das Blech in den vorgeheizten Backofen schieben
Strom:	Etwa 200
Gas:	Etwa 3
Backzeit:	12–14 Minuten das Gebäck auf einen Kuchenrost stürzen, das Backpapier abziehen, das Gebäck abkühlen lassen aus der Gebäckplatte kleine Quadrate (oder andere beliebige Formen) schneiden die Gebäckstücke mit
Konfitüre, Nußnougat oder Marzipan	bestreichen, zu Petits fours zusammensetzen, mit
Likör oder Brandy	tränken, mit
Kuchenglasur, Zitrone z. B. von Schwartau	überziehen, mit
Zuckerschrift	verzieren.

1

2

3

WIENER RINGE

(Foto oben)

FÜR DEN TEIG

275 g weiche Butter	mit einem Handrührgerät mit Rührbesen auf höchster Stufe in etwa ½ Minute geschmeidig rühren, nach und nach
125 g gesiebten Puderzucker ½ Teel. gemahlenen Zimt 4 Eßl. Milch	unterrühren, so lange rühren, bis eine gebundene Masse entstanden ist
300 g Weizenmehl	mit
20 g Kakao	mischen, sieben, eßlöffelweise auf mittlerer Stufe unterrühren (Foto 1) den Teig in einen Spritzbeutel mit Sterntülle (Gr. 8) füllen und Ringe von etwa 5 cm Durchmesser auf ein mit Back-Trennpapier belegtes Backblech spritzen (Foto 2) das Backblech in den vorgeheizten Backofen schieben
Strom:	175–200
Gas:	3–4
Backzeit:	Etwa 15 Minuten die gebackenen Ringe erkalten lassen

FÜR DIE FÜLLUNG

125 g weiche Butter	mit einem Handrührgerät mit Rührbesen geschmeidig rühren, nach und nach
35 g gesiebten Puderzucker 1 großes Ei 150 g aufgelöste, abgekühlte Zartbitter-Schokolade	unterrühren die Creme in einen Spritzbeutel füllen und mit der gleichen Spritztüllengröße die Unterseite der Hälfte der Gebäckringe bespritzen (Foto 3), jeweils mit einem Gebäckring belegen, leicht andrücken die Wiener Ringe vor dem Servieren mit
gesiebtem Puderzucker	bestäuben.

PETITS FOURS

(Foto unten)

	FÜR DEN TEIG
6 Eier	mit einem Handrührgerät mit Rührbesen auf höchster Stufe in 1 Minute schaumig schlagen
180 g Zucker	in 1 Minute einstreuen
1 Teel. Honig	hinzufügen, dann noch etwa 2 Minuten schlagen
100 g Weizenmehl	auf die Eiercreme sieben, kurz auf niedrigster Stufe unterrühren die Hälfte des Teiges auf ein gefettetes, mit Pergamentpapier belegtes Backblech streichen, an der offenen Seite des Blechs das Papier unmittlebar vor dem Teig zur Falte knicken, so daß ein Rand entsteht das Backblech in den vorgeheizten Backofen schieben
Strom:	Etwa 200
Gas:	Etwa 4
Backzeit:	Etwa 10 Minuten den Biskuit nach dem Backen sofort auf ein Geschirrtuch stürzen, das Backpapier mit kaltem Wasser bestreichen, vorsichtig, aber schnell abziehen, erkalten lassen mit der restlichen Teighälfte genauso verfahren eine Gebäckplatte mit
5 Eßl. Aprikosen-Konfitüre	bestreichen (Foto 1), mit der zweiten Gebäckplatte bedecken, diese mit
5 Eßl. Himbeer-Konfitüre	bestreichen
200 g Marzipan-Rohmasse	mit
100 g Puderzucker	verkneten, die Masse in der Größe der Gebäckplatte ausrollen und darauf legen beliebige Motive (Dreiecke, Ovale, Kreise oder Halbmonde) ausschneiden (Foto 2)
	FÜR DEN GUSS
500 g Puderzucker	sieben, mit
5–6 Eßl. Wasser	verrühren nach Belieben den Guß mit
Lebensmittelfarben	zart einfärben, die Petits fours damit überziehen (Foto 3) die Petits fours nach Belieben mit
Plätzchenschmuck kandierten Veilchen Schokoladenstreusel	garnieren (Foto 4).

1

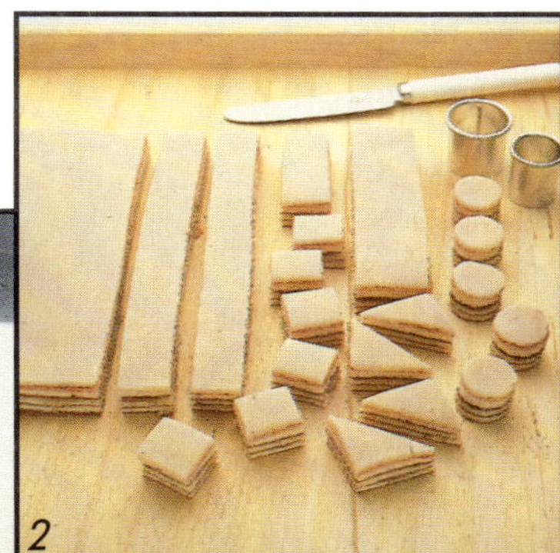
2

3

4

BLÜTEN-PETITS FOURS

(Foto S. 247 links oben)

	FÜR DEN TEIG
4 Eier	mit einem Handrührgerät mit Rührbesen auf höchster Stufe in 1 Minute schaumig schlagen
125 g Zucker etwas Salz	in 1 Minute einstreuen, dann noch etwa 2 Minuten schlagen
125 g Weizenmehl	darüber sieben, kurz auf niedrigster Stufe unterrühren
60 g Margarine	zerlassen, abgekühlt vorsichtig unterrühren den Teig in eine mit Back-Trennpapier ausgelegte flache, rechteckige Form (30 x 24 cm) geben die Form auf dem Rost in den vorgeheizten Backofen schieben
Strom:	175 – 200, Gas: 2 – 3
Backzeit:	20 – 25 Minuten das Gebäck auf einem Kuchenrost stürzen, Backpapier abziehen, abkühlen lassen aus der Gebäckplatte kleine Quadrate (4 x 4 cm) ausschneiden (in 3 Teile teilen)
	FÜR DIE NOUGATFÜLLUNG
100 g Nußnougat, z. B. von Schwartau	im heißen Wasserbad geschmeidig rühren für 1 Petits fours zwei Gebäck-Quadrate mit Nougatmasse bestreichen, aufeinandersetzen, ein drittes Quadrat darauf legen, diesen Vorgang so lange wiederholen, bis ⅓ der Gebäck-Quadrate zusammengesetzt sind
	FÜR DIE MARZIPANFÜLLUNG
100 g Marzipan-Rohmasse	mit
1 Beutel Rum-back	verkneten, dünn ausrollen, kleine Quadrate (4 x 4 cm) ausschneiden für 1 Petits fours 2 Marzipan-Quadrate mit 3 Gebäck-Quadraten zusammensetzen, diesen Vorgang so lange wiederholen, bis ein weiteres Drittel der Gebäck-Quadrate zusammengesetzt ist
	FÜR DIE KONFITÜRENFÜLLUNG
100 g Himbeer-Konfitüre	durch ein Sieb streichen, erwärmen,
2 Eßl. gehackte Pistazienkerne	unterrühren, für 1 Petits fours zwei Gebäck-Quadrate mit Konfitüre bestreichen, ein drittes Quadrat darauf legen, diesen Vorgang so lange wiederholen, bis alle Gebäckstücke zusammengesetzt sind
1 Beutel Kuchen-glasur, dunkel	im heißen Wasserbad erwärmen, die Nougat-Petits fours damit überziehen, mit
grüner Zuckerschrift	verzieren, mit
Schokoladen-Plätzchen	garnieren
2 Beutel Kuchen-glasur, Zitrone	im heißen Wasserbad erwärmen, die Marzipan-Küchlein mit der Hälfte des Gusses überziehen, mit
roter Zuckerschrift	verzieren, mit
Zuckerblümchen	garnieren, den restlichen Zitronenguß mit
roter Back- und Speisefarbe	rosa einfärben, die restlichen Petits fours damit überziehen, mit
halbierten Belegkirschen gehackten Pistazienkernen	garnieren.

PETITS FOURS „CASSIS"

(6 Stück – Foto S. 247 rechts)

	FÜR DIE FÜLLUNG
10 g Butter	zerlassen
60 g Semmelmehl	darin goldbraun rösten
200 g schwarze Johannisbeer-Konfitüre	durch ein Sieb streichen, mit den Semmelmehl vermengen, mit
gemahlenem Zimt gemahlenen Nelken	würzen
1 Packung Waffeln mit Dessert-Crème-Füllung	mit der Konfitüre-Masse zusammensetzen (jeweils 4 Waffeln für 1 Petit four) FÜR DEN GUSS
300 g Puderzucker	sieben, mit
80 ml Crème de Cassis	glattrühren, die Petits fours damit bestreichen, mit
kandierten Kirschen	verzieren.

PETITS FOURS „NERO"

(6 Stück – Foto S. 247 rechts)

	FÜR DIE FÜLLUNG
6 Eigelb	mit
120 g Zucker	mit einem Handrührgerät mit Rührbesen schaumig rühren
240 g geriebenen Haselnußkernen	unterrühren
1 Packung Waffelblätter mit Milchschokolade	mit der Nuß-Masse zusammensetzen (jeweils 5 Waffeln für 1 Petit four) FÜR DEN GUSS
300 g Puderzucker	sieben, mit
2 – 3 Eßl. Instant-Kakaopulver 4 – 5 Eßl. Wasser	zu einem dickflüssigen Guß verrühren, die Petits fours damit bestreichen, mit
Haselnußkernen	verzieren.

PETITS FOURS „SINE“

(10 Stück – Foto rechts)

FÜR DIE FÜLLUNG

500 g Doppelrahm-Frischkäse	mit
5 Eßl. Orangenmarmelade	
10 Eßl. frisch gepreßtem Orangensaft	
3 Eßl. Orangenlikör	
1 Prise Safran	mit einem Handrührgerät mit Rührbesen zu einer glatten Masse verrühren
1 Packung Orangenplätzchen	mit der Creme zusammensetzen (jeweils 6 Kekse für 1 Petit four) jedes Petit four an den Seiten und oben mit Orangencreme bestreichen

FÜR DEN GUSS

400 g Puderzucker	sieben, mit
5–6 Eßl. frisch gepreßtem Orangensaft	
4 Eßl. Orangenlikör	glattrühren
1 Prise Safran	unterrühren, die Petits fours damit bestreichen, mit
Orangeat-Würfeln	garnieren.

ORANGEN-BLÜTEN-KONFEKT

(Etwa 30 Stück, Foto S. 241)

200 g Marzipan-Rohmasse	mit
100 g gesiebtem Puderzucker 1 Teel. getrockneten Orangenschalen	mit einem Handrührgerät mit Knethaken verkneten, gut ¼ der Masse in Alufolie wickeln, beiseite legen unter die restliche Marzipan-Masse
50 g sehr fein gehacktes Orangeat 1–2 Eßl. Orangenlikör	kneten, auf
gesiebtem Puderzucker	etwa 1 cm dick ausrollen, runde Plätzchen (Durchmesser etwa 3 cm) ausstechen die zurückgelassene Marzipan-Rohmasse dünn ausrollen, kleine Blüten (Durchmesser etwa 4 cm) ausstechen, in der Mitte etwas zusammendrücken, so daß eine halbgeschlossene Blüte entsteht, etwas antrocknen lassen
100 g Halbbitter-Kuvertüre	kleinschneiden, mit
etwas Kokosfett	in einem kleinen Topf im heißen Wasserbad geschmeidig rühren, die Marzipan-Plätzchen ganz in die Kuvertüre tauchen, mit einer schmalzinkigen Gabel herausholen, die Kuvertüre am Gefäßrand etwas abstreifen, die Plätzchen auf Pergamentpapier setzen
2 Eßl. gesiebten Puderzucker	mit
1 Eßl. Orangenlikör etwas Orangensaft	zu einer dickflüssigen Masse verrühren die Marzipan-Blüten damit bestreichen, in jede Blütenmitte eines von
etwa 30 Orangeat-Stückchen	setzen, jeweils eine Blüte auf eine mit Kuvertüre überzogene Marzipan-Praline setzen.

MANDELKONFEKT

(Foto rechts)

FÜR DIE MANDELMASSE

50 g Butter	mit
200 g Zucker 2 Päckchen Vanillin-Zucker	unter Rühren so lange erhitzen, bis der Zucker leicht gebräunt ist
250 ml (¼ l) Schlagsahne	hinzufügen, unter Rühren so lange erhitzen, bis der Zucker gelöst ist
300 g abgezogene, gehobelte Mandeln 150 g gewürfeltes Orangeat	unterrühren, die Masse nochmals unter ständigem Rühren so lange erhitzen, bis sie gut gebunden und fest ist die Mandelmasse leicht bergartig auf
50–60 Oblaten (Durchmesser 4 cm)	streichen, sie auf ein Backblech legen, in den vorgeheizten Backofen schieben
Strom:	175–200
Gas:	3–4
Backzeit:	Etwa 10 Minuten

FÜR DEN GUSS

150 g Kuvertüre	in einem kleinen Topf im heißen Wasserbad zu einer geschmeidigen Masse verrühren sofort nach dem Backen das Konfekt mit der Unterseite in die Kuvertüre tauchen das erkaltete Mandelkonfekt in gut schließende Gläser oder Dosen geben, kühl aufbewahren.

ZIMT-CANACHE-STANGEN

(Foto unten)

100 ml Schlagsahne	zum Kochen bringen, von der Kochstelle nehmen
200 g Vollmilch-Kuvertüre	sehr fein schneiden, mit
25 g weicher Butter 1 schwach gehäuften Teel. gemahlenem Zimt	in die Sahne geben, unter Rühren auflösen, abkühlen lassen, bis die Masse halbfest ist, dann cremig aufschlagen, in einen Spritzbeutel mit weiter Lochtülle geben, Stangen von etwa 3 cm Länge auf Alufolie spritzen
2 Eßl. gesiebten Puderzucker	mit
½ Teel. gemahlenem Zimt	vermischen, die Stangen darin wälzen, in einer gut schließenden Dose kühl aufbewahren.

NUSS-APRIKOSEN-KONFEKT

125 g getrocknete Aprikosen	in sehr kleine Stücke schneiden, mit
3 Eßl. Aprikot-Brandy	übergießen, zugedeckt etwa 2 Stunden stehenlassen
200 g Marzipan-Rohmasse	hinzufügen, mit einem Handrührgerät mit Rührbesen gut verrühren
100 g gesiebten Puderzucker	unterkneten aus der Masse etwa 2 cm dicke Rollen formen, in etwa 1 ½ cm dicke Scheiben schneiden
100 g Kuvertüre	in einem kleinen Topf im heißen Wasserbad zu einer geschmeidigen Masse verrühren jedes Marzipanstückchen hineintauchen, auf Pergamentpapier setzen, evtl. nochmals umsetzen, damit das Konfekt keine „Füßchen" bekommt, mit
100 g Walnußkernhälften	garnieren das Konfekt möglichst in kleine Papiermanschetten setzen bis zum Verzehr in gut schließende Dosen oder Gläser geben und kühl aufbewahren.

TRÜFFELSPITZEN

150 g Zartbitter-Schokolade 100 g Vollmilch-Schokolade	in Stücke brechen, mit
200 ml (⅕ l) Schlagsahne 100 g Kokosfett	unter Rühren erhitzen, bis eine glatte Masse entstanden ist, einmal kurz aufkochen lassen, in eine Schüssel geben
200 g kleingeschnittene Nuß-Nougatmasse z. B. von Schwartau	hinzufügen, so lange rühren, bis die Nougatmasse sich mit der Schokoladenmasse verbunden hat, kalt stellen, während des Erkaltens ab und zu durchrühren die erkaltete Masse mit einem Handrührgerät mit Rührbesen durchrühren, bis sie etwas cremig wird, in kleinen Mengen in einen Spritzbeutel mit gezackter Tülle füllen, in
etwa 80 Metallrosetten	spritzen, mit
Pistazienkernen	garnieren die Trüffelspitzen in Alufolie oder Cellophan verpackt kühl aufbewahren.

1

2

3

4

5

6

NUSSMARZIPAN

(Foto S. 250)

	FÜR DIE MASSE
200 g Marzipan-Rohmasse	mit
1 gehäuften Eßl. Puderzucker 1 Teel. Nußlikör 40 g gemahlenen, gerösteten Haselnußkernen	gut verkneten die Marzipanmasse auf einer mit
Puderzucker	bestäubten Tischplatte etwa 1 cm dick ausrollen, in kleine Rechtecke schneiden (Foto 1)
75 g Vollmilch-Kuvertüre 75 g Zartbitter-Kuvertüre	getrennt in einem kleinen Topf im heißen Wasserbad zu einer geschmeidigen Masse verrühren die Hälfte der etwas getrockneten Pralinen mit Vollmilch, die andere Hälfte mit Zartbitter-Kuvertüre überziehen
	ZUM GARNIEREN
Haselnußkerne	in Zartbitter-Kuvertüre tauchen, jeweils einen auf die Mitte einer hellen Praline setzen (Foto 2) mit der restlichen Vollmilch-Kuvertüre die dunklen Pralinen garnieren.

SCHOKOLADEN-MARZIPAN-PRALINEN

(Foto S. 250)

	FÜR DIE MASSE
200 g Marzipan-Rohmasse	mit
1 gehäuften Eßl. gesiebtem Puderzucker	verkneten
40 g Zartbitter-Kuvertüre	in einem kleinen Topf im heißen Wasserbad zu einer geschmeidigen Masse verrühren, mit
2 Eßl. Weinbrand	unter die Marzipanmasse rühren die Masse auf einer mit
Puderzucker	bestäubten Tischplatte etwa 1 cm dick ausrollen, beliebige Formen ausstechen (Foto 3) oder aus der Masse kleine Kugeln formen
	ZUM GARNIEREN
75–100 g Vollmilch-Kuvertüre 75–100 g Zartbitter-Kuvertüre	getrennt in einem kleinen Topf im heißen Wasserbad zu einer geschmeidigen Masse verrühren die Hälfte der Pralinen mit Vollmilch, die andere Hälfte mit Zartbitter-Kuvertüre überziehen, mit
Schokoladenstreusel oder Liebesperlen	bestreuen (Foto 4).

ANANAS-KROKANT-PRALINEN

(Foto S. 250)

	FÜR DIE MASSE
200 g Vollmilch-Kuvertüre	in einem kleinen Topf im heißen Wasserbad zu einer geschmeidigen Masse verrühren, mit
200 g Krokant	verrühren mit 2 Teelöffeln kleine Häufchen auf Back-Trennpapier setzen (Foto 5), mit
60 g kandierten Ananasstückchen	garnieren, diese nach Belieben vorher in
30 g geschmolzene Zartbitter-Kuvertüre	tauchen (Foto 6).

KIRSCHPRALINEN

10 rote Beleg-Kirschen	fein hacken, mit
200 abgezogenen, gemahlenen Mandeln 100 g Zucker 2–3 Eßl. Kirschwasser 2 Eßl. Wasser	zu einer streichfähigen Masse verrühren
100 g Nuß-Nougatmasse	in einem kleinen Topf im heißen Wasserbad zu einer geschmeidigen Masse verrühren
2 Eßl. Kirschwasser	hinzufügen während des Abkühlens ab und zu durchrühren, bis die Masse fast dick ist, durchkneten, auf
gesiebtem Puderzucker	ausrollen, die Mandelmasse vorsichtig auf der Nougatmasse verteilen, glattdrücken, mit einer kleinen Form Pralinen ausstechen, 12–24 Stunden an einem kühlen Ort stehenlassen.

ROSINEN-NUSS-KONFEKT

(80 – 90 Stück)

250 g Haselnußkerne	auf ein Backblech geben, in den vorgeheizten Backofen schieben, rösten lassen
Strom:	Etwa 200
Gas:	3 – 4
Röstzeit:	Etwa 10 Minuten sobald die braune Haut der Haselnußkerne platzt, die Nüsse auf ein Sieb geben, etwas abkühlen lassen, die braune Haut abreiben, die Haselnußkerne erkalten lassen, halbieren oder vierteln, mit
250 g Weinbeeren 15 g kandierten, gehackten Orangenschalen	in eine Schüssel geben
175 g Zartbitter-Schokolade	in kleine Stücke brechen, in einem kleinen Topf im heißen Wasserbad geschmeidig rühren, von der Kochstelle nehmen, die übrigen Zutaten hineingeben, mit der Schokolade vermengen von der Masse mit 2 Teelöffeln Häufchen abstechen, auf Pergamentpapier setzen sollte die Schokolade zu schnell fest werden, die Masse im Wasserbad wieder etwas erwärmen das Konfekt mindestens 1 Stunde kalt stellen
500 g Vollmilch-Kuvertüre	in einem kleinen Topf im heißen Wasserbad geschmeidig rühren die Konfektstücke einzeln in die Kuvertüre tauchen auf einer schmalzinkigen Gabel herausnehmen dabei die Kuvertüre am Topfrand gut abstreifen, auf Pergamentpapier setzen, fest werden lassen, das Konfekt in gut schließende Dosen geben, zwischen jede Lage Konfekt Pergamentpapier legen das Konfekt kühl (Kühlschrank) aufbewahren.

MOZARTKUGELN

(Foto S. 253 oben)

200 g kalte Nuß-Nougatmasse	in kleine Würfel (1 ½ x 1 ½ cm) schneiden, zu Kugeln formen, kalt stellen
200 g Marzipan-Rohmasse	mit einem Handrührgerät mit Knethaken geschmeidig rühren
2 Eßl. Kirschwasser 10 g feingehackte Pistazienkerne	hinzufügen
125 g gesiebten Puderzucker	unterkneten die Marzipanmasse zu einer etwa 2 cm dicken Rolle formen, in so viele Stücke schneiden, wie Kugeln vorhanden sind die Marzipanstücke auf einer mit
Puderzucker	bestäubten Tischplatte flach auseinanderdrücken, die Nougatkugeln darauf legen, die Marzipanmasse darüber zusammenschlagen, an den Rändern gut andrücken, zu Kugeln formen
100 g Speisefett-Glasur	nach der Vorschrift auflösen die Mozartkugeln mit 2 Gabeln hineintauchen, auf ein enges Kuchengitter oder auf Pergamentpapier setzen (bei der Verwendung von Pergamentpapier die Mozartkugeln evtl. noch einmal umsetzen, damit sie keine „Füßchen" bekommen) die Mozartkugeln in Cellophantüten verpacken oder in verschlossenen Glas- oder Porzellangefäßen kühl aufbewahren.

PISTAZIEN-MARZIPAN-HERZEN

(40 – 50 Stück – Foto S. 253 unten)

200 g Marzipan-Rohmasse	mit
100 g gesiebtem Puderzucker 50 g gemahlenen Pistazienkernen 1 Eßl. Kirsch- oder Marillenlikör	mit einem Handrührgerät mit Knethaken verkneten, die Masse auf
gesiebtem Puderzucker	etwa 1 cm dick ausrollen, mit einem Garnierausstecher in Herzform Herzen ausstechen (die Ausstechförmchen jeweils vorher in gesiebten Puderzucker tauchen) die Marzipan-Herzen vorsichtig aus der Form drücken (an der Form haftende Marzipanreste entfernen) die Marzipan-Herzen mit Alufolie abgedeckt 1 – 2 Stunden kühl stellen
150 – 200 g halbbittere Kuvertüre	in einem kleinen Topf im heißen Wasserbad geschmeidig rühren die Marzipan-Herzen einzeln in die Kuvertüre tauchen, auf einer schmalzinkigen Gabel herausheben, die Kuvertüre am Topfrand gut abstreifen, die Herzen auf Pergamentpapier setzen, mit
Pistazienkernen	garnieren, den Guß fest werden lassen.

Verpackungsvorschlag zum Verschenken: *Die Pistazien-Herzen vorsichtig in eine gekaufe Herz-Schachtel mit Papierspitze schichten, zwischen jede Schicht Klarsicht- oder Alufolie legen, mit dem Deckel verschließen, mit farblich passenden Bändchen dekorieren oder Kartons mit Dekorationspapier bekleben, mit Glimmerherzchen oder Aufklebern (je nach Geschenkanlaß) versehen, die Pralinen hineingeben, den Karton verschließen und großzügig mit Schleifenband zubinden.*

MANDELSPLITTER-TRÜFFEL

(Foto unten)

FÜR DIE MASSE

125 g Butter 1 gehäuften Eßl. gesiebtem Puderzucker 1 gestrichener Eßl. Fruchtzucker	mit einem Handrührgerät mit Rührbesen auf höchster Stufe cremig rühren
250 g Halbbitter-Kuvertüre	in einem kleinen Topf im heißen Wasserbad zu einer geschmeidigen Masse verrühren, etwas abkühlen lassen (die Kuvertüre sollte flüssig, jedoch nicht mehr zu warm sein)
5 Eßl. Mandellikör	mit der Kuvertüre unter die Butter rühren (Foto 1), die Masse in einen Spritzbeutel mit Lochtülle füllen, auf Pergamentpapier spritzen auf jedes Häufchen einige
geröstete Mandelsplitter	drücken, die Trüffel auskühlen lassen

FÜR DEN GUSS

Vollmilch-Kuvertüre	im heißen Wasserbad geschmeidig rühren, die Trüffel damit überziehen (Foto 2), mit
weißen Schokoladenraspeln	garnieren.

2

1

NOUGAT-PRALINEN

(Foto S. 254)

	FÜR DIE MASSE
125 g Schlagsahne	aufkochen lassen
250 g Halbbitter-Kuvertüre	darin auflösen, den Topf von der Kochstelle nehmen
150 g Nuß-Nougatmasse 30 g Butter 2 Eßl. Erdnußbutter	unterrühren
Eiswasser	den Topf in eine Schüssel mit stellen, die Masse mit einem Handrührgerät mit Rührbesen so lange schlagen, bis sie schaumig und kalt ist (Foto 3) die Masse in einen Spritzbeutel mit gezackter Tülle füllen, in Pralinenförmchen spritzen (Foto 4), mit
Puderzucker	bestäuben.

3

4

WEICHE KARAMEL-NUSS-PRALINEN

(Foto S. 254)

	FÜR DIE MASSE
165 g Zucker	in einen Stieltopf geben, unter Rühren schmelzen lassen (Foto 5), bis er hellbraun ist (Foto 6) den Topf von der Kochstelle nehmen
15 g Butter 3 Eßl. Schlagsahne	unterrühren die Masse nochmals leicht erhitzen
75 g Marzipan-Rohmasse 85 g geröstete	

5

6

Mandelsplitter	unterrühren
Butter	die Masse etwa 1 cm dick auf ein mit bestrichenes Blech streichen, auskühlen lassen, kleine Rechtecke von etwa 1 x 3 cm ausschneiden
	FÜR DEN GUSS
Vollmilch-Kuvertüre	in einen kleinen Topf im heißen Wasserbad zu einer geschmeidigen Masse verrühren, die Pralinen damit überziehen, mit
Kakao	bestäuben.

BUTTERKONFEKT

150 g Butter	mit einem Handrührgerät mit Rührbesen geschmeidig rühren
100 g Puderzucker	sieben, mit
1 Päckchen Vanillin-Zucker	nach und nach unterrühren
2 Eigelb	unterrühren
200 g Zartbitter-Schokolade	in kleine Stücke brechen, in einem kleinen Topf im heißen Wasserbad zu einer geschmeidigen Masse verrühren, unter die Eigelbcreme rühren, kalt stellen aus der festgewordenen Masse teelöffelweise nußgroße Mengen abstechen, nochmals kalt stellen, in
Schokoladen-streuseln oder Kakao	wälzen, mit den Händen leicht rund oder länglich formen das Butterkonfekt in Cellophantüten verpacken oder in gut schließende Glas- oder Porzellangefäße geben, kühl aufbewahren (Kühlschrank).

NUSSTRÜFFEL

75 g Butter	mit einem Handrührgerät mit Rührbesen geschmeidig rühren
75 g gesiebten Puderzucker 1 Päckchen Vanillin-Zucker	unterrühren
200 g Zartbitter-Schokolade	in Stücke brechen, in einem kleinen Topf im heißen Wasserbad glattrühren, unter die Butter-Zucker-Masse rühren, ⅔ von
75 g gemahlenen Haselnußkernen (nach Belieben geröstet)	hinzufügen, die Masse eine Zeitlang kalt stellen, kleine Kugeln formen, in den restlichen Haselnußkernen wälzen die Nußtrüffel in Cellophantüten verpacken oder in verschlossenen Glas- oder Porzellangefäßen kühl aufbewahren.

KROKANTBISSEN

20 g Butter	mit
60 g Zucker	so lange erhitzen, bis die Masse leicht gebräunt und der Zucker gelöst ist
125 g abgezogene, gehackte Mandeln	hinzufügen, unter Rühren erhitzen, bis der Krokant genug gebräunt ist, auf ein geöltes Backblech geben die erkaltete Krokantmasse in kleine Stücke zerstoßen
100 g Zartbitter-Schokolade	in kleine Stücke brechen, mit
5 Eßl. Schlagsahne	in einem kleinen Topf im heißen Wasserbad glattrühren, etwas abkühlen lassen, den Krokant unterrühren von der Masse Häufchen abstechen, auf Alufolie setzen, im Kühlschrank fest werden lassen die Krokantbissen in Cellophantüten verpacken oder in verschlossenen Glas- oder Porzellangefäßen kühl aufbewahren.

FRUCHTKUGELN

(Etwa 100 Stück)

250 g getrocknete Datteln	entkernen
250 g Backpflaumen (ohne Stein) 250 g getrocknete Aprikosen (ungeschwefelt)	die drei Zutaten durch die große Scheibe des Fleischwolfs geben
abgeriebene Schale von 1 Zitrone (unbehandelt) 2 Eßl. Honig	hinzufügen, alles gut miteinander vermengen aus der Masse mit nassen Händen Kugeln formen, in
etwa 80 g gemahlenen Walnußkernen oder abgezogenen, gemahlenen Mandeln oder gemahlenen Haselnußkernen	wälzen, einige Stunden bei Zimmertemperatur stehenlassen die Fruchtkugeln in gut schließende Dosen geben

WEICHKROKANT-ECKEN

200 g abgezogene, gemahlene Mandeln	auf ein eingefettes Backblech geben in den vorgeheizten Backofen schieben, goldbraun rösten
Strom:	Etwa 200
Gas:	Etwa 3
Backzeit:	6–8 Minuten
500 g Puderzucker	sieben, mit
50 g Honig 50 g Butter	in einen Topf geben unter Rühren so lange erhitzen, bis die Masse karamelisiert kurz aufkochen lassen, den Topf von der Kochstelle nehmen
1 Vanillestange	aufschneiden, das Mark herauskratzen
300 g Marzipan-Rohmasse	in grobe Würfel schneiden die beiden Zutaten mit den Mandeln unter die Karamellmasse rühren
125 ml (⅛ l) Schlagsahne	zuletzt unterrühren die Masse auf ein gefettes Backblech streichen, etwas abkühlen lassen mit einem scharfen Messer erst in etwa 2 cm breite Streifen, dann in Rauten schneiden, erkalten lassen, mit einem Messer stückweise vom Blech lösen
100 g Halbbitter-Kuvertüre	in einem kleinen Topf im heißen Wasserbad zu einer geschmeidigen Masse verrühren, beide Rautenenden in die Kuvertüre tauchen, am Rand des Gefäßes abstreichen, zum Trocknen auf Pergamentpapier oder Alufolie setzen.

MANDEL-INGWER-KROKANT

(Foto unten)

250 g Zucker 200 g Honig	in einem Topf schmelzen lassen
100 g weiche Butter	unter Rühren hinzufügen, so lange rühren, bis eine einheitliche Masse entstanden ist
250 g abgezogene, gehobelte Mandeln 75 – 100 g feingewürfelten Ingwer (aus dem Glas)	unterrühren, zum Kochen bringen, einige Minuten unter ständigem Rühren kochen lassen die Masse 1 – 2 cm dick auf ein gut mit
Speiseöl	ausgestrichenes Backblech streichen, etwas abgekühlt in kleine Rauten, Dreiecke oder Rechtecke schneiden, erkalten lassen
etwa 100 g Halbbitter-Kuvertüre	in einem kleinen Topf im heißen Wasserbad geschmeidig rühren die Mandel-Ingwer-Krokant-Stücke jeweils mit einer oder mit 2 Ecken hineintauchen, auf Pergamentpapier setzen, den Guß fest werden lassen die Pralinen in gut schließenden Dosen kühl aufbewahren.
Verpackungsvorschlag zum Verschenken:	Den Krokant in ein Glasschälchen mit Deckel legen, den Deckel mit Tesaband verschließen, locker in Geschenk- oder Cellophanpapier einpacken, mit Schleifenband großzügig versehen. Nach Belieben evtl. kleine Anhänger am Schleifenband befestigen oder Cellophantütchen mit Aufklebern versehen, auf denen die Pralinensorte vermerkt ist. Die Pralinen hineinlegen, das Tütchen mit Schleifenband zusammenbinden.

EIN VOLLWERTIGER GENUß:
Wer auch immer die Regel aufgestellt hat, daß alles, was gesund ist, auch so schmeckt, kann unmöglich unsere Rezepte für Vollwertgebäck gekannt haben.

Denn was sich im folgenden Kapitel an Kuchen, Plätzchen und Torten tummelt, ist alles nach den Grundsätzen der Vollwertküche gebacken. Und es schmeckt – nicht trotzdem, sondern gerade deshalb – ganz hervorragend.

VOLLWERT-GEBÄCK

BIENENSTICH

(Hefeteig)

FÜR DEN TEIG

400 g Weizen, fein gemahlen	mit
100 g Dinkelweizen, fein gemahlen	in eine Rührschüssel geben, mit
1 Päckchen Trocken-Backhefe	sorgfältig vermischen
75 g Honig	
Meersalz	
1 Ei	
knapp 250 ml (¼ l) lauwarme Milch	
100 g zerlassene, abgekühlte Butter oder Margarine	hinzufügen die Zutaten mit einem Handrührgerät mit Knethaken zunächst auf niedrigster, dann auf höchster Stufe in etwa 5 Minuten zu einem Teig verarbeiten, den Teig abgedeckt so lange an einem warmen Ort stehen lassen, bis er sich sichtbar vergrößert hat

FÜR DEN BELAG

100–125 g Butter	mit
100–125 g Honig	unter Rühren erhitzen
200 g abgezogene, gehobelte Mandeln	mit
2 gehäufte Teel. Weizen, fein gemahlen	unterrühren, zum Kochen bringen, von der Kochstelle nehmen, abkühlen lassen, dabei ab und zu durchrühren den Teig auf höchster Stufe nochmals gut durchkneten, auf einem gefetteten Backblech ausrollen, mehrmals mit einer Gabel einstechen, vor den Teig einen mehrfach umgeknickten Streifen Alufolie legen den Belag gleichmäßig auf dem Teig verteilen den Teig nochmals so lange an einem warmen Ort gehen lassen, bis er sich sichtbar vergrößert hat, das Backblech in den vorgeheizten Backofen schieben
Strom:	Etwa 200
Gas:	3–4
Backzeit:	15–20 Minuten.
Tip:	Bienenstich eignet sich gut zum Einfrieren. Vor dem Verzehr das gefrorene Gebäck einige Minuten in den auf etwa 200 Grad (Gas Stufe 3–4) vorgeheizten Backofen setzen und aufbacken.

KIRSCH-MAIS-KUCHEN

(Rührteig, Foto S. 258)

100 g weiche Butter	mit einem Handrührgerät mit Rührbesen auf höchster Stufe in etwa ½ Minute geschmeidig rühren, nach und nach
80 g flüssigen Honig	
Meersalz	
1 Teel. gemahlenen Zimt	
1 Messerspitze gemahlene Nelken	unterrühren, so lange rühren, bis eine gebundene Masse entstanden ist
3 Eigelb	nach und nach unterrühren (jedes Eigelb etwa ½ Minute)
100 g Maismehl	
150 g Weizenvollkornmehl	mit
2 Teel. Backpulver	mischen, eßlöffelweise auf mittlerer Stufe unterrühren, den Teig etwa 40 Minuten quellen lassen
3 Eiweiß	steif schlagen, locker unter den Teig heben ⅔ des Teiges in eine gefettete Springform (Durchmesser etwa 28 cm) geben, glattstreichen
etwa 750 g entsteinte Sauerkirschen	darauf verteilen, dabei einen etwa ½ cm breiten Rand frei lassen den restlichen Teig mit Hilfe von 2 Teelöffeln auf die Kirschen geben
Strom:	Etwa 175–200
Gas:	Etwa 2–3
Backzeit:	Etwa 40–50 Minuten.

NUSSKRANZ

(Quark-Ölteig, Foto S. 261)

400 g Weizen	fein maheln, mit
1 Päckchen und 1 Teel. Backpulver	mischen, in eine Rührschüssel geben
200 g Magerquark	
6 Eßl. Milch	
100 ml Speiseöl	
100 g Honig	
Meersalz	
1 Ei	hinzufügen die Zutaten mit einem Handrührgerät mit Knethaken auf höchster Stufe etwa 1 Minute verarbeiten, auf der Teigplatte zu einer Rolle formen den Teig zu einem Rechteck von 40 x 50 cm ausrollen
75 g weiche Butter	mit
125 g Haselnußmus	

(aus dem Glas)	
3–5 Eßl. Ahornsirup	
½ Teel.	
gemahlenem Zimt	verrühren, auf den Teig streichen, den Teig der Länge nach durchschneiden (Foto 1), mit
150 g Rosinen	
150 g gehackten	
Haselnußkernen	bestreuen, die beiden Teighälften von außen nach innen aufrollen, die beiden Teigrollen umeinanderschlingen, als Kranz auf ein gefettetes Backblech legen (Foto 2), die aufliegenden Rollen etwa 1 cm tief einschneiden (Foto 3), mit
Kondensmilch	bestreichen das Backblech in den vorgeheizten Backofen schieben
Strom:	Etwa 175
Gas:	Etwa 3
Backzeit:	35–40 Minuten.

FEIGEN-NUSS-ROLLE

(Hefeteig)

FÜR DEN TEIG

450 g Weizenvollkornmehl	in eine Rührschüssel geben, mit
1 Päckchen Trocken-Backhefe	sorgfältig vermischen
50 g flüssigen Honig knapp 200 ml (⅕ l) lauwarme Milch 50 g zerlassene Butter 1 Ei	hinzufügen die Zutaten mit einem Handrührgerät mit Knethaken zunächst auf niedrigster, dann auf höchster Stufe in etwa 5 Minuten zu einem Teig verarbeiten, den Teig so lange an einem warmen Ort stehenlassen, bis er sich sichtbar vergrößert hat

FÜR DIE FÜLLUNG

250 g getrocknete Feigen	in kleine Stücke schneiden
125 g Haselnußkerne	grob hacken
4 Eßl. flüssigen Honig Saft von ½ Zitrone (unbehandelt) 1 Teel. Lebkuchengewürz	hinzufügen, die Zutaten miteinander vermengen den gegangenen Teig auf höchster Stufe nochmals gut durchkneten, zu einem Rechteck (35 x 40 cm) ausrollen, die Füllung gleichmäßig darauf verstreichen (an den Seiten je 2 cm frei lassen), die Ränder an den beiden kürzeren Seiten etwas einschlagen, den Teig aufrollen, die Rolle auf ein gefettetes Backblech legen, an einem warmen Ort nochmals so lange gehen lassen, bis sie sich sichtbar vergrößert hat
1 Eigelb	mit
etwas Wasser	verschlagen, die Rolle damit bestreichen, das Backblech in den vorgeheizten Backofen schieben
Strom:	Etwa 175
Gas:	Etwa 1–2
Backzeit:	Etwa 40 Minuten.

APRIKOSENKUCHEN

(Rührteig, Foto S. 263 links)

FÜR DEN TEIG

150 g weiche Butter	mit einem Handrührgerät mit Rührbesen auf höchster Stufe in etwa ½ Minute geschmeidig rühren, nach und nach
100 g Ahornsirup abgeriebene Schale von ½ Zitrone (unbehandelt)	unterrühren, so lange rühren, bis eine gebundene Masse entstanden ist
4 Eigelb	nach und nach unterrühren (jedes Eigelb etwa ½ Minute)
200 g Dinkelweizen fein gemahlen	mit
1 Teel. Backpulver	mischen, abwechselnd mit
1 Teel. Zitronensaft 1 Eßl. Ahornsirup	auf mittlerer Stufe unterrühren
4 Eiweiß	steif schlagen, unter den Teig heben, den Teig in eine gut gefettete Pieform oder Springform (Durchmesser etwa 28 cm) füllen, glattstreichen

FÜR DEN BELAG

750 g reife Aprikosen	waschen, halbieren, entsteinen, auf dem Teig verteilen, die Form auf dem Rost in den vorgeheizten Backofen schieben
Strom:	175–200
Gas:	3–4
Backzeit:	40–45 Minuten
2–3 Eßl. Aprikosen-Hagebutten-Konfitüre (gesüßt mit Birnensaft)	erhitzen, den Kuchen sofort nach dem Backen damit bestreichen.
Tip:	Der Kuchen kann anstatt mit Aprikosen auch mit 750 g Sauerkirschen oder 750 g Äpfeln (geviertelt und oben eingeritzt) zubereitet werden. Der Kirschkuchen wird dann mit heißer Kirsch-Konfitüre bestrichen.

IRISCHER FRÜCHTEKUCHEN

(Rührteig, Foto S. 263 oben)

200 g Sultaninen 125 g Korinthen 100 g Weinbeeren 100 g gewürfeltes Zitronat 100 g gewürfeltes Orangeat	mit
125 ml (⅛ l) Whisky	übergießen, verrühren, zugedeckt über Nacht durchziehen lassen

FÜR DEN TEIG

300 g weiche Butter	mit einem Handrührgerät mit Rührbesen auf höchster Stufe in etwa ½ Minute geschmeidig rühren, nach und nach
250 g Honig Meersalz	unterrühren, so lange rühren, bis eine gebundene Masse entstanden ist
6 Eier	nach und nach unterrühren

	(jedes Ei etwa ½ Minute)
300 g Weizen	fein mahlen, mit
3 schwach gehäuften Teel. Backpulver	mischen, mit
100 g abgezogenen, gemahlenen Mandeln	eßlöffelweise auf mittlerer Stufe unterrühren, zum Schluß die eingeweichten Früchte unterheben den Boden einer Springform (Durchmesser etwa 22 cm) ausfetten, innen um den Rand einen doppelten Streifen Alufolie legen, der 6 – 7 cm über den Springformrand hinausragt den Teig in die Form füllen, glattstreichen die Teigoberfläche mit
60 g abgezogenen, halbierten Mandeln	belegen die Form auf dem Rost in den vorgeheizten Backofen schieben
Strom:	150 – 175
Gas:	Etwa 2
Backzeit:	Etwa 2 ¼ Stunden den gebackenen Kuchen vorsichtig aus der Form nehmen, die Alufolie abziehen
	ZUM APRIKOTIEREN
3 Eßl. Pfirsich-Aprikosen-Maracuja-Konfitüre (mit Birnendicksaft zubereitet)	durch ein Sieb streichen, den Kuchen sofort nach dem Backen damit bestreichen.

ZWETSCHEN-PIE

(Knetteig, Foto rechts)

	FÜR DEN TEIG
250 g Weizen-Vollkornmehl	in eine Rührschüssel geben
2–3 Eßl. kaltes Wasser	
Meersalz	
200 g weiche Butter	hinzufügen die Zutaten mit einem Handrührgerät mit Knethaken zunächst kurz auf niedrigster, dann auf höchster Stufe gut durcharbeiten, anschließend auf der Tischplatte zu einem glatten Teig verkneten, sollte er kleben, ihn eine Zeitlang kalt stellen
	FÜR DEN BELAG
1 kg Zwetschen	waschen, abtrocknen, halbieren, entsteinen
200 g Marzipan-rohmasse (mit Honig)	mit
1 Eiweiß	verrühren, mit den Zwetschen vermengen, die Hälfte des Teiges ausrollen, den Boden einer Pie-Form (Durchmesser etwa 28 cm) damit auslegen, mit
1 Eßl. Semmelmehl	bestreuen, die Zwetschenmasse darauf verteilen
1 Eigelb	mit
1–2 Eßl. Milch	verschlagen, etwas davon auf den Teigrand in der Pie-Form streichen, den restlichen Teig etwas größer als die Pieform ausrollen, die Teigdecke auf die Zwetschen lagen, festdrücken, überstehenden Teig abschneiden, aus den Teigresten Figuren ausschneiden, mit Eigelb bestreichen, auf die Teigdecke kleben, die Teigdecke mit dem restlichen Eigelb bestreichen, mit einer Gabel mehrmals einstechen, mit
2 Eßl. Sucanat	bestreuen die Form auf dem Rost in den vorgeheizten Backofen schieben
Strom:	200–225
Gas:	4–5
Backzeit:	Etwa 45 Minuten den Zwetschen-Pie warm mit
Schlagsahne oder Vanillesoße	servieren.

APFEL-PIE

(Knetteig)

	FÜR DEN TEIG
250 g Weizen	fein mahlen, in eine Rührschüssel geben
2–3 Eßl. kaltes Wasser	
Meersalz	
200 g weiche Butter	hinzufügen die Zutaten mit einem Handrührgerät mit Knethaken zunächst kurz auf niedrigster, dann auf höchster Stufe gut durcharbeiten, anschließend auf der Tischplatte zu einem glatten Teig verkneten, den Teig etwa 1 Stunde kalt stellen
	FÜR DEN BELAG
1 ½ Eßl. Honig	mit
50 g weicher Butter	
1 Eßl. Milch	in einem kleinen Topf unter Rühren erhitzen, bis eine einheitliche Masse entstanden ist
75 g abgezogene, gehobelte Mandeln	unterrühren, die Masse erkalten lassen
1 ¼ kg Äpfel (z. B. Boskop)	schälen, achteln, entkernen, in dünne

Scheiben schneiden, mit

100 g Rosinen vermengen

gut die Hälfte des Teiges ausrollen, eine gefettete Pieform (Durchmesser etwa 28 cm) damit auslegen

2 Eßl. Graham-Semmelmehl darauf streuen, die Apfelmischung darauf verteilen, die Teigränder über die Apfelfüllung legen, mit

kaltem Wasser bestreichen, den restlichen Teig in der Größe der Pieform ausrollen, auf die Füllung legen, an den Rändern gut andrücken, den Mandelbelag darauf verteilen, die Teigoberfläche mehrmals mit einer Gabel einstechen

die Form auf dem Rost in den vorgeheizten Backofen schieben

Strom: 175 – 200

Gas: Etwa 3

Backzeit: Etwa 50 Minuten

sollten die Mandeln beim Backen zu stark bräunen, den Pie mit Pergamentpapier oder Alufolie abdecken

den Apfelpie lauwarm servieren.

Beigabe: Geschlagene Sahne mit Ahornsirup oder Honig gesüßt.

KANADISCHER APFELKUCHEN

(Rührteig, Foto oben)

FÜR DEN TEIG

150 g Margarine, z. B. Sanella	mit einem Handrührgerät mit Rührbesen auf höchster Stufe in etwa ½ Minute geschmeidig rühren (Foto 1), nach und nach
75–100 g Ahornsirup Mark aus 1 Vanillestange oder abgeriebene Schale von ½ Zitrone (unbehandelt) Meersalz	unterrühren, so lange rühren, bis eine gebundene Masse entstanden ist
3 Eier	nach und nach unterrühren (jedes Ei etwa ½ Minute)
50 g Dinkel oder Weizen, fein gemahlen	mit
1 gehäuften Teel. Backpulver	mischen, mit
125 g feinen Haferflocken	vermengen, eßlöffelweise auf mittlerer Stufe unterrühren ⅔ des Teiges in eine gut gefettete Spring- oder Pieform (Durchmesser etwa 28 cm) geben, glattstreichen
600–750 g mürbe Äpfel	schälen, vierteln, entkernen, in kleine Stücke schneiden, auf dem Teig verteilen (Foto 2)
50 g Sultaninen	darüber streuen, den restlichen Teig mit Hilfe von 2 Teelöffeln in Häufchen auf den Äpfeln verteilen (Foto 3), mit
50 g Butterflöckchen	belegen
40 g abgezogene, gehobelte Mandeln	darüber streuen, die Form auf dem Rost in den vorgeheizten Backofen schieben

Strom:	175–200
Gas:	3–4
Backzeit:	50–60 Minuten.
Beigabe:	Geschlagene Sahne mit 1 Eßl. Ahornsirup gesüßt.

HEIDELBEERROLLE

(Biskuitteig)

FÜR DEN TEIG

4 Eier 3–4 Eßl. heißes Wasser	mit einem Handrührgerät mit Rührbesen auf höchster Stufe in 1 Minute schaumig schlagen
100 g Honig	in 1 Minute hinzufügen, dann noch etwa 2 Minuten schlagen
50 g Buchweizen	fein mahlen, mit
100 g gemahlenen Haselnußkernen 1 Teel. Backpulver	mischen, die Hälfte davon auf die Eiercreme geben, kurz auf niedrigster Stufe unterrühren den Rest des Buchweizen-Nußgemisches auf dieselbe Weise unterarbeiten den Teig in ein gut gefettetes, mit Back-Trennpapier ausgelegtes Backblech streichen, an der offenen Seite des Blechs das Papier unmittelbar vor dem Teig zur Falte knicken, so daß ein Rand entsteht, die Form auf dem Rost in den vorgeheizten Backofen schieben
Strom:	Etwa 200
Gas:	3–4
Backzeit:	12–15 Minuten den Biskuit nach dem Backen sofort auf ein Geschirrtuch stürzen, das Back-Trennpapier mit kaltem Wasser bestreichen, vorsichtig, aber schnell abziehen, die Biskuitplatte mit dem Geschirrtuch aufrollen, erkalten lassen

FÜR DIE FÜLLUNG

8 Blatt weiße Gelatine	in
kaltem Wasser	einweichen
200 g Heidelbeeren	waschen, im Mixer pürieren, mit
etwa 2 Eßl. Honig	süßen, die gut ausgedrückte Gelatine unter Rühren erwärmen, bis die gelöst ist, unter das Fruchtpüree rühren sobald die Masse anfängt dicklich zu werden,
500 ml (½ l) Schlagsahne	steif schlagen, 3 Eßl. in einen Spritzbeutel mit Sterntülle füllen, die restliche Sahne unter das Fruchtpüree rühren, mit
2–3 Eßl. Zitronensaft	abschmecken die ausgekühlte Rolle vorsichtig auseinanderrollen, mit ⅔ der Fruchtsahne bestreichen, aufrollen, mit der restlichen Fruchtsahne bestreichen, mit der Sahne aus dem Spritzbeutel verzieren, mit
Heidelbeeren	garnieren, im Kühlschrank fest werden lassen.
Tip:	Die Fruchtsahne kann auch mit Himbeeren, Brombeeren, Erdbeeren, Johannisbeeren, zubereitet werden.

APRIKOSENKUCHEN MIT GRIESSGUSS

(Hefeteig)

FÜR DEN TEIG

300 g Weizen fein gemahlen	mit
100 g Buchweizen fein gemahlen	in eine Rührschüssel geben, mit
1 Päckchen Trocken-Backhefe	sorgfältig vermischen
75 g Honig Meersalz gut 200 ml (⅕ l) lauwarme Milch 75 g zerlassene, abgekühlte Butter	hinzufügen die Zutaten mit einem Handrührgerät mit Knethaken zunächst auf niedrigster, dann auf höchster Stufe in etwa 5 Minuten zu einem Teig verarbeiten, den Teig abgedeckt so lange an einem warmen Ort stehen lassen, bis er sich sichtbar vergrößert hat

FÜR DEN GRIESSGUSS

750 ml (¾ l) Milch	mit
75 g Butter 150 g Honig Meersalz 3–4 Stück Schale von 1 Zitrone (unbehandelt)	zum Kochen bringen
75 g Vollkorngrieß	unter Rühren einstreuen, zum Kochen bringen, etwa 5 Minuten schwach kochen lassen, von der Kochstelle nehmen
4 Eigelb	mit
3 Eßl. Milch	verschlagen, unter den Grießbrei rühren, den Brei erkalten lassen
1 ½ kg reife Aprikosen	waschen, halbieren, entsteinen den gegangenen Hefeteig mit dem Handrührgerät auf höchster Stufe nochmals gut durchkneten, auf einem gefetteten Backblech ausrollen, mit
3 Eßl. Graham-Semmelmehl	bestreuen, die Aprikosenhälften darauf verteilen den Teig nochmals an einem warmen Ort so lange gehen lassen, bis er sich sichtbar vergrößert hat
4 Eiweiß	steif schlagen, unter den Grießbrei heben, den Grießbrei gleichmäßig auf die Aprikosen streichen, das Backblech in den vorgeheizten Backofen schieben
Strom:	175–200
Gas:	3–4
Backzeit:	40–45 Minuten.

NUSS-MÖHRENTORTE

(Biskuitteig)

FÜR DEN TEIG

500 g Möhren	putzen, schrappen, waschen, fein reiben
500 g gemahlene Haselnußkerne	mit
4 gestrichenen Teel. Backpulver	mischen
8 Eigelb	mit
3 Eßl. Apfelsinensaft abgeriebener Schale von 1 Apfelsine (unbehandelt)	mit einem Handrührgerät mit Rührbesen auf höchster Stufe dickcremig schlagen, dabei die Hälfte von
300 g Honig	unterschlagen
8 Eiweiß	steif schlagen, nach und nach den restlichen Honig unterschlagen, unter die Eiercreme ziehen, dann die Haselnußkerne und zuletzt die geriebenen Möhren unterheben, den Teig in eine gefettete, mit Pergamentpapier ausgelegte Springform (Durchmesser etwa 28 cm) füllen, glattstreichen die Form auf dem Rost in den vorgeheizten Backofen schieben
Strom:	175 – 200
Gas:	3 – 4
Backzeit:	55 – 60 Minuten die Torte aus der Form lösen, auf eine Tortenplatte stürzen, das Pergamentpapier abziehen, die Torte erkalten lassen

ZUM APRIKOTIEREN

2 Eßl. Pfirsich-Aprikosen-Maracuja-Konfitüre (mit Birnendicksaft zubereitet)	durch ein Sieb streichen, mit
2 Eßl. Wasser	verrühren, aufkochen lassen, die Torte damit bestreichen

FÜR DEN GUSS

150 g Edelbitter-Schokolade (mit Sucanat)	mit
etwas Kokosfett	in einem kleinen Topf im heißen Wasserbad geschmeidig rühren, die Torte damit bestreichen, nach Belieben mit
Marzipan-Möhren	garnieren.
Beigabe:	Mit Honig gesüßte, geschlagene Sahne.

OBSTTORTE

(Knetteig)

FÜR DEN TEIG

100 g Weizen, fein gemahlen	mit
100 g Buchweizen, fein gemahlen	mischen, in eine Rührschüssel geben
Meersalz 1 Eßl. Honig 100 g saure Sahne 100 g weiche Butter	hinzufügen die Zutaten mit einem Handrührgerät mit Knethaken zunächst kurz auf niedrigster, dann auf höchster Stufe gut durcharbeiten, anschließend auf der Tischplatte zu einem glatten Teig verkneten, sollte er kleben, ihn eine Zeitlang kalt stellen den Teig etwas größer als einen Springformboden (Durchmesser etwa 28 cm) ausrollen, in die am Boden gut gefettete Form legen, am Springformrand etwa 2 cm hochdrücken den Boden mehrmals mit einer Gabel einstechen die Form auf dem Rost in den vorgeheizten Backofen schieben
Strom:	175 – 200
Gas:	3 – 4
Backzeit:	20 – 25 Minuten

FÜR DEN BELAG

600 – 700 g Beerenfrüchte (z. B. Erdbeeren, Himbeeren, Brombeeren oder gedünstete, abgetropfte Aprikosen)	frische Früchte vorsichtig waschen, evtl. entstielen, die Früchte auf dem gut ausgekühlten Tortenboden verteilen
3 gehäufte Eßl. Konfitüre (jeweils passend zur verwendeten Frucht)	unter Rühren erhitzen, auf die Früchte streichen.
Beigabe:	Mit Ahornsirup gesüßte, geschlagene Sahne.

BUCHWEIZEN-TORTE

(Biskuitteig, Foto S. 269)

FÜR DEN TEIG

6 Eier 2 Eßl. heißes Wasser	mit einem Handrührgerät mit Rührbesen auf höchster Stufe in 1 Minute schaumig schlagen
125 g Honig abgeriebene Schale von ½ Zitrone (unbehandelt)	in etwa 3 Minuten unterschlagen
175 g Buchweizen	fein mahlen, ⅓ davon auf die Eiercreme geben, kurz auf niedrigster Stufe unterrühren den Rest des Buchweizenmehls auf

	dieselbe Weise unterarbeiten den Teig in eine gefettete, mit Pergamentpapier ausgelegte Springform (Durchmesser etwa 28 cm) füllen, glattstreichen, die Form auf dem Rost in den vorgeheizten Backofen schieben
Strom:	175–200
Gas:	3–4
Backzeit:	30–35 Minuten sofort nach dem Backen den Tortenboden aus der Form lösen, auf einen Kuchenrost stürzen, das Pergamentpapier abziehen, den Tortenboden erkalten lassen, zweimal durchschneiden
	FÜR DIE FÜLLUNG
1 Päckchen Gelatine gemahlen, weiß	mit
3 Eßl. kaltem Wasser	anrühren, 10 Minuten zum Quellen stehenlassen, unter Rühren erwärmen, bis die gelöst ist
2–3 Eßl. Zitronensaft	unterrühren
750 ml (¾ l) Schlagsahne 6 Eßl. Ahornsirup	steif schlagen, die aufgelöste Gelatine und unterschlagen, ¼ der Sahne in einen Spritzbeutel mit Sterntülle füllen, den unteren Tortenboden mit der Hälfte von
etwa 350 g Preiselbeer-Konfitüre (aus dem Glas, mit Honig gesüßt)	bestreichen, ⅓ der Sahne darauf streichen, mit dem zweiten Tortenboden bedecken, etwas andrücken, mit der restlichen Konfitüre bestreichen (½ Eßl. zum Garnieren zurückbehalten), die Hälfte der restlichen Sahne darauf streichen, den dritten Tortenboden darauf legen, etwas andrücken, ganz mit der restlichen Sahne einstreichen, mit der Sahne aus dem Spritzbeutel verzieren, kurz vor dem Servieren, mit der zurückgelassenen Konfitüre oder frischen Preiselbeeren garnieren.

1

2

3

NUSSTÖRTCHEN

(26–28 Stück – Foto oben)
(Rührteig)

200 g gemahlene Haselnußkerne in einer Pfanne ohne Fett rösten, erkalten lassen

FÜR DEN TEIG

300 g weiche Butter mit einem Handrührgerät mit Rührbesen auf höchster Stufe in etwa ½ Minute geschmeidig rühren, nach und nach

300 g Honig 4 Eßl. Rum	unterrühren (Foto 1), so lange rühren, bis eine gebundene Masse entstanden ist
5 Eier	nach und nach unterrühren (jedes Ei etwa ½ Minute)
300 g Weizen	fein mahlen, mit
2 Teel. Backpulver	mischen, eßlöffelweise auf mittlerer Stufe unterrühren, die gerösteten Nüsse unterheben (Foto 2) den Teig auf 26 – 28 Papierförmchen verteilen (Foto 3), die Förmchen auf dem Backblech in den vorgeheizten Backofen schieben
Strom:	Etwa 175
Gas:	Etwa 3
Backzeit:	30 – 35 Minuten die erkalteten Törtchen nach Belieben mit
Früchten (z. B. Himbeeren, Brombeeren, Kiwis, Ananasstückchen)	garnieren, mit
Schlagsahne	verzieren, oder
etwas aufgelöste Edelbitter-Schokolade (mit Sucanat)	auf die Törtchenmitte geben und die Törtchen mit
Nußkernen, Mandeln, Trockenobst, Bananenchips	garnieren.

SCHOKOLADEN-CREMETORTE

(Biskuitteig)

FÜR DEN TEIG

150 g Edelbitter-Schokolade (mit Sucanat)	in einem kleinen Topf im heißen Wasserbad geschmeidig rühren
7 große Eier	mit einem Handrührgerät mit Rührbesen auf höchster Stufe in 1 Minute schaumig schlagen
100 g Honig	in etwa 1 Minute einfließen lassen, dann noch etwa 2 Minuten schlagen
25 g Buchweizen, fein gemahlen	mit
1 gestrichenen Teel. Backpulver	mischen, auf die Eiercreme geben, kurz auf niedrigster Stufe unterrühren
150 g gemahlene Haselnußkerne	mit der abgekühlten Schokolade auf dieselbe Weise unterarbeiten den Teig in eine gefettete, mit Pergamentpapier ausgelegte Springform (Durchmesser etwa 28 cm) füllen, glattstreichen, die Form auf dem Rost in den vorgeheizten Backofen schieben
Strom:	150 – 175
Gas:	2 – 3
Backzeit:	Etwa 55 Minuten
	sofort nach dem Backen den Tortenboden aus der Form lösen, auf einen Kuchenrost stürzen, das Pergamentpapier abziehen, den Tortenboden erkalten lassen, ein- bis zweimal durchschneiden

FÜR DIE FÜLLUNG

150 g Edelbitter-Schokolade	in einem kleinen Topf im heißen Wasserbad geschmeidig rühren, etwas abkühlen lassen, mit
200 g weicher Butter	mit einem Handrührgerät mit Rührbesen geschmeidig rühren
1 Eßl. Honig	unterrühren
2 große Eier	nacheinander unterschlagen etwas von der Creme in einen Spritzbeutel mit Sterntülle füllen, mit einem Teil der restlichen Creme die Tortenböden bestreichen, zu einer Torte zusammensetzen, die Torte ganz mit Creme einstreichen, nach Belieben den Tortenrand mit
etwa 30 g abgezogenen, gehobelten gerösteten Mandeln	bestreuen, die Torte mit der Creme aus dem Spritzbeutel verzieren.

FRUCHTIGE MOHNTORTE

(Biskuitteig)

Etwa 700 g Äpfel	schälen, vierteln, entkernen, in kleine Würfel schneiden
8 Eiweiß	mit
5 Eßl. kaltem Wasser	steif schlagen, nach und nach
300 g cremigen Honig	unterschlagen
abgeriebene Schale von 1 Zitrone (unbehandelt)	mit
8 Eigelb	verrühren, vorsichtig unter den Eierschnee heben
200 g gemahlene Haselnußkerne 250 g frisch gemahlenen Mohn 50 g Buchweizenmehl 1 schwach gehäuften Teel. Backpulver	nacheinander unterheben, zum Schluß die Apfelwürfel unterziehen den Teig in eine gut gefettete, mit Pergamentpapier ausgelegte Springform (Durchmesser etwa 28 cm) füllen, glattstreichen, die Form auf dem Rost in den vorgeheizten Backofen schieben
Strom:	Etwa 175
Gas:	2 – 3
Backzeit:	55 – 60 Minuten.

BANANENTORTE MIT MANDELBAISER

(Knetteig)

FÜR DEN TEIG

250 g Weizenvollkornmehl	mit
1 Teel. Backpulver	mischen, in eine Rührschüssel geben
80 g flüssiger Honig Meersalz, 1 Ei etwas Vanillemark 100 g weiche Butter	hinzufügen die Zutaten mit einem Handrührgerät mit Knethaken zunächst auf niedrigster, dann auf höchster Stufe gut durcharbeiten, anschließend auf der Tischplatte zu einem glatten Teig verkneten, sollte er kleben, ihn eine Zeitlang kalt stellen, gut ⅔ des Teiges auf dem gefetteten Boden einer Springform (Durchmesser etwa 28 cm) ausrollen, mehrmals mit einer Gabel einstechen den Rest des Teiges mit etwas Weizenmehl verkneten, zu einer Rolle formen, sie als Rand auf den Teigboden legen, so an die Form drücken, daß ein 2–3 cm hoher Rand entsteht, die Form auf dem Rost in den vorgeheizten Backofen schieben
Strom:	175–200, Gas: 3–4
Backzeit:	20–25 Minuten

FÜR DEN BELAG

1½ kg Bananen	schälen, in 3 cm lange Stücke schneiden, mit dem
Saft von 2 Zitronen (unbehandelt)	beträufeln, dicht bei dicht aufrecht auf den Tortenboden setzen
200 g Himbeeren	verlesen, zwischen den Bananen verteilen
3 Eiweiß	steif schlagen
70 g flüssigen Honig	dazugeben, weiterschlagen
75 g geriebene Mandeln 125 g Kokosraspeln	locker unter die Eiweißmasse heben, auf dem Obst gleichmäßig verteilen, glattstreichen, die Form auf dem Rost in den vorgeheizten Backofen schieben
Strom:	Etwa 200, Gas: 3–4
Backzeit:	12–15 Minuten.

NUSS-PFLAUMENTORTE

(Hefeteig, Foto S. 273 unten)

FÜR DEN TEIG

200 g Weizen	fein mahlen, mit
½ Päckchen Trocken-Backhefe	sorgfältig vermischen
50 g Honig, Meersalz knapp 125 ml (⅛ l) lauwarme Milch 50 g zerlassene Butter oder Margarine z. B. Sanella	hinzufügen die Zutaten mit einem Handrührgerät mit Knethaken zunächst auf niedrigster, dann auf höchster Stufe in etwa 5 Minuten zu einem Teig verarbeiten den Teig so lange an einem warmen Ort stehenlassen, bis er sich sichtbar vergrößert hat

FÜR DEN BELAG

50 g Butter	mit
50 g Honig	in einer Bratpfanne zerlassen, erwärmen
50 g Graham-Semmelmehl 50 g gemahlene Haselnußkerne	hinzufügen, unter Rühren leicht bräunen, erkalten lassen die Masse mit einem Löffel zu Bröseln zerdrücken
1 kg Pflaumen	waschen, abtrocknen, halbieren, entsteinen, die Pflaumen oben kreuzweise einschneiden den gegangenen Teig auf höchster Stufe nochmals gut durchkneten, rund ausrollen, eine gefettete Springform (Durchmesser etwa 28 cm) so damit auslegen, daß ein etwa 2 cm hoher Rand entsteht gut die Hälfte der Bröselmasse darauf verteilen, dann schuppenförmig mit den Pflaumen belegen, nochmals an einem warmen Ort so lange gehen lassen, bis sich der Teig sichtbar vergrößert hat die Form auf dem Rost in den vorgeheizten Backofen schieben
Strom:	Etwa 200
Gas:	3–4
Backzeit:	Etwa 30 Minuten

ZUM BESTREICHEN

3 Eßl. Aprikosen-Konfitüre (mit Honig gesüßt)	durch ein Sieb streichen, erhitzen, die Torte sofort nach dem Backen damit bestreichen, mit den restlichen Bröseln bestreuen.
Beigabe:	Schlagsahne, gesüßt mit Ahornsirup.

VOLLKORN-KÖRBCHEN MIT OBSTSALAT

(Knetteig, Foto S. 273 oben)

FÜR DEN TEIG

200 g Weizenvollkornmehl	in eine Rührschüssel geben
200 g gut ausgedrückten Magerquark	

200 g weiche Butter	
1 Eigelb	
Meersalz	hinzufügen
	die Zutaten mit einem Handrührgerät mit Knethaken auf höchster Stufe in etwa 1 Minute verarbeiten, anschließend auf der Tischplatte zu einem festen Teig verkneten, ihn in Alufolie eingewickelt, über Nacht im Kühlschrank ruhen lassen, den Teig etwa 6 mm dick ausrollen, sechs Kreise von etwa 10 cm Durchmesser ausschneiden, auf ein gefettetes Backblech legen
	den restlichen Teig zu einem 40 cm langen Stück ausrollen, in 12 etwa 1,5 cm breite Streifen schneiden, jeden Streifen verdrehen, bis er eine Länge von etwa 27 cm hat, zu 12 Kreisen mit einem Durchmesser von 10 cm formen, als Rand auf jeden Kreisboden 2 Teigstreifen übereinander legen, das Backblech in den vorgeheizten Backofen schieben
Strom:	Etwa 175
Gas:	Etwa 2
Backzeit:	Etwa 30 Minuten
	die gebackenen Teigkörbchen abkühlen lassen
6 Eßl. Honig	im heißen Wasserbad erhitzen
	die Korbböden und -ränder dünn mit Honig bestreichen
	FÜR DIE FÜLLUNG
600 g gemischte	
Beeren	verlesen, waschen, abtropfen lassen, in die Körbchen füllen
	den restlichen Honig mit
3 Eßl. Orangensaft	verrühren, darüber träufeln.

DREIERLEI MARZIPAN-KONFEKT

1. Marzipanigel (12 – 14 Stück)	
100 g Marzipan Rohmasse (mit Honig gesüßt)	in 12 – 14 Stücke schneiden, zu Kugeln formen, mit
etwa 20 g Pinienkernen oder abgezogenen, gestiftelten Mandeln	spicken
etwa 40 g Edelbitter-Schokolade (mit Sucanat)	mit
etwas Kokosfett	in einem kleinen Topf im heißen Wasserbad geschmeidig rühren, die Marzipanigel auf eine Gabel setzen, die flüssige Schokolade mit Hilfe eines Teelöffels darüber laufen lassen, die Marzipanigel im Kühlschrank fest werden lassen
2. Aprikosen-Marzipan-Stangen (etwa 16 Stück)	
100 g Marzipan Rohmasse (mit Honig gesüßt)	mit
50 g weichen, getrockneten, gewürfelten Aprikosen (ungeschwefelt)	verkneten, zu einer Stange formen, in 16 Stücke schneiden, zu Stangen formen
etwa 40 g Edelbitter-Schokolade	mit
etwas Kokosfett	in einem kleinen Topf im heißen Wasserbad geschmeidig rühren, die Marzipanstangen damit überziehen sobald der Guß fest zu werden beginnt, mit einer Gabel ein Muster in die Stangen drücken, die Marzipanstangen im Kühlschrank fest werden lassen
3. Orangen-Marzipan-Kartoffeln (etwa 20 Stück)	
100 g Marzipan Rohmasse (mit Honig gesüßt)	mit
25 g feinge hacktem Orangeat	verkneten, eine Stange daraus formen, in 20 Stücke schneiden, rund formen die Marzipan-Kartoffeln in
gesiebtem Kakao	wälzen, in Pralinenförmchen legen.

SIRUP-SESAM-PLÄTZCHEN

(Knetteig)

250 g Weizen	fein mahlen, mit
2 schwach gehäuften Teel. Backpulver	mischen, in eine Rührschüssel geben
250 g Sirup 1 Eßl. Milch 1 Teel. gemahlenen Zimt 1 Messerspitze gemahlene Nelken 1 Messerspitze gemahlene Muskatblüte 50 g feingehacktes Orangeat 50 g feingehacktes Zitronat (Sukkade)	hinzufügen die Zutaten mit einem Handrührgerät mit Knethaken zunächst kurz auf niedrigster, dann auf höchster Stufe kurz durcharbeiten, anschließend auf der Tischplatte zu einem glatten Teig verkneten, sollte er kleben, ihn eine Zeitlang kalt stellen den Teig dünn ausrollen, beliebige Motive ausstechen, die Teigmotive auf ein mit Back-Trennpapier belegtes Backblech legen, mit
Milch oder Schlagsahne	bestreichen, mit
Sesamsaat	bestreuen, das Backblech in den vorgeheizten Backofen schieben
Strom:	175 – 200
Gas:	3 – 4
Backzeit:	Etwa 12 Minuten.

BERLINER

(Hefeteig, Foto S. 275)

FÜR DEN TEIG

500 g Weizen	fein mahlen, mit
1 Päckchen Trocken-Backhefe	sorgfältig vermischen
100 g Honig Meersalz abgeriebene Schale von ½ Zitrone (unbehandelt) 2 Eier 1 Eigelb 125 ml (⅛ l) lauwarme Milch 75 g zerlassene, abgekühlte Butter	hinzufügen die Zutaten mit einem Handrührgerät mit Knethaken zunächst auf niedrigster, dann

	auf höchster Stufe in etwa 5 Minuten zu einem Teig verarbeiten
	den Teig an einem warmen Ort so lange stehenlassen, bis er sich sichtbar vergrößert hat, ihn dann auf höchster Stufe nochmals gut durchkneten
	den Teig etwa ½ cm dick ausrollen, mit einer runden Form (Durchmesser etwa 7 cm) ausstechen, die Hälfte der Teigplatten am Rand dünn mit
Eiweiß	bestreichen, in die Mitte jeweils
Sauerkirsch-Konfitüre (mit Birnen-Dicksaft)	oder
Pflaumenmus (mit Fruchtzucker)	geben, (Foto 1)die übrigen Teigplatte darauf legen, die Teigränder gut andrücken, die Teigstücke nochmals so lange an einem warmen Ort gehen lassen, bis sie sich sichtbar vergrößert haben
	die Bällchen schwimmend in
siedendem Ausbackfett	auf beiden seiten backen, mit einem Schaumlöffel herausnehmen, (Foto 2), auf einem Kuchenrost abtropfen lassen, nach Belieben in
Sucanat	wenden (Foto 3).

1

2

3

WINDBEUTEL

(Brandteig, Foto oben)

FÜR DEN TEIG

250 ml (¼ l) Wasser
75 g Butter
Meersalz — am besten in einem Stieltopf zum Kochen bringen

100 g Weizen, fein gemahlen — mit

50 g Buchweizen, fein gemahlen — mischen, auf einmal in die von der Kochstelle genommene Flüssigkeit schütten, zu einem glatten Kloß rühren, unter Rühren etwa 1 Minute erhitzen, den heißen Kloß sofort in eine Rührschüssel geben, nach und nach

4–5 Eier — mit einem Handrührgerät mit Knethaken auf höchster Stufe unterarbeiten, weitere Eizugabe erübrigt sich, wenn der Teig stark glänzt und so von einem Löffel abreißt, daß lange Spitzen hängenbleiben

1 Messerspitze Backpulver — in den erkalteten Teig arbeiten, mit 2 Teelöffeln oder mit einem Spritzbeutel 20 Teighäufchen auf ein gefettetes, mit Weizenmehl bestäubtes Backblech setzen, das Backblech in den vorgeheizten Backofen schieben

Strom: 200–225
Gas: Etwa 4
Backzeit: 30–35 Minuten

während der ersten 15 Minuten Backzeit die Backofentür nicht öffnen, da das Gebäck sonst zusammenfällt, sofort nach dem Backen von jedem Windbeutel einen Deckel abschneiden, erkalten lassen

FÜR DIE FÜLLUNG

3 Blatt weiße Gelatine, — in
kaltem Wasser — einweichen

375–500 g Erdbeeren — waschen, entstielen, gut abtropfen lassen, halbieren oder vierteln

375–500 ml (⅜–½ l) Schlagsahne — fast steif schlagen, die gut ausgedrückte Gelatine unter Rühren erwärmen, bis sie gelöst ist, mit

etwa 4 Eßl. Ahornsirup — unter die Sahne schlagen, die Sahne steif schlagen

gut die Hälfte der Sahne in die Windbeutel spritzen, die Erdbeerstückchen in die Sahne in den Windbeuteln stecken
die restliche Sahne in einen Spritzbeutel geben und Tuffs auf die Erdbeersahne spritzen, die Deckel locker auf die gefüllten Windbeutel legen.

Tip: Damit die Windbeutel nicht zu weich werden, sollten sie erst kurz vor dem Servieren gefüllt werden.
Die Erdbeeren können durch Himbeeren, Brombeeren, Kiwis oder frische Ananas ersetzt werden.

HEFESCHNECKEN

(Hefeteig, Foto unten)

500 g Weizen	fein mahlen, in eine Rührschüssel geben, mit
1 Päckchen Trocken-Backhefe	sorgfältig vermischen
75 g Honig 2 Eier Meersalz gut 125 ml (1/8 l) lauwarme Milch 100 g zerlassene, abgekühlte Butter	hinzufügen die Zutaten mit einem Handrührgerät mit Knethaken zunächst auf niedrigster, dann auf höchster Stufe in etwa 5 Minuten zu einem Teig verarbeiten, den Teig so lange an einem warmen Ort stehenlassen, bis er sich sichtbar vergrößert hat, ihn dann auf höchster Stufe nochmals gut durchkneten, zu einem Rechteck von 40 x 50 cm ausrollen
50 g weiche Butter	mit
100 g Honig	verrühren, auf den Teig streichen
75 g Korinthen	mit
75 g Rosinen 75 g abgezogenen, gehackten Mandeln	vermengen, auf die Teigfläche streuen das Teigrechteck von der längeren Seite her aufrollen, in 1 ½ – 2 cm breite Scheiben schneiden, die Teigscheiben auf ein gut gefettetes Backblech legen, mit
Kondensmilch	bestreichen, nochmals an einem warmen Ort gehen lassen, bis er sich sichtbar vergrößert hat das Backblech in den vorgeheizten Backofen schieben
Strom:	175 – 200
Gas:	3 – 4
Backzeit:	Etwa 20 Minuten.

NUSSECKEN

(Knetteig, Foto unten)

FÜR DEN TEIG

125 g Weizen 50 g Buchweizen	beide Zutaten fein mahlen, mit
½ Teel. Backpulver	mischen, in eine Rührschüssel geben
50 g Honig 1 kleines Ei 75 g weiche Butter oder Margarine	hinzufügen die Zutaten mit einem Handrührgerät mit Knethaken zunächst kurz auf niedrigster, dann auf höchster Stufe kurz durcharbeiten, anschließend auf der Tischplatte zu einem glatten Teig verkneten, sollte er kleben, ihn eine Zeitlang kalt stellen den Teig auf einem gefetteten Backblech (32 x 24 cm) ausrollen, mit
2 Eßl. Aprikosen-Konfitüre (mit Honig gesüßt)	bestreichen (Foto 1)

FÜR DEN BELAG

100 g Butter	mit
100 g Honig	in einem Topf zerlassen, erwärmen,

75 g gemahlene Haselnußkerne 125 g gehobelte Haselnußkerne 2 Teel. Buchweizenmehl	hinzufügen, gut verrühren, die Masse abkühlen lassen, auf den mit Konfitüre bestrichenen Teig streichen, (Foto 2), das Backblech in den vorgeheizten Backofen schieben
Strom:	Etwa 175
Gas:	Etwa 3
Backzeit:	25 – 30 Minuten das erkaltete Gebäck in Dreiecke schneiden (Foto 3)
50 g Edelbitter-Schokolade (mit Sucanat)	mit
etwas Kokosfett	in einem kleinen Topf im heißen Wasserbad geschmeidig rühren, die Ecken der Gebäckstücke damit bestreichen.

NUSSWAFFELN

(Rührteig)

125 g Weizen, fein gemahlen	mit
1 Teel. Backpulver	mischen, in eine Rührschüssel geben
125 g gemahlene Haselnußkerne 75 g Birnen-Dattelkraut Meersalz 3 Eier 150 g saure Sahne 75 g zerlassene, abgekühlte Butter	hinzufügen die Zutaten mit einem Handrührgerät mit Rührbesen zunächst auf niedrigster, dann auf höchster Stufe gut durcharbeiten,
1 säuerlichen Apfel	schälen, vierteln, entkernen, grob raspeln unter den Teig rühren den Teig in nicht zu großen Mengen in ein gut erhitztes, gefettetes Waffeleisen füllen, goldbraun backen, einzeln auf einem Kuchenrost erkalten lassen.
Beigabe:	Mit Honig oder Ahornsirup gesüßte, geschlagene Sahne.

SESAMSTÄBCHEN

(Rührteig)

150 g Sesamsaat	unter Rühren, ohne Fett, in der Pfanne goldgelb rösten, kalt stellen
80 g weiche Butter	mit einem Handrührgerät mit Rührbesen auf höchster Stufe geschmeidig rühren
150 g flüssigen Honig abgeriebene Schale von 1 Zitrone (unbehandelt) ½ Teel. gemahlenen Zimt Meersalz ½ Teel. gemahlene Kardamom ½ Teel. gemahlene Nelken	unterrühren, so lange rühren, bis eine gebundene Masse entstanden ist
1 Ei	in etwa ½ Minute unterrühren
50 g Gerstemehl 100 g Weizenvollkornmehl	mischen, eßlöffelweise auf mittlerer Stufe unterrühren, zum Schluß die geröstete Sesamsaat unterrühren den Teig etwa 1 Stunde abgedeckt ruhen lassen danach auf ein gefettetes Backblech streichen, mit
3 Eßl. Sesamsaat	bestreuen, das Backblech in den vorgeheizten Backofen schieben
Strom:	175 – 200
Gas:	2 – 3
Backzeit:	13 – 18 Minuten die noch warme Teigplatte in Stäbchen von 3 × 5 cm schneiden.

APRIKOSEN-NUSSKRAPFEN

(Rührteig)

125 g weiche Butter oder Margarine, z. B. Sanella	mit einem Handrührgerät mit Rührbesen auf höchster Stufe in etwa ½ Minute geschmeidig rühren, nach und nach
100 g Birnen-Dattelkraut abgeriebene Schale von 1 Zitrone (unbehandelt) Meersalz	unterrühren, so lange rühren, bis eine gebundene Masse entstanden ist
2 Eier	unterrühren (jedes Ei etwa ½ Minute)
200 g Magerquark	unterrühren
250 g Weizen 125 g Buchweizen	beide Zutaten fein mahlen, mit
2 gehäuften Teel. Backpulver	mischen, eßlöffelweise auf mittlerer Stufe unterrühren, zum Schluß
100 g getrocknete, weiche gewürfelte Aprikosen (ungeschwefelt) 100 g gehackte Haselnußkerne	unterheben, von dem Teig mit 2 Teelöffeln etwas abstechen, in siedenem
Ausbackfett	von beiden Seiten knusprig braun backen (in 4 – 5 Minuten).

DATTELKONFEKT

(Foto unten)

250 g Datteln mit Stein	entsteinen
100 g Marzipan-Rohmasse (mit Honig gesüßt)	in so viele Stücke schneiden, wie Datteln vorhanden sind, etwas länglich formen und anstelle des Steins in die Datteln drücken
30–40 g Edelbitter-Schokoladen (mit Sucanat)	mit
etwas Kokosfett	in einem kleinen Topf im heißen Wasserbad geschmeidig rühren, die Dattelenden in die Schokolade tauchen, im Kühlschrank fest werden lassen.

NUSSHÄUFCHEN

(Rührteig, Foto S. 281 oben)

150 g weiche Butter oder Margarine	mit einem Handrührgerät mit Rührbesen auf höchster Stufe in etwa ½ Minute geschmeidig rühren, nach und nach
200 g Haselnußmus (aus dem Glas)	
Meersalz	
150 g Sucanat (zerdrückt)	unterrühren, so lange rühren, bis eine gebundene Masse entstanden ist
2 Eier	nach und nach unterrühren (jedes Ei etwa ½ Minute)
125 g Buchweizen	
125 g Dinkel	beide Zutaten fein mahlen, mit
1 gestrichenen Teel. Backpulver	mischen, eßlöffelweise auf mittlerer Stufe unterrühren von dem Teig mit 2 Teelöffeln Häufchen abnehmen, auf ein mit Back-Trennpapier belegtes Backblech setzen, jeweils einige von
etwa 30 g abgezogenen, gehobelten Mandeln	in die Teighäufchen stecken, das Backblech in den vorgeheizten Backofen schieben
Strom:	175–200
Gas:	3–4
Backzeit:	Etwa 15 Minuten.
Sucanat:	ist ein Vollwertzucker, der im Gegensatz zu raffiniertem Zucker alle Bestandteile des Zuckerrohrs – auch Vitamine und Mineralstoffe – enthält.

AUSSTECHERLE

(Knetteig, Foto rechts)

FÜR DEN TEIG

250 g Weizen 125 g Dinkel	die beiden Zutaten fein mahlen, mischen, in eine Rührschüssel geben
50 abgezogene, gemahlene Mandeln 75 g Sucanat Meersalz abgeriebene Schale von ½ Zitrone (unbehandelt) 2 Eßl. Rum 1 Eigelb 250 g weiche Butter	hinzufügen, die Zutaten mit einem Handrührgerät mit Knethaken zunächst kurz auf niedrigster, dann auf höchster Stufe gut durcharbeiten, anschließend auf der Tischplatte zu einem glatten Teig verkneten, sollte er kleben, ihn eine Zeitlang kalt stellen, den Teig portionsweise etwa 3 mm dicke ausrollen, beliebige Motive ausstechen, die Teigmotive auf ein mit Back-Trennpapier ausgelegtes Backblech legen, das Backblech in den vorgeheizten Backofen schieben

Strom:	175 – 200
Gas:	3 – 4
Backzeit:	12 – 15 Minuten
50 g Edelbitter-Schokolade (mit Sucanat)	mit
etwas Kokosfett	in einem kleinen Topf im heißen Wasserbad geschmeidig rühren, die Ausstecherle damit besprenkeln.

MANDEL-PLÄTZCHEN

(Knetteig)

300 g Weizen 75 g Buchweizen	fein mahlen, mit
1 gestrichenen Teel. Backpulver	mischen, in eine Rührschüssel geben
75 g Sucanat (aus Zuckerrohrsaft) Mark aus 1 Vanillestange Meersalz, 1 Eigelb 250 g weiche Butter	hinzufügen die Zutaten mit einem Handrührgerät mit Knethaken zunächst kurz auf niedrigster, dann auf höchster Stufe gut durcharbeiten,
200 g ganze unabgezogene Mandeln	kurz auf mittlerer Stufe unterkneten, anschließend auf der Tischplatte zu einem glatten Teig verkneten, aus dem Teig gut 2 ½ – 3 cm dicke Rollen formen, so lange kalt stellen, bis sie hart geworden sind, die Rollen in etwa ½ cm dicke Scheiben schneiden, auf ein dünn gefettetes Backblech legen, in den vorgeheizten Backofen schieben
Strom:	175 – 200, Gas: 3 – 4
Backzeit:	12 – 15 Minuten.

SPRITZGEBÄCK

(Rühr-Knetteig)

FÜR DEN TEIG

375 g weiche Butter	mit einem Handrührgerät mit Rührbesen auf höchster Stufe in etwa ½ Minute geschmeidig rühren, nach und nach
200 ml (⅕ l) Ahornsirup Mark von 1 Vanillestange Meersalz	unterrühren, so lange rühren, bis eine gebundene Masse entstanden ist
500 g Weizen	fein mahlen, ⅔ davon eßlöffelweise auf mittlerer Stufe unterrühren, den Teigbrei mit dem Rest des gemahlenen Weizens,
125 g abgezogenenen, gemahlenen Mandeln	auf der Tischplatte zu einem glatten Teig verkneten den Teig eine Zeitlang kalt stellen, ihn dann durch den Vorsatz des Fleischwolfs zu beliebigen Motiven geben, z. B. Stangen, Kränzchen, „S"-Formen die Teigmotive auf ein gefettetes Backblech legen, das Backblech in den vorgeheizten Backofen schieben
Strom:	175 – 200, Gas: 3 – 4
Backzeit:	Etwa 15 Minuten.

KOLATSCHEN

(Quarkölteig, 20 Stück, Foto rechts)

FÜR DEN TEIG

400 g Weizen	fein mahlen, mit
1 Päckchen und 2 Teel. Backpulver	mischen, in eine Rührschüssel geben
200 g Magerquark 6 Eßl. Milch 100 ml Speiseöl 75 g Honig Meersalz 1 Ei	hinzufügen die Zutaten mit einem Handrührgerät mit Knethaken auf höchster Stufe etwa 1 Minute verarbeiten, anschließend auf der Tischplatte zu einer Rolle formen

FÜR DIE FÜLLUNG I

300 g Magerquark	mit
50 g weicher Butter 75 g Honig 20 g Pfeilwurzelmehl 1 Ei	verrühren

FÜR DIE FÜLLUNG II

200 ml (⅕ l) Milch	zum Kochen bringen
75 g Honig 200 g frisch gemahlenen Mohn 1 Eßl. Graham-Semmelmehl	unterrühren, die Masse abkühlen lassen

FÜR DIE FÜLLUNG III

2 Eßl. Pflaumenmus	glattrühren, den Teig in 20 Stücke schneiden, (Foto 1), die Teigstücke rund rollen, dann von der Mitte ausgehend so flach drücken, daß am Rand ein kleiner Wulst entstehnt die Teigstücke auf ein gefettetes Backblech legen, in die Mitte jedes Teigstückes ein Teelöffel von dem Pflaumenmus geben (Foto 2), und ringsherum im Wechsel jeweils 1 Teelöffel Mohnfüllung und 1 Teelöffel Quarkfüllung (Foto 3), das Backblech in den vorgeheizten Backofen schieben
Strom:	Etwa 200, Gas: 3 – 4
Backzeit:	18 – 20 Minuten die Kolatschen 5 – 10 Minuten abkühlen lassen

ZUM APRIKOTIEREN

3 gehäufte Eßl. Aprikosen-Konfitüre (mit Honig gesüßt)	durch ein Sieb streichen, mit
4 Eßl. Wasser	verrühren, in einen kleinen Topf geben, sämig einkochen lassen, die Kolatschen damit bestreichen, mit
40 g abgezogenen, gehobelten, gebräunten Mandeln	bestreuen.

1

2

3

Ratgeber

Obst- und Sahnetorten

Klassische Torten

Cremetorten

Kuchen in runden Formen

Kuchen in eckigen Formen

Kuchen auf dem Blech

Kleingebäck: Rührteig · Biskuitteig · Brandteig

KLEINGEBÄCK: Knetteig · Blätterteig

KLEINGEBÄCK: Hefeteig · Plunderteig · Quarkölteig

KLEINGEBÄCK: Figürliches Backen

ADVENT-PLÄTZCHEN

PLÄTZCHEN für jede Gelegenheit

PETITS FOURS

KONFEKT

VOLLWERT-GEBÄCK

A

B

C

D

E

F

G

H

I

J

K

L

M

N

O

P

Q

R

S

SCH

T

U

V

W

Z

Wir danken folgenden Firmen für die freundliche Unterstützung: *Robert Bosch Hausgeräte GmbH*
8000 München

Schwartau Werke GmbH & Co.
2407 Bad Schwartau

Union Deutsche Lebensmittelwerke
2000 Hamburg

Copyright: *© Ceres-Verlag*
Rudolf-August Oetker KG, Bielefeld

Buchgestaltung: *Werbe-Agentur Karnat GmbH,*
4807 Borgholzhausen

Redaktion: *Gisela Knutzen*

Fotografie:

Titel: *Thomas Diercks*

Kapiteldoppelseiten: *Bernd Wohlgemuth, Düsseldorf*

Rezepte: *Thomas Diercks, Hamburg*
Foto-Studio Büttner, Bielefeld
Herbert Maass, Hamburg
Michael Somoroff, Hamburg
Christiane Pries, Borgholzhausen
Brigitte Wegner, Bielefeld

Ratgeber: *Brigitte Wegner, Bielefeld*

Text:

Ratgeber: *Christa Thim, Erlenbach*

Rezeptentwicklung: *Versuchsküche Dr. August Oetker, Bielefeld*
Annette Elges, Bielefeld

Satz: *Paderborner Druck Centrum, Paderborn*

Reproduktion: *Pörtner & Saletzki, Bielefeld*

Herstellung: *Druckhaus Neue Stalling GmbH & Co KG,*
2900 Oldenburg

Nachdruck, auch auszugsweise, nur mit unserer ausdrücklichen Genehmigung und mit Quellenangabe gestattet.
ISBN 3-7670-0276-0

ALLES GELINGT, DAS IST DAS BESTE . . .

So schön wie das beste Dr. Oetker Backbuch ist auch das beste Dr. Oetker Kochbuch. Und nicht nur prachtvolle Abbildungen hat auch dieser Rezept-Bildband, sondern ebenso die für Dr. Oetker typisch gelingsicheren Rezepte. Wo es hilfreich erscheint, gibt es Schritt-für-Schritt-Fotos. Sehen Sie sich das beste Dr. Oetker Kochbuch einmal an, und Sie wollen aus diesen Kapiteln gleich mit dem Kochen anfangen:
Vorspeisen, Suppen und Eintöpfe, Fische und Schalentiere, Fleisch, Geflügel, Wild und Wildgeflügel, Beilagen, Gemüse und Salate, Eierspeisen, Saucen, Quarkspeisen, Desserts, Mikrowelle.